Gramática Fundamental
da Língua Portuguesa

Todolivro

Com a
Nova Ortografia

Edição revista e
ampliada com
exercícios
práticos

©TODOLIVRO LTDA.

Rua das Missões, 696
89051-000 - Blumenau-SC

Texto: Madalena Parisi Duarte

Texto (atividades): Cyntia Fabiana Laube

IMPRESSO NA ÍNDIA

Dados Internacionais de Catalogação na Publicação (CIP)
(Câmara Brasileira do Livro, SP, Brasil)

Gramática Fundamental da Língua Portuguesa / [organização Madalena Parisi
    Duarte, Cyntia Fabiana Laube]. - 1. ed. rev. e ampl. - Blumenau, SC: Todolivro
    Editora, 2018.

ISBN 978-85-376-3810-1

1. Português - Gramática 2. Português - Problemas, exercícios etc. I. Duarte,
    Madalena Parisi. II. Laube, Cyntia Fabiana.

18-15626	CDD-469.5

Índices para catálogo sistemático:

1. Gramática : Português : Linguística 469.5

Maria Alice Ferreira - Bibliotecária - CRB-8/7964

SUMÁRIO

APRESENTAÇÃO

A língua é a base da nacionalidade.

Olavo Bilac

Este livro foi elaborado de forma simples, concisa, apropriada a uma leitura de referência. Entretanto, embora sem revelar o aprofundamento característico dos grandes tratados, seus diversos parágrafos contêm toda a parte teórica do conjunto de regras que compõem a chamada Gramática Normativa da Língua Portuguesa.

O seu estudo - aliado ao indispensável hábito de uma leitura seletiva - poderá ser bastante útil aos que procuram adquirir um bom conhecimento gramatical para, com mais facilidade, adequar sua comunicação oral e escrita aos padrões da norma culta.

Cada módulo gramatical é seguido de exercícios práticos, que auxiliam o estudante a aprender e memorizar com mais facilidade o conteúdo estudado. Por sua vez, o Caderno de Respostas que integra este livro possibilita ao estudante avaliar, ao final, seu próprio nível de conhecimento das normas gramaticais.

As Autoras

INTRODUÇÃO

A GRAMÁTICA

Gramática é uma palavra de origem grega. Vem da palavra "grámma", que quer dizer "letra". A gramática representa um conjunto de normas que têm o objetivo de garantir o bom uso da língua.

Quando estabelece padrões de certo e errado para as formas do idioma, ou seja, a norma culta, é chamada **Gramática Normativa**.

Quando serve para fazer a descrição científica do funcionamento de uma língua, é chamada **Gramática Descritiva**.

Todas as línguas que têm a forma escrita, como é o caso do português, precisam de uma gramática.

DIVISÃO DA GRAMÁTICA

A Gramática se divide em

➤ **Fonologia**, parte que estuda os sons isolados (fonética) ou combinados na pronúncia (prosódia) e na escrita (ortografia).

➤ **Morfologia**, parte que estuda a formação, a estrutura, a flexão e a classificação das palavras.

➤ **Sintaxe**, parte que ensina a dispor as palavras para formar as orações, as orações para formar os períodos e parágrafos, e estes para formar o discurso.

Nota: Atualmente, tem-se adotado a palavra **Morfossintaxe**, que indica a dependência e a inter-relação entre a Morfologia e a Sintaxe.

11

MÓDULO I

NOÇÕES DE FONOLOGIA
(ESTUDO DOS SONS)

Fonema

É a menor unidade sonora (vogal ou consoante) capaz de indicar as diferenças de significado:

lar - **p**ar   sa**l**a - so**l**a

Atenção: Não confundir fonema com letra.
Fonema é um elemento <u>acústico, sonoro</u>.
Letra é um <u>sinal gráfico</u>, que serve para representar o fonema.
Nem sempre as letras representam os sons de maneira perfeita.
Às vezes, a mesma letra pode representar fonemas diferentes:

gato - **g**irafa

Existem fonemas representados por letras diferentes:

via**g**em - pa**j**em

Outros são representados por mais de uma letra:

pa**ss**ar - se**rr**ar

Às vezes, uma letra representa dois fonemas:
tóxico - anexo (o "x" tem o som de "ks")

E há casos em que a letra não corresponde a nenhum fonema, ou seja, a nenhum som:

hora - **h**onesto (o "h" é 'mudo')

sa**n**to - ca**n**to (o "n" indica apenas a nasalização da vogal).

13

Classificação dos Fonemas

Os fonemas são classificados em vogais, semivogais e consoantes.

▶ Vogais

São os fonemas que se originam da vibração das cordas vocais. A corrente de ar produzida sai livremente pela boca.

As vogais podem ser orais ou nasais.

Orais - quando a corrente de ar passa somente pela cavidade bucal:

a, é, ê, i, ó, ô, u:

pá - fé - lê - sai - pó - cor - uma

Nasais - quando a corrente de ar passa pela cavidade bucal e pela cavidade nasal. Esse som nasal pode ser representado pelo sinal gráfico til (~) ou pelas letras **n** e **m**:

pão - lenda - cinto - tomba - sunga

Oservações:

1) Quando a vogal é pronunciada de modo mais intenso, é chamada de **vogal tônica**:

sap**é**, c**o**la, tr**i**go.

2) Quando a vogal é pronunciada com menos intensidade, é chamada de vogal átona:

sapé, col**a**, trig**o**.

▶ Semivogais

São os fonemas **i** e **u** quando, ao lado de outra vogal, formam uma só sílaba:

cant**ai**. Esta palavra tem duas sílabas: can-tai. Na segunda, o **i** é uma semivogal, pois não tem um som forte como o do fonema vocálico **a**.

▶ Consoantes

São os fonemas que, para serem produzidos, a corrente de ar expelida pelos pulmões tem de forçar a passagem pela cavidade bucal:

gado - **c**ena - **l**o**d**o

Encontros Vocálicos

São grupos de vogais e semivogais, sem consoantes entre si. Podem ser ditongos, tritongos e hiatos.

➤ **Ditongo** - é o encontro de uma vogal e uma semivogal ou de uma semivogal e uma vogal na mesma sílaba.

No caso do encontro de vogal + semivogal é chamado de **ditongo decrescente**:

s**ai**, d**ói**.

No caso do encontro de semivogal + vogal é chamado de **ditongo crescente**:

q**ua**lquer, pár**ia**

➤ **Tritongo** - é o encontro de uma semivogal com uma vogal e outra semivogal (nessa ordem) em uma mesma sílaba:

Urug**uai**, Jaceg**uai**, averig**uei**.

Os tritongos podem ser orais (Uruguai) ou nasais (averiguei).

➤ **Hiato** - é a sequência de duas vogais em uma mesma palavra, pertencendo cada uma a uma sílaba diferente:

beato, moinho (be-a-to; mo-i-nho)

Encontros Consonantais

O encontro de duas consoantes sem vogal intermediária é chamado de encontro consonantal. No caso, cada letra representa um fonema:

frade - te**cl**a - si**gn**o

Dígrafo (ou digrama)

A palavra **dígrafo** vem do grego di = dois; grafo = escrever.

Dígrafo é o nome que se dá ao encontro de duas letras que representam um só fonema:

a**ss**unto (ss = fonema /s/)

de**sc**endente (sc = fonema /s/)

quilo (qu = fonema /k/)

Os dígrafos podem ser divididos em dois grupos: os **consonantais** e os **vocálicos**.

▶ **Consonantais** - quando o grupo de letras representa um único fonema formado por consoantes.

Dígrafos consonantais

Exemplos:

* **rr** - representa o fonema /r/ (usado somente entre vogais): ca**rr**o, sa**rr**o;

* **ss** - representa o fonema /s/: (usado somente entre vogais): e**ss**a, a**ss**ola;

* **sç** - representa o fonema /s/: cre**sç**o, de**sç**o;

* **gu** - representa o fonema /g/: **gu**eto, **gu**ia;

* **qu** - representa o fonema /k/: **qu**eijo, a**qu**ela.

▶ **Vocálicos** - quando o grupo de letras representa um fonema vocálico.

Dígrafos vocálicos

am e **an** - representam o fonema $/\tilde{a}/$: ta**m**po, sa**n**gue;

em e **en** - representam o fonema $/\tilde{e}/$: te**m**po; te**n**da;

im e **in** - representam o fonema $/\tilde{\imath}/$: li**m**bo, li**n**do;

om e **on** - representam o fonema $/\tilde{o}/$: tro**m**ba, co**n**to;

um e **un** - representam o fonema $/\tilde{u}/$: al**gum**, su**n**ga.

Sílaba

É um fonema ou um grupo de fonemas pronunciado em uma só emissão de voz. Uma palavra pode ter uma ou várias sílabas. Na língua portuguesa, a base de qualquer sílaba é sempre uma vogal:

só (uma sílaba)

sola (duas sílabas: so-la)

CLASSIFICAÇÃO DAS PALAVRAS QUANTO AO NÚMERO DE SÍLABAS

Quanto ao número de sílabas, uma palavra pode ser:

► **Monossílaba** - quando tem só uma sílaba:

sol - dó - pai - flor

► **Dissílaba** - quando tem duas sílabas:

san-to; do-ce; lu-ta; fru-ta

► **Trissílaba** - quando tem três sílabas:

clí-ni-ca; ar-tri-te; a-mi-ga; es-co-la

► **Polissílaba** - quando tem quatro ou mais de quatro sílabas:
es-co-tei-ro; pa-ti-na-ção; sa-tis-fa-tó-rio; em-pre-en-di-men-to

Prosódia

Este é o nome que se dá à parte da Fonologia que se ocupa da pronúncia das palavras, de acordo com a sua acentuação.

► **Sílaba tônica**

Em uma palavra com mais de uma sílaba, chama-se **sílaba tônica** aquela que é pronunciada de maneira mais intensa. As outras recebem o nome de **sílabas átonas**:

sala - sa (sílaba tônica), la (sílaba átona)
ca**pe**la - pe (sílaba tônica), ca, la (sílabas átonas)

Quanto à posição da sílaba tônica, uma palavra pode ser:

► **Oxítona** - quando a sílaba tônica é a última:

quar**tel** - ru**im** - lou**vor**

► **Paroxítona** - quando a sílaba tônica é a penúltima:

re**cor**de - a**va**ro - ru**bri**ca

► **Proparoxítona** - quando a sílaba tônica é a antepenúltima:

re**pú**blica - **ár**vore - **dís**tico

> **Obs.:** Uma palavra monossílaba não pode ser chamada de oxítona, pois nela não existe a última sílaba. Mas pode ser tônica, quando tem acento próprio e é pronunciada de maneira forte; ou átona, quando não tem acento próprio e é pronunciada de maneira fraca:
>
> más (monossílaba tônica)
> mas (monossílaba átona)

Divisão Silábica

Ao separar as sílabas, as seguintes regras básicas devem ser observadas:

a) Os ditongos e tritongos não devem ser separados:

p**ai** l**ei**-te sa-g**uão** Ja-ce-g**uai**

b) Os dígrafos **ch, lh, nh, gu, qu** não devem ser separados:

cha-ve ve-lho vi-nho guer-ra quis-to

c) Os encontros consonantais de início de sílaba não devem ser separados:

psi-có-lo-ga **pneu**-má-ti-co **gnós**-ti-co

d) As vogais que formam hiato devem ser separadas:

sa-**ú**-de d**u**-**e**-lo Ca-**a**-po-ra

e) Devem ser separadas as letras dos dígrafos rr, ss, sc, sç, xc:

car-**r**o mis-**s**as na**s**-**c**eu cre**s**-**ç**a e**x**-**c**e-to

f) Devem ser separados os encontros consonantais de sílabas internas, com exceção daqueles em que a segunda consoante for **l** ou **r**:

o**b**-**s**er-var car-**t**ão a**d**-**m**i-rar e**x**-**c**e-to

Mas: a-**pr**o-xi-mar a-**pr**es-sar a-**pl**i-cá-vel a-**pl**au-dir

Ortoépia (ou Ortoepia)

Palavra originada dos elementos gregos ortho = correto, e épeia = palavra. É a parte da Fonologia que estuda a produção oral correta das palavras.

Exemplos:
disenteria (e não "desinteria")
advogado (e não "adivogado")
bandeja (e não "bandeija")
caranguejo (e não "carangueijo"), etc.

ORTOGRAFIA

A palavra **ortografia** é formada pelos elementos gregos ortho = correto, e graphía = escrita. É a parte da Fonologia que ensina a escrever corretamente.

A língua portuguesa obedece a uma combinação de critérios baseados na origem das palavras (etimológicos) e na representação dos fonemas (fonológicos).

A ortografia da língua portuguesa, ou seja, a forma de escrever as palavras, é uma convenção originada de acordos ortográficos feitos entre os diversos países que têm como língua oficial o português.

O Alfabeto Português

O alfabeto (ou abecedário) da língua portuguesa é formado por vinte e seis letras.

Representação do alfabeto em letras de imprensa (ou 'letras de forma'):

Maiúsculas: A, B, C, D, E, F, G, H, I, J, K, L, M, N, O, P, Q, R, S, T, U, V, W, X, Y, Z.

Minúsculas: a, b, c, d, e, f, g, h, i, j, k, l, m, n, o, p, q, r, s, t, u, v, w, x, y, z.

Nota: Além dessas letras, usamos também o **ç** (chamado de 'c-cedilha'), que representa o fonema /s/, em algumas palavras, diante das vogais **a**, **o** ou **u**. Usamos as letras **Kk**, **Ww** e **Yy** (maiúsculas e minúsculas) para escrever abreviaturas, siglas e nomes próprios estrangeiros e seus derivados:

km = quilômetro - W = watt/s - yd (yard/s) = jarda
Kansas - Washington - Yale (EUA)

ACENTUAÇÃO

Acentuação Gráfica

Para indicar a sílaba tônica de certas palavras e outras particularidades, usam-se, em português, sinais gráficos, chamados **sinais diacríticos** ou **notações léxicas**:

- o acento agudo (´), que indica sílaba tônica e vogal aberta (pó, fé, pá) ou apenas sílaba tônica (harém, vintém, lápis);
- o acento circunflexo (^), que indica sílaba tônica e vogal fechada (avô, espontâneo);
- o acento grave (`), que indica a fusão (crase) da preposição **a** com os artigos **a, as**, com os pronomes demonstrativos **a** e **as**, e com a letra **a** inicial dos pronomes **aquela, aqueles, aquelas, aquilo** (à, às, àquela, àquele, àquilo).

Além dos acentos, outros sinais diacríticos são:

- o **til** (~) - para indicar a nasalização das vogais **a** e **o**: mãe, põe;

- o **trema** (¨) - usado apenas em palavras derivadas de nomes próprios estrangeiros (principalmente da língua alemã): München, Müller, mülleriano;

- a **cedilha** (,) - para indicar o som **sê**, ao ser usada na letra **c**, antes de **a, o, u**: traça, peço, Açu;

- o **apóstrofo** (') - para indicar a supressão de uma letra: d'água;

- o **hífen** (-):
a) para unir pronomes átonos a verbos: deram-me, far-lhe-ei;

b) para, no final da linha, separar uma palavra da outra (translineação): pala-vra.

Nota: Outros empregos do hífen encontram-se ao final deste livro.

Obs.: Não confundir **acento gráfico**, com **acento** (ou **acento prosódico**), que é o da fala. Toda palavra que tenha sílaba tônica tem **acento**; mas nem toda palavra precisa do **acento gráfico** para indicar o acento prosódico.

Exemplo: lou-sa (tem acento na sílaba tônica **lou**, mas não tem acento gráfico). Lá-pis (tem acento gráfico na sílaba tônica **lá**).

REGRAS DE ACENTUAÇÃO

Palavras monossílabas

Recebem acento gráfico as palavras tônicas terminadas em:

a(s) ➡ pá - gás - lá - ás
e(s) ➡ pé - mês - fé - lês
o(s) ➡ pó - dó - pôs - nós

Palavras oxítonas

Recebem acento gráfico as terminadas em:

a(s) ➡ está - sabiá - Barrabás - sofás
e(s) ➡ você - inglês - jacaré - através
o(s) ➡ cachepô - avós - jiló - compôs
em, ens ➡ armazém - contém - parabéns - reféns

▶ **Formas verbais oxítonas**

1. As formas verbais oxítonas terminadas em **a**, **e** e **o**, seguidas de **lo**, **la**, **los** e **las**, recebem acento: passá-lo, cozê-la, dispô-los, cantá-las.

Mas se a letra final for **i**, precedida de consoante ou **vogal átona** (não pronunciada), não haverá acento: repe**ti**-las, par**ti**-las, ser**vi**-las, se**gui**-las.

2. Os verbos **ter** e **vir**, na terceira pessoa do plural recebem o acento circunflexo: ele tem, eles têm; ele vem, eles vêm. Em seus derivados, no singular levam acento agudo; no plural, circunflexo: a caixa contém, as caixas contêm; uma coisa convém, duas coisas convêm.

Palavras paroxítonas

▶ Levam acento as terminadas em:
i,is ➡ táxi - bílis - beribéri - lápis
us, um, uns ➡ Vênus - vírus - álbum - fórum - fóruns
l, n, r, x, ps ➡ fácil - hífen - sóror - látex - bíceps
ão(s), ã(s) ➡ bênção - órfãos - ímãs
ditongo oral, crescente ou decrescente: ei, eis ➡ vôlei - túneis
ditongos crescentes: ea(s), eo(s), ia(s), ie(s), io(s), oa(s), ua(s), ue(s),
uo(s) ➡ côdea - plúmbeo - pária - cárie - vício - nódoa - trégua - tênue - fátuo

Obs.:

a) As palavras paroxítonas terminadas em **n** são acentuadas (hífen, pólen); porém as terminadas em **ens** <u>não são acentuadas</u>: hifens, itens, liquens.

b) Os prefixos terminados em **i** e **r** também não levam acento: semi, super, hiper, arqui, mini, multi, etc., a não ser que estejam substantivados: as máxis, a míni, os híperes, a múlti, etc.

> ▶ Não levam acento gráfico:

1. Os ditongos representados por **éi** e **ói** da sílaba tônica das palavras **paroxítonas**: epopeia, filisteia, paranoico, heroico.

2. O **i** e **u** tônicos das palavras paroxítonas quando estiverem precedidos de ditongo: baiuca, feiura, saiinha (de saia), cheiinha (de cheia).

3. As formas verbais que tenham o acento tônico na raiz, com a vogal **u** precedida de **g** ou **q** e em seguida de **e** ou **i**: apazigue, oblique, apropinquem.

4. As vogais tônicas fechadas que formem hiatos: enjoo, povoo, perdoo, caçoo.

5. As palavras que contenham um **e** tônico fechado em hiato, com a terminação **-em** da 3ª pessoa do plural do presente do indicativo ou do conjuntivo dos verbos **crer, dar, ler, ver** e seus derivados: **creem, deem, leem, veem**.

Ditongos

A **vogal tônica** dos ditongos **éi**, **éu**, ou **ói**, de som aberto e seguidos ou não de **s**, recebe acento: anéis, chapéu, constrói, herói(s).

Obs.:

a) Não se acentuam os ditongos abertos, <u>porém não tônicos</u>: aneizinhos, chapeuzinho, heroizinho. (Nestes exemplos, a sílaba tônica é o **zi**).

b) Não se acentuam graficamente os ditongos representados por **ei** e **oi** da sílaba tônica das palavras paroxítonas: plateia, ideia.

Hiatos

Recebem acento o **i** e o **u** quando formam hiato com a vogal anterior, isolados na sílaba ou seguidos de **s**: fa-**ís**-ca - sa-**í**-da - ba-la-**ús**-tre.

Obs.:

a) O **i** seguido de **nh** <u>não leva acento</u>: moinho - rainha - bainha.

b) A vogal **i** e a vogal **u**, quando se repetem na palavra ou quando estão acompanhadas de outra letra exceto o **s**, <u>não levam acento</u>: xi-i-ta, su-cu-u-ba, ju-iz, ra-iz, ru-im.

Formas verbais seguidas de pronomes oblíquos em ênclise (depois do verbo) ou mesóclise (no meio do verbo)

As formas verbais isoladas na sílaba, seguidas de **lo**, **la**, **los** e **las**, são graficamente acentuadas: atraí-lo - substituí-la - subtraí-los - traí-las - tentá-lo-íamos - preservá-lo-emos.

Palavras proparoxítonas

Todas são graficamente acentuadas:
árvore - lâmpada - rápido - única, etc.

Acento Diferencial

Algumas palavras levam acento para serem diferenciadas de outras, escritas da mesma forma.

► **Devem receber acento, obrigatoriamente:**

Pôde (forma do pretérito perfeito do indicativo do verbo poder):

Manuel não pôde fazer a prova.
Para diferenciar de *pode* (forma do presente do indicativo do mesmo verbo):

José sabe que não pode faltar à aula.

Pôr (verbo) - Por (preposição)

*Eu disse para **pôr** o livro na estante, passando **por** esta porta.*

Côas, côa (formas do verbo coar)

Mirela côa raspas de milho tão depressa quanto tu côas.
Para diferenciar de *coas, coa* (preposição com + artigo **a** e **as** - forma mais usada na poesia).

► **Facultativamente, recebe acento, por questões de clareza:**

Fôrma (substantivo):

A fôrma do bolo tem a forma de um coração.
Para diferenciar de **forma** (3ª pessoa do singular do presente do indicativo ou 2ª pessoa do singular do imperativo do verbo formar).

► **Não recebem acento:**

para (forma do verbo parar)
para (preposição):

Mário não para de dizer que quer ir para a Itália.

pelo, pelos (substantivo)
pelo, pelos (contrações de preposição e artigo)
pelo (forma do verbo pelar):

O gatinho ficou com os pelos embaraçados pelos gravetos.

pera (substantivo)
pera (preposição arcaica):

No café, Fábio comeu uma pera.

polo (substantivo)
polo (contração arcaica de preposição e artigo):

Gustavo gosta de jogar polo.

Homônimas e Parônimas

Palavras **homônimas** - aquelas cujo modo de escrever ou de pronunciar é igual:

acordo (substantivo) **acordo** (verbo) - grafia (escrita) igual, pronúncia diferente;

sessão (reunião) **cessão** (ato de ceder) - pronúncia igual, grafia diferente;

endosso (substantivo) **endosso** (verbo) - grafia igual, pronúncia diferente.

Palavras **parônimas** são as que são escritas e pronunciadas de forma parecida:

deferir (atender, conceder, aceitar)
diferir (adiar, ser diferente, distinguir-se)

infligir (aplicar punição)
infringir (desrespeitar a lei, transgredir, violar)

mandado (ordem judicial)
mandato (delegação, exercício de cargo político).

MÓDULO I - ATIVIDADES

Fonologia

Fonema

Exercitando...

Para fazer os exercícios de 1 a 5, leia a poesia abaixo, de Ângela Finzetto.

Que peninha!

Também tenho um passarinho,
Coitadinho, engaiolado!
Já falei pra minha mãe:
- Não devia ter comprado!

Um dia abro a gaiola
E solto logo o bichinho.
Enquanto eu vou pra escola,
Ele volta lá pro seu ninho.

(Finzetto, Ângela. *Poesias para Crianças*. Blumenau-SC: Todolivro Editora, 2008)

1. Indique o número de letras e o número de fonemas das seguintes palavras:

a) passarinho.....................   f) abro............................

b) engaiolado ....   g) enquanto.......................

c) falei............................   h) escola ....

d) comprado.....................   i) bichinho ....

e) que............................   j) volta............................

2. Nas palavras abaixo, classifique os fonemas grifados em: vogal, semivogal ou consoante.

a) p**e**ninha ....

b) **solto** ....

c) f**a**l**ei** ....

d) d**ia** ....

e) **e**nq**ua**nto...

3. Transcreva do texto citado:
a) três palavras que possuam semivogal;

....

....

b) duas palavras que contenham vogal nasal.

....

....

4. No verso "- Não d**evi**a ter comprado!", classifique as vogais em destaque como átona ou tônica.

....

5. Na segunda estrofe, qual é a diferença entre o fonema /i/ que aparece em **dia** e o que aparece em **gaiola**?

....

....

6. Classifique e circule os encontros vocálicos (hiato, ditongo e tritongo) das palavras abaixo:

a) gaiola.......................... f) boiadeiro.......................

b) oceano......................... g) qualidade......................

c) dia.............................. h) averiguei ....

d) noite .... i) caixa ....

e) quais .... j) circuito.........................

7. Identifique os ditongos destacados nas palavras a seguir, em crescentes ou decrescentes:

a) mág**oa**......................... f) tes**ou**ro..........................

b) n**eu**tro......................... g) c**ai**xote.........................

c) armár**io**....................... h) paciên**cia**......................

d) l**ei**te .... i) m**ai**s............................

e) colm**ei**a....................... j) delí**cia**.........................

8. Em cada vocábulo abaixo transcrito há um dígrafo ou um encontro consonantal; classifique-o.

a) pamonha...................... f) tropeço.........................

b) pampa .... g) sarro ....

c) chapéu .... h) descida........................

d) comprado..................... i) algum ....

e) questão....................... j) espera..........................

Sílaba

Exercitando...

Leia com atenção o texto e responda às questões a seguir...

Maguinho e o Portal Temporal

Todos os livros produzidos no Reino dos Magos estavam na Biblioteca Geral, no castelo da montanha mais alta da Cidade do Conhecimento.

O Dr. Metrodorus estava tranquilo ao ver a cidade iluminada pelo sol. No dia anterior, ela quase havia sido tragada pela Sombra Caótica. Viu até uma pequena e estranha estrela brilhar àquela hora da manhã.

Maguinho, o filho de Maga Giovana e do Dr. Metrodorus, tinha demonstrado poderes ao afastar a Sombra Caótica do Reino dos Magos. E precisou apenas do seu amuleto dourado. Amena e Bernardo tiveram grande participação, e agora descansavam depois daquela aventura.

[...]

(Belli, Roberto. *Maguinho e o Portal Temporal*. Blumenau-SC: Todolivro Editora, 2012.)

1. Reescreva as palavras dadas a seguir no quadro abaixo, separando-as e classificando-as quanto ao número de sílabas, conforme o modelo (castelo).

Palavra	Monossílaba	Dissílaba	Trissílaba	Polissílaba
castelo			**cas-te-lo**	
montanha				
livros				
magos				
cidade				
todos				
estranha				

sol			
dia			
participação			
reino			
aventura			
poderes			
biblioteca			
seu			
dourado			
amuleto			
alta			
mais			
hora			

2. No segundo parágrafo do texto, sublinhe as palavras paroxítonas e, em seguida, reescreva-as circulando a sílaba tônica.

....

....

....

3. No texto há uma palavra proparoxítona; transcreva-a.

....

....

4. Extraia do texto as palavras oxítonas.

....

....

....

Ortografia

O Alfabeto

Exercitando...

Reproduza, abaixo, em maiúsculas e minúsculas, as 26 letras que compõem o alfabeto da língua portuguesa, conforme o Novo Acordo Ortográfico de 2009.

. . . .

. . . .

. . . .

Acentuação

Exercitando...

1. Acentue as palavras abaixo - quando necessário - e justifique a presença ou a ausência do acento gráfico.

secretaria (profissional) . . . .   misterio . . . .

tatus. . . . .   energia . . . .

colibri . . . .   memoria . . . .

especie . . . .   triunfal . . . .

creem . . . .   atraves . . . .

clausula . . . .   carater . . . .

magica . . . .   joquei . . . .

noticia . . . .   incrivel . . . .

compreensível . . . .   biquini . . . .

secretaria (lugar) . . . .   alias . . . .

2. Leia com atenção o fragmento do texto "Maguinho e o Orbe Cintilante" e transcreva-o, colocando os acentos gráficos que estão faltando.

"[...]. Pousaram numa praça com arvores e flores. Ninguem veio recebe-los, porem. As luzes que tinham visto do alto, haviam-se apagado.
- Por que sera que não querem nos receber? - indagou Maguinho, procurando por uma resposta razoavel. [...]"

(Belli, Roberto. *Maguinho e o Orbe Cintilante*. Blumenau-SC: Todolivro Editora, 2012.)

. . . .

. . . .

3. Leia atentamente o texto a seguir, no qual foram omitidos os acentos gráficos, e responda às questões posteriores.

"[...]. Ao saber da presença de Ivanhoe no castelo, o Cavaleiro Negro correu ao quarto em que o jovem se encontrava e conseguiu salva-lo. Mas não chegou a tempo de evitar que o templario levasse Rebeca.
Em outro setor, Cedric, ajudado pelo fiel Gurte, encontrava Rowena. Atelstane e Wamba ja haviam conseguido sair. No patio, ao avistar Bois-Guilbert carregando Rebeca à força, e pensando que fosse Rowena, Atelstane ordenou ao templario que a soltasse. Irritado, o templario revidou e desfechou violento golpe na cabeça do nobre, que ficou imovel, no chão. Em seguida, fugiu a galope, para se refugiar na comunidade dos templarios, em Templestowe [...]"

(Duarte, Madalena Parisi. *Ivanhoé*/Walter Scott (adaptação). Blumenau-SC: Todolivro Editora, 2012.)

a) Copie as palavras, acentuando-as corretamente.

. . . .

b) Justifique o acento gráfico usado nessas palavras.

. . . .

. . . .

. . . .

. . . .

4. "... Eu não tenho sorte.
Tudo o que eu quero dá errado.
Foi sempre assim.
Eu já nasci azarado.
Mas, o que eu posso fazer para mudar esta história?
Nem sorte nem azar. Pé de laranja, laranja dá".

(Lopes, Cida. *Aprendendo valores*. Blumenau-SC: Todolivro Editora, 2004.)

a) Nesse pequeno texto, há três palavras acentuadas pela mesma regra de acentuação; identifique-as e classifique a regra.

b) Justifique o acento gráfico da palavra "história".

5. Acentue, quando necessário, as formas verbais em destaque:

a) Gestantes **tem** preferência no atendimento.

b) Estas leituras me **convem**.

c) Todos **veem** meu esforço em obter boas notas.

d) As pizzarias da minha cidade **mantem** o serviço de entregas.

e) O curador **retem** obras de arte que retratam a cultura local.

6. Observe, em cada frase a seguir, que há palavras destacadas com a mesma terminação. Porém, apenas uma delas é acentuada. Reescreva corretamente a palavra acentuada.

a) **Alguem** olhou para o céu hoje e viu a **nuvem** em forma de coração?

....

b) O menino embarcou no **taxi** com um **colibri** na gaiola.

....

c) O menino pegou o **chapeu** na prateleira e fitou **meu** tio curiosamente.

....

d) A maior virtude de minha mãe era a **paciencia**, o que se **evidencia** no cuidado com as crianças.

....

e) Há **bonus** para quem trouxer fotos dos **tatus** se espreguiçando lá no jardim.

....

Homônimas e Parônimas

Exercitando...

Segue o texto para leitura atenta...

Atitudes de Autoconfiança

Clara sempre admirou o som da flauta. Achava que qualquer melodia virava mágica quando o instrumento era aquele. Mas, aos nove anos, ainda não tinha visto uma de perto, apenas pela televisão. Por isso, adorava assistir às apresentações da bandinha da escola, em que havia uma flautista.

Então, estava na hora de correr atrás do seu sonho. Foi perguntando para um, para outro, até que uma professora lhe falou sobre um curso para ensinar música aos futuros integrantes da banda da escola. Ficou tão contente que foi correndo para casa: precisava pedir à sua mãe para fazer a inscrição.

Mas havia um pequeno teste para os novatos. Era para ver se tinham ritmo, afinação, essas coisas. Clara pensou: "Eu sou capaz de passar e posso tocar lindamente, como qualquer pessoa". A menina enfrentou a situação, porque acreditava em si mesma. Assim, logo estava com uma flauta nas mãos, aprendendo a tocar músicas lindas, como sempre quis.

E qual não foi a surpresa de seus colegas de classe quando, algum tempo depois, viram Clara na bandinha da escola, tocando muito bem ao lado de outros músicos!

(Klein, Cristina. *Descobrindo valores*. Blumenau-SC: Todolivro Editora, 2014, pág. 28.)

1. No período "...adorava assistir às apresentações da bandinha da escola...", qual o sentido do verbo *assistir* usado nesse contexto?

. . . .

2. Construa uma frase em que a palavra assistir tenha outro sentido.

. . . .

. . . .

3. No exercício abaixo, há pares de palavras; analise-as e faça sua classificação conforme os códigos (**H**) homônimas e (**P**) parônimas.

a) infligir (verb.), infringir (verb.) (..........)

b) conserto (verb.), concerto (subst.) (..........)

c) censo (subst.), senso (subst.) (..........)

d) cura (verb.), cura (subst.) (..........)

e) providencia (verb.), providência (subst.) (..........)

f) verão (verb.), verão (subst.) (..........)

g) descrição (subst.), discrição (subst.) (..........)

h) canto (verb.), canto (subst.) (..........)

i) jogo (verb.), jogo (subst.) (..........)

j) venda (verb.), venda (subst.) (..........)

4. Consulte o Dicionário Scottini e escreva o sentido das palavras em destaque nas seguintes frases:

a)   Os convites para a apresentação de Clara eram de **graça**.

. . . .

Os pais de Clara agradecem a **graça** recebida.

. . . .

b)   A costureira enganou-se no **comprimento** da saia de Clarinha.

. . . .

As crianças da banda da escola sempre agem no **cumprimento** das regras apresentadas pelo professor.

. . . .

MÓDULO II

MORFOLOGIA, ESTRUTURA E FORMAÇÃO DAS PALAVRAS

Em sua estrutura, uma palavra costuma ter os seguintes elementos: radical, afixos, vogal temática, desinências e interfixos. Mas nem sempre todos esses elementos estão presentes ao mesmo tempo.

Cada um dos elementos formadores dá alguma noção de significado à palavra que integra. Com exceção do radical, todos os outros elementos - unidades mínimas que se apõem ao radical -, são chamados de **morfemas**.

Radical

Também chamado de **lexema** ou **semantema**, é o elemento que contém o significado principal, comum a uma determinada família de palavras.

Na palavra **serra, serrote, serragem, serrilha,** por exemplo, o elemento comum, ou seja, o **radical**, é **serr**.

Afixos

São os elementos que, juntados ao radical antes (os chamados **prefixos**) ou depois (os chamados **sufixos**), servem para mudar o sentido do radical: **in**dolor, **des**proteger (prefixos); deng**oso**, prest**eza** (sufixos).

Vogal Temática

É a que vem logo após o radical, e que nos verbos indica as conjugações, fazendo a ligação entre o radical e as desinências. As vogais temáticas verbais são três: **a** (fal<u>a</u>r), **e** (venc<u>e</u>r) e **i** (part<u>i</u>r), respectivamente, que correspondem às terminações da 1ª, da 2ª e da 3ª conjugações.

Tema

É o nome que se dá ao conjunto **radical + vogal temática**: **cant-** (radical) + **ar** (vogal temática).

O **r** é desinência de infinitivo.

Desinências

São os morfemas que, colocados junto ao tema, servem para indicar as flexões de nomes e verbos. Podem ser:

a) nominais - indicam o gênero e o número dos <u>nomes</u> (substantivos, adjetivos, numerais e pronomes):

-a (educad**a**), **-s** (educada**s**).

b) verbais - indicam o modo e o tempo do <u>verbo</u> (**desinências modo-temporais**) e o número e a pessoa do verbo (**número-pessoais**):

cant-á-va-mos
cant-: **radical**
-a: **vogal temática**
-va: **desinência modo-temporal** (caracteriza o pretérito imperfeito do indicativo)
-mos: **desinência número-pessoal** (caracteriza a 1ª pessoa do plural do pretérito imperfeito do indicativo do verbo cantar).

Interfixos (ou vogais e consoantes de ligação)

São morfemas que, colocados entre o radical e o sufixo, servem para facilitar a pronúncia de uma palavra. Podem ser vogais ou consoantes.

Vogais: palac**i**ano, parâm**e**tro, brasil**i**ense, son**í**fero.

Consoantes: camba**d**a, ban**h**eira, chal**e**ira, pe**d**reiro.

PROCESSOS DE FORMAÇÃO DAS PALAVRAS

Na língua portuguesa, há dois processos básicos de formação de palavras: a derivação e a composição.

Derivação

Acontece quando, acrescentando-se afixos (prefixos ou sufixos) a uma palavra primitiva, formam-se novas palavras (as derivadas).

A formação de palavras derivadas só pode ocorrer pela retirada de morfemas ou pela troca de classe gramatical, e não pelo acréscimo de radicais.

ferro ➡ ferrugem ➡ ferrugento ➡ ferruginoso
popular ➡ impopular ➡ popularizar ➡ popularização

Quando a derivação é feita com o acréscimo de afixos, pode ser classificada como **derivação prefixal, derivação sufixal** ou **derivação parassintética.**

➤ Derivação prefixal ou por prefixação
Ocorre quando há o acréscimo de um prefixo à palavra primitiva, alterando o seu significado: **des**provido, **com**portar, **in**constante.

➤ Derivação sufixal ou por sufixação
Ocorre quando há o acréscimo de um sufixo à palavra primitiva, alterando o seu significado. Pode ser nominal, verbal ou adverbial.

➤ Nominal - formando substantivos e adjetivos:

papel ➡ papel**aria**
mal ➡ mald**oso**

➤ Verbal - formando verbos:

formal ➡ formal**izar**

➤ Adverbial - formando advérbios. Só há um sufixo - **mente** -, que forma advérbios de modo:

moral ➡ moral**mente**

SUFIXOS NOMINAIS MAIS COMUNS

Sufixos	Indicam	Exemplos
-aça, -aço, -alhão, -anzil, -ão, -arrão, -az, -ázio, -eirão, -ona, -orra, -udo, -zão, -zarrão	ideia de aumento, porção, quantidade	linhaça, estilhaço, vergalhão, corpanzil, pastelão, canzarrão, audaz, topázio, vozeirão, bujarrona, sapatorra, pançudo, pezão, homenzarrão
-aco, -aico, -ano, -ão, -enho, -eno, -ense, -ês, -eu, -ino, -ista, -ita, -ota	origem, naturalidade, procedência, partido, religião	austríaco, hebraico, cubano, bretão, panamenho, chileno, maranhense, português, europeu, argentino, santista, espírita, cipriota
-aco, -al, -estre, -ício, ico, -ino, -tico	relação, referência, qualidade	cardíaco, ideal, campestre, patrício, acadêmico, cristalino, fantástico
-acho, -culo, -ejo, -elho, -ela, -eta, -eto, -ico, -ilha, -im, -inho, -ito, -ola, -ota, -ote, -únculo, -zinho, -zito	ideia de diminuição	penacho, minúsculo, vilarejo, rapazelho, donzela, barqueta, coreto, burrico, pastilha, espadim, pezinho, mosquito, camisola, ilhota, serrote, homúnculo, pãozinho, rapazito
-ada, -agem, -ança, -aria, -eria, -ata, -ção, -ela, -ença, -ência, -mento, -ura	ação ou resultado de ação	entrada, vadiagem, festança, padaria, sorveteria, mamata, participação, sacudidela, doença, dormência, pensamento, censura
-al, -agem, -ada, -alha, -ama, -ame, -ário, -edo, -eira, -eiro, -ena	coleção, quantidade, conjunto, aglomeração	matagal, ramagem, cambada, fornalha, courama, vasilhame, santuário, arvoredo, parreira, chuveiro, novena
-ário, -dor, -eiro, -ista, -ante, -ente, -inte, -sor, -tor	ocupação, ofício, profissão, função	empresário, tradutor, jornaleiro, maquinista, ajudante, servente, ouvinte, professor, delator
-aria, -douro, -tório, -tério	lugar onde se desenvolve alguma atividade	pastelaria, bebedouro, dormitório, ministério
-az, -ento, -lento, -into, -enho, -onho, -oso, -udo	excesso, abundância, tendência, qualidade, estado	audaz, poeirento, macilento, faminto, rouquenho, tristonho, guloso, espadaúdo

Sufixos	Indicam	Exemplos
-dade, -ável, -ével, -ível, -óvel, -úvel, -ência, -ez, -eza, -ice, -ície, -iço, -ismo, -ivo, -or, -tude, -ume, -ura	estado, qualidade, tendência, natureza ou condição	saudade, saudável, indelével, removível, móvel, volúvel, inocência, pequenez, fraqueza, burrice, calvície, mestiço, otimismo, cativo, fulgor, atitude, azedume, brandura
-eia, -ia, -ismo, -ite, -ose	estado doentio, morbidez, doença ou inflamação	diarreia, pneumonia, paludismo, otite, escoliose
-imo, -íssimo, -rimo	intensidade, grau superlativo de uma qualidade	dificílimo, lindíssimo, paupérrimo
-ista, -ano	seguidores de doutrinas, partidários	nazista, nacionalista, republicano, luterano

PRINCIPAIS SUFIXOS VERBAIS

Sufixos	Indicam	Exemplos
-açar	ações repetidas, frequência	estilhaçar, esvoaçar, espicaçar
-anhar	ação rápida	abocanhar
-ar	verbos da 1ª conjugação	cantar, falar, pintar, soletrar
-ear	frequência, ação repetida	golpear, serpentear, saborear, entremear
-ecer, escer	início de ação, alteração de estado	florescer, entristecer, favorecer, rejuvenescer
-egar	frequência, ação repetida	navegar, fumegar, apegar
-ejar	ação repetida, permanência	gotejar, velejar, arejar, festejar, latejar
-entar	ações causadoras	apoquentar, amamentar, inocentar
-er	verbos da 2ª conjugação	prender, saber, ler, esquecer, fazer

Sufixos	Indicam	Exemplos
-icar	ação repetida, não intensa	bebericar, paparicar, adocicar
-ilhar	ação repetida, não intensa	palmilhar, dedilhar
-inhar	ação repetida, não intensa	espezinhar, escrevinhar, patinhar
-ir	verbos da 3ª conjugação	sentir, vestir, sair, dirigir
-iscar	ação repetida, não intensa	rabiscar, lambiscar, chuviscar
-itar	ação repetida, não intensa	saltitar, volitar, habilitar, felicitar
-izar	ações causadoras	legalizar, organizar, higienizar, simpatizar, economizar

▶ Derivação parassintética ou parassíntese

Ocorre quando o radical recebe, simultaneamente, um prefixo e um sufixo, de maneira que a palavra não tem sentido só com o prefixo ou só com o sufixo. Este processo pode originar, principalmente, a formação de verbos, a partir de substantivos e adjetivos:

embarcar, ensacar, desalmado, destacado
encurtar, endoidecer, expropriar, emagrecer

▶ Derivação regressiva

Ocorre quando se forma uma palavra pela retirada da parte final de uma palavra primitiva. Este processo é bastante útil para a formação de substantivos originados de verbos, em geral da primeira e da segunda conjugações. Nesse caso, recebe o nome de "deverbais" ou "pós-verbais":

censurar ➡ censura

acordar ➡ acordo

apelar ➡ apelo

combater ➡ combate

perder ➡ perda

vender ➡ venda

▶ **Derivação imprópria**

É o processo pelo qual as palavras mudam de classe gramatical, mas sem qualquer alteração em sua forma. Pode ocorrer quando:

- um substantivo é usado como adjetivo (homem-aranha, laranja-baía);

- quando um adjetivo é usado como substantivo (o inteligente, os maus);

- quando verbos e advérbios são usados como conjunções (seja ... seja, quer ... quer ...);

- quando os substantivos comuns são usados como nomes próprios (Pereira, Cordeiro, Passarinho), e assim por diante.

Alguns prefixos de origem latina e seus significados

a-,ab-,abs (afastamento, separação)
abdicar, abjurar, abster, abstrair, abuso, abusar, ab-rupto

a-,ad- (aproximação, direção, transformação)
adiantar, avivar, adjunto, administrar, admirar, adventício

além- (para o lado de lá, do lado de lá)
além-fronteiras, além-túmulo, além-mar

ante- (anterioridade no espaço ou no tempo)
antebraço, antepasto, antessala, antevéspera, anteontem

aquém- (para o lado de cá, do lado de cá)
aquém-mar, aquém-fronteiras

bem-, ben- (de maneira agradável, positiva, bondosa)
bem-aventurado, benfeitor, bem-vindo, bem-querer, bem-visto

circum-, circun- (ao redor de, em torno de)
circum-navegação, circum-murado, circum-adjacente, circuncidar, circunscrever, circunvagar

cis- (posição aquém, do lado de cá)
cisandino, cisplatino, cisalpino

co-, com- (contiguidade, companhia)
coabitar, coadjuvante, coadquirir, confraternizar, condiscípulo, combater, correligionário, corroborar, conjurar, consoante, confluência, compor, cooperar, conviver, coirmão, coautor

contra- (oposição)

contra-atacar, contra-argumento, contradizer, contrapor, contraprova, contrabalançar, contracheque, contracultura, contracapa, contramestre

de- (movimento de cima para baixo, oposição, intensidade)

decompor, degolar, depor, decapitar, decantar, deliberar, decair

des- (separação, ação contrária, negação)

despedaçar, desleal, desfazer, desumano, desgraça, desigual, desconforme, desobedecer, desmentir, desenganar, desunião, desenterrar, desfolhar

dis-, di- (separação, negação, aumento, intensidade)

difícil, discriminar, dissidente, dilacerar, dissonante, disseminar, distender, disforme, divórcio, dissabor, discordar, divagar, difundir

e-, es-, ex- (movimento para fora, separação, aumento, ausência)

emigrar, excêntrico, evadir, expor, exilar, exportar, exprimir, expatriar, extrair, esquentar, esfriar, exceder, esburacar, ex-presidente, ex-ministro, estornar, ex-namorada

en-, em-, i-, in-, im- (posição interna, movimento para dentro)

enraizar, engarrafar, enterrar, embarcar, embainhar, embeber, imigrar, irromper, importar, inundar, importação, ingerir, incluir, inocular

entre-, inter- (posição intermediária, reciprocidade)

entreabrir, entrelinha, entrechoque, entrelaçar, entrevista, entretela, entrever, interação, intervalo, intercâmbio, interpor, intervir, interromper, intervenção, intercalar

extra- (posição exterior, de fora, excesso, intensidade)

extraconjugal, extramuros, extrajudicial, extraoficial, extraordinário, extraterrestre, extravasar, extraviar, extravagante

i-, in-, im- (negação, transição, mudança, oposição, privação)

imoderado, inativo, inalterado, ilegal, ilegítimo, indigno, incômodo, inútil, incapaz, impermeável, impuro, impossível, impróprio

intra- (posição interior, para dentro)

intracraniano, intrapulmonar, intrauterino, intravenoso, intraocular, intramuscular, intravascular

intro- (movimento para dentro)

introduzir, intrometer, introvertido, intrometido, introverter

justa- (posição ao lado, perto de)
justapor, justaposição

mal- (de forma irregular, precária, desagradável)
mal-humorado, malcriado, mal-educado, mal-arrumado, maledicente, mal-assombrado, mal-estar, malfeito, malpassado

ob-, o- (posição em frente, oposição)
objeto, obter, obstar, obstáculo, óbvio, obstrução, oposição, opor

per- (movimento através, oposição, proximidade)
perpassar, persistir, percorrer, percurso, perscrutar, perfurar, perseguir, perfazer, perdurar, pernoitar

pos-, pós- (depois, posteridade)
postergar, posfácio, pospor, pós-escrito, pós-graduação, póstumo

pro-, pró- (movimento para a frente, a favor de)
progresso, protesto, promover, projétil, propelir, progredir, procriar, proeminente, proclamar, procedência, prosseguir, pró-anistia, pró-britânico

re- (movimento para trás, repetição, negação, intensidade)
rever, refluir, reagir, reler, reaver, reeditar, recapitular, recomeçar, reviver, renascer, reluzir, reanimar, revigorar

retro- (movimento para trás)
retroagir, retrocesso, retroceder, retroativo, retrógrado, retrospectivo, retrovisor

semi- (metade, meio, quase)
semideus, semicírculo, semibreve, seminovo, semicondutor, semiconsciente, semiescravidão, semivogal, semianalfabeto, semifusa, semimorto, seminu

sobre-, super-, supra- (posição superior, excesso, intensidade)
sobreloja, sobrepor, superpor, sobrescrito, sobrestar, sobrescrever, sobrevir, super-sensível, superlotação, super-homem, supermercado, superdotado, supérfluo, supracitado, suprarrenal

soto-, sota- (debaixo, posição inferior)
soto-embaixador, soto-mestre, soto-almirante, sotavento, sota-proa, sota-patrão

sub-, su-, sob-, so- (movimento de baixo para cima, posição inferior)

subsolo, subtítulo, submarino, sobraçar, soerguer, soterrar, sujeitar, subjugar, submeter, subdesenvolvimento, subverter, subliminar, subumano, subverter

tras-, tres-, trans- (movimento ou posição para além de, através)

traspassar, trasbordar ou transbordar, traduzir, tresandar, tresvariar, transatlântico, transalpino, transplantar, transliteração

ultra- (posição além de, fora do limite)

ultrapassar, ultraleve, ultravioleta, ultramarino, ultraconservador, ultrarromântico, ultrassom, ultrassensível

vice- (em lugar de, substituição)

vice-governador, vice-diretor, vice-prefeito, vice-cônsul, vice-almirante, vice-rei, vice-campeão, vice-presidente, vice-reitor, vice-secretário.

Alguns prefixos gregos e seus significados

an-, a- (falta, privação, negação)

anarquia, anônimo, anômalo, anêmico, ateu, acéfalo, afônico, amoral, anestesia, apatia, anemia

an(a)- (separação das partes de um todo, movimento inverso, repetição, afastamento, semelhança)

anátema, anacronismo, anagrama, análise, anacoreta, anáfora, analogia, anatomia

anf(i)- (dos dois lados, ao redor, à roda de)

anfiteatro, anfígamo, anfíbio, anfípode, anfídromo

ant(i)- (ação contrária, oposição, direção oposta)

antagonista, antítese, antiaéreo, antibiótico, antípoda, antídoto, antipatia, anticonstitucional, anti-helmíntico, anticorpo, antifebril, antimonárquico, antissocial, antiaristocrata

ap(o)- (afastamento, privação, separação, distância, aumento)

apóstata, apócrifo, apogeu, apóstolo, apóstrofe, apoteose

arc(a)- arce-, arque-, arqui- (superioridade, primazia)

arcanjo, arquiduque, arquipélago, arquétipo, arquibanco, arcebispo, arquimilionário

cata- (movimento de cima para baixo, oposição, em regressão)

cataclismo, catacumba, catarro, catarata, cataplasma, catástrofe, catadupa, catacrese, catálise, catálogo

di(a)- (duplicidade, através, por meio de, afastamento)
diagrama, diagnóstico, diálogo, diáfano, dialeto, diâmetro, diocese

dis- (mau estado, enfraquecimento, dificuldade)
distonia, dispneia, disfagia, disenteria, dislexia, dispepsia

ec-ex- (movimento para fora)
eclipse, ectoplasma, exantema, êxodo, eclâmpsia

en-, e-, em- (posição interior, dentro)
elipse, encéfalo, entusiasmo, emplastro, embrião

end(o)- (dentro)
endocarpo, endodontista, endotérmico, endoderma, endoscópio, endocraniano

ep(i)- (posição superior, sobre, depois)
epiderme, epitáfio, epígrafe, epílogo, epicentro, epíteto, epicárdio

eu-, ev- (bem, bom e belo)
eufonia, eucalipto, eugenia, eucaristia, eufemismo, euforia, eutanásia, evangelho, evangelizar

hiper- (posição superior, intensidade, excesso, além)
hipérbole, hipertensão, hipertrofia, hipercrítico, hiperdesenvolvimento, hiperestesia, hipermercado, hipermetropia, hiper-sônico, hiperácido

hipo- (diminuição, posição ou grau inferior, escassez)
hipodérmico, hipoglosso, hipótese, hipoacidez, hipotenusa, hipocalórico, hipoteca, hipogeu, hipoalimentação, hipoglicemia, hipotensão

met(a)- (depois de, sucessão)
metatrofia, metáfora, metamorfose, metafísica, meteoro, metacarpo, metempsicose, meta-arquivo

par(a)- (proximidade, semelhança, defeito, oposição)
paradoxo, paraninfo, paralelo, parágrafo, parasita, parábola, parâmetro, paradigma

peri- (proximidade, movimento ao redor de)
perímetro, perífrase, periferia, pericarpo, período, peripécia, perianto

pro- (antes, adiante, anterioridade)
profeta, programa, prótese, prólogo, prognóstico, problema

sin-, sim- (junção, companhia, simultaneidade)

sintonia, sincrônico, síntese, sinônimo, sinestésico, sintonizar, sinfonia, sintaxe, simpósio, simpatia.

Preposições e advérbios também usados como prefixos

sem- (falta, carência, ausência, exclusão)

sem-terra, sem-dinheiro, sem-teto, sem-cerimônia, sem-vergonha

quase- (perto, proximamente, por pouco, pouco mais ou pouco menos)

quase-crime, quase-delito, quase-morte, quase-nada, quase-posse

não- (negação, ausência, exclusão)

não agressão, não alinhado, não engajado, não engajamento, não essencial, não ficção, não intervenção, não combatente.

Composição

É o processo de formação de palavras pela junção de dois ou mais radicais (semantemas) já existentes. Pode ser por **justaposição** ou **aglutinação**.

➤ **Justaposição**

Os radicais permanecem inalterados:

passatempo – beija-flor – vaivém – quarta-feira – girassol.

➤ **Aglutinação**

Os radicais se aglutinam, se fundem, geralmente provocando a alteração de um deles:

planalto (plano + alto) – vinagre – (vinho + agre)
aguardente (água + ardente) – boquiaberto (boca + aberto).

Outros Processos

Existem outros processos de formação de palavras: a onomatopeia, a abreviação vocabular, a sigla, os hibridismos, a palavra-valise. Há, também, a formação de palavras novas, originadas pelo acréscimo de significados – os chamados neologismos semânticos; ou tomadas de línguas estrangeiras – os chamados empréstimos linguísticos ou estrangeirismos.

▶ Onomatopeia

É a formação de palavras que procuram imitar ou reproduzir sons ou ruídos:

fom-fom – zum-zum – miau – reco-reco – cacarejar – tique-taque.

▶ Abreviação Vocabular

É a formação de uma palavra pela redução de outra:

foto (redução de fotografia) – auto (redução de automóvel)
pneu (redução de pneumático) – fone (redução de telefone).

▶ Sigla (siglonimização)

É a formação de palavras com as letras ou sílabas iniciais de um determinado nome:

OEA – Organização dos Estados Americanos
USP – Universidade de São Paulo
CPF – Cadastro de Pessoas Físicas
RG – Registro Geral
CI – Carteira de Identidade

▶ Hibridismos

É o processo de formação de palavras com a assimilação de elementos de línguas diferentes:

reportagem (inglês + latim)
televisão (grego + latim)
abreugrafia (português + grego)

▶ Palavra-valise

É formada pelo acoplamento de duas palavras, uma delas truncada.

Este processo também é conhecido como **palavra-centauro**:

portinglês – formada de português e inglês, para designar a mistura de línguas;

portunhol – formada de português e espanhol, também para designar a mistura das duas línguas;

showmício – formada de show e comício, para designar um comício acompanhado de uma apresentação musical.

▶ **Neologismo semântico**

É o acréscimo de significados novos a palavras existentes, sem qualquer modificação em sua forma. Exemplos:

a palavra cobra (réptil), que também é usada para se referir a alguém com grande instinto maldoso;

a palavra arara (ave), que também é usada para se fazer referência a uma pessoa irritada, brava;

a palavra apagão, para caracterizar queda geral de energia elétrica;

a palavra cavalo (animal), que também é usada para se referir a alguém violento, grosseiro.

▶ **Empréstimos Linguísticos ou Estrangeirismos**

O contato entre os povos também dá margem ao surgimento de novas palavras, que acabam servindo como empréstimos. A língua portuguesa contém, em seu vocabulário, milhares de palavras originadas de outras línguas (alemão, francês, árabe, italiano, inglês, etc.) Geralmente as palavras são aportuguesadas, ou seja, passam para o português por meio de adaptação gráfica e fonológica:

stress ➡ estresse
shampoo ➡ xampu
football ➡ futebol
buffet ➡ bufê
record ➡ recorde
delet ➡ deletar

> **Obs.:**
> **a)** Quando as palavras de origem estrangeira mantiverem a grafia original, deverão ser escritas entre aspas ou em itálico: *high technology, show, champagne, cowboy*
> **b)** Deve-se evitar o uso de palavras estrangeiras quando existirem, no idioma nacional, palavras equivalentes. A substituição de uma palavra da língua portuguesa por outra, estrangeira, acarreta o empobrecimento do idioma e não o seu enriquecimento.

▶ **Radicais Gregos e Latinos**

A língua portuguesa conta com um grande número de palavras, principalmente nas áreas da Ciência e da Música, cujos radicais são de origem grega ou latina.

Alguns radicais gregos

acr-, acro- (alto, elevado)

acrobata, acrobacia, acróbio, acrofobia, acrocarpo, acrópole

aer-, aero- (ar)

aeronave, aeródromo, aerodinâmica, aéreo, aeronauta, aeróstato

-agogia (condução)

demagogia, pedagogia

-agogo (que conduz, que leva)

demagogo, pedagogo, psicopedagogo

agro- (campo)

agrografia, agrotóxico, agrologia, agrônomo, agronomia

al-, alo- (outro, diverso, outra forma)

alomorfia, alóctone, alopatia

-algia (dor)

cefalalgia, nevralgia

andr-, andro- (homem, elemento masculino, macho)

androceu, androfobia, andrógino, androide, andropausa, androsperma

anemo- (vento)

anemógrafo, anemômetro

ant-, anto-, -antemo (flor)

antografia, antologia, crisântemo, antoide, antomania

antropo- (homem; ser humano)

antropologia, filantropo, antropomorfo

-arca (que comanda)

monarca, tetrarca, heresiarca

aritm-, aritmo- (número)

aritmética, logaritmo, aritmologia, aritmomancia

arque- (primeiro, começo, origem)

arquegônio, arquétipo, arquebiose

arqueo- (antiguidade, velhice)

arqueografia, arqueolítico, arqueologia, arqueozoico

-arquia (comando, governo)

anarquia, autarquia, monarquia

-astenia (debilidade)

miastenia, neurastenia

aster-, astro- (estrela, astro)

asteroide, asterisco, astrólogo, astronauta, astronomia

auto- (próprio, de si mesmo)

autobiografia, autocracia, autógrafo, autômato

bari-, baro- (peso, pesado, difícil, pressão)

barítono, barisfério, barimetria, barômetro

biblio- (livro)

bibliografia, bibliolatria, bibliófilo, biblioteca

bio-, -bio (vida)

anfíbio, aeróbio, biografia, biologia, macróbio, micróbio

caco- (mau, desagradável)

cacofonia, cacologia, cacófato, cacoete, cacografia

cali- (belo)

calicarpia, califasia, caligrafia

cardi-, cardio- (coração)

cardíaco, cardiografia, cardiologia, pericárdio

-céfalo (cabeça)

acéfalo, macrocéfalo, microcéfalo

-ciclo (roda, círculo)

bicicleta, triciclo, hemiciclo

cin-, cine-, cines- (movimento)

cinemática, cinética, cinestesia, cineasta

core-, coreo- (dança)

coreografia, coreomania, coreógrafo

cosmo (mundo, universo)

cosmógrafo, cósmico, cosmologia, cosmonauta, cosmopolita

-cracia (poder, governo)

democracia, tecnocracia, plutocracia

cript-, cripto- (oculto)

criptograma, criptoscópio, criptônimo

cris-, criso- (ouro)

crisálida, crisóstomo, crisântemo

crom-, cromo- (cor)

acromia, cromografia, cromoterapia, cromossomo

crono- (tempo)

cronograma, anacronismo, cronologia, cronológico, cronômetro

datilo- (dedo)

datilografia, datilologia, datiloscopia

demo- (povo)

democracia, demagogia, demófilo, demografia

-derme (pele)

paquiderme, endoderme, epiderme, dermatológico

dinam-, dinamo- (força, potência, excitação)

dinamite, dinamografia, dinamômetro

-doxo (glória, crença, opinião)

heterodoxo, doxomania, ortodoxo, doxologia, paradoxo

-dromo (local de corridas)

autódromo, dromoterapia, hipódromo, velódromo

eco- (casa)

ecologia, economia, ecossistema

-edro (face, superfície lateral)

diedro, pentaedro, poliedro

-eido, -oide (forma, semelhança)

asteroide, debiloide, aracnoide, caleidoscópio

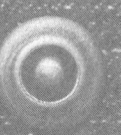

eletro- (eletricidade)

elétrico, eletrômetro, eletroacústica, eletrônico, eletrometria

enter-, entero- (intestino)

enterite, enteróclise, enterogastrite

ergo-, urg- (trabalho, força)

ergofobia, ergonometria, ergonomia, siderurgia

estomat-, estomato- (boca)

estomatite, estomático, estomatoscópio, estômato

etno- (raça, nação, povo)

étnico, etnografia, etnologia

-fagia (ato de comer, de se nutrir)

aerofagia, antropofagia

-fago (que come)

antropófago, sarcófago, necrófago

-filia (amor a)

bibliofilia, lusofilia, pedofilia

filo- (amigo, amante de)

filólogo, filantropo, filosofia, filósofo

fisio- (natureza)

fisiologia, fisiogênese, fisionomia, fisiopatia

-fobia (aversão, ódio, horror a)

fotofobia, claustrofobia, hidrofobia

-fobo (que tem aversão, medo)

xenófobo, hidrófobo, zoófobo

fono- (som, voz)

eufonia, fonógrafo, fonologia

-foro (que leva ou conduz)

enóforo, fósforo, semáforo

fos-, foto- (luz)

fosforescente, fósforo, fotografia, fotofobia

-gamia (casamento)

bigamia, monogamia, poligamia

-gamo (casamento)

bígamo, trígamo, misógamo, polígamo

gastr-, gastro- (estômago)

gastrenterite, gastrite, gastrônomo

gen-, geno- (origem, evolução)

genótipo, endógeno, hidrogênio, andrógeno, filógeno

geo- (terra, Terra)

geografia, geobotânica, geologia, geocárpico

ger-, gero- (velhice)

geriatria, geronte, gerontocracia, gerontologia

-glota, -glossa (língua)

poliglota, glotocentrismo, isoglossa

-gono (ângulo)

pentágono, polígono, trígono

-grafia (escrita, descrição)

caligrafia, criptografia, geografia, ortografia

-grama (escrito, letra, sinal, peso)

anagrama, telegrama, pentagrama, diagrama, quilograma

helio- (sol)

heliografia, helioterapia, helioscópio, heliófilo

hemi- (metade, meio)

hemisfério, hemiplegia, hemistíquio, hemiatrofia

hemo-, hemato- (sangue)

hemoglobina, hemorroidas, hematócrito, hematócito

hetero- (diferente, outro)

heterônimo, heterogêneo, heterossexual

hidro- (água)

hidrogênio, hidrografia, hidrofobia, hidrologia

hier-, hiero- (sagrado)

hieróglifo, hierofante, hierografia, hierosolimita

hipo- (cavalo)

hipódromo, hipopótamo

homo-, homeo- (igual, semelhante)

homeopatia, homônimo, homogêneo, homógrafo

-iatra (médico)

psiquiatra, fisiatra, pediatra, geriatra

icono- (imagem, ídolo)

iconoclasta, iconófilo, iconolatria, iconografia

íctio- (peixe)

ictiodonte, ictiófago, ictíaco, ictiologia

iso- (igual)

isotérmico, isócrono, isósceles

lito-, -lito (pedra, fóssil)

litografia, aerólito, litogravura

-logia (estudo, ciência, que trata)

arqueologia, biologia, fonologia, teologia

-logo (que fala ou trata)

diálogo, teólogo, odontólogo, teatrólogo

macro- (grande)

macrocéfalo, macrobiótica, macrocosmo

-mancia (adivinhação)

cartomancia, necromancia, quiromancia

mega-, megalo- (grande)

megafone, megaesôfago, megalomaníaco, megaton, megavolt

melo- (canto, música)

melodia, melopeia, melodramático

meso- (meio, médio)

mesocarpo, mesocárdio, mesóclise

-metro (que mede)

cronômetro, hidrômetro, pentâmetro

micro- (pequeno, frágil)

micróbio, microcéfalo, microfonia, microfobia, microscópio

miso- (odiar, hostilizar)

misantropo, misofobia, misógino, misoneico

mito- (fábula, mentira, mito)

mitologia, mitofobia, mitômano, mitomania

mono- (único, de uma só unidade, um só)

monoplano, monarquia, monólogo, monoácido

-morfo (forma)

antropomorfo, polimorfo, metamorfose

necro- (morto, cadáver)

necrópole, necrofilia, necrologia, necrotério

neo- (novo)

neolatino, neoliberal, neofobia, neologia

neur(o)-, nevr- (nervo)

neuroblasto, neurite, neuróbio, neurologia, nevralgia

-nomia (lei, norma, que conhece)

agronomia, astronomia, economia

-nomo (que regula)

gastrônomo, econômo, autônomo, metrônomo

odonto- (dente)

odontalgia, odontografia, odontologia

ofi-, ofio- (cobra, serpente)

ofídico, ofiofagia, ofiologia, ofiomancia

oftalm(o)- (olho)

oftalmia, oftalmodínico, oftalmologia

onômato- (nome, ideia)

onomatologia, onomatopeia, onomástico

ornit-, ornito- (ave)

ornítico, ornitologia, ornitófilo, ornitoide

-orama (espetáculo)

cosmorama, panorama

oro- (montanha)

orogenia, orografia, orógrafo

orto- (direito, justo)

ortodoxo, ortodontista, ortografia

oste-, osteo (osso)

oesteodermo, osteologia, osteoporose

oxi- (ácido, agudo)

oxítona, oxigênio, oxígono

paleo- (antigo)

paleografia, paleobotânica, paleontologia

pan- (todos, tudo)

pan-americano, panaceia, panorama, panteísmo

pato- (doença, sentimento)

neuropatia, patético, patologia

ped(o)- criança

pedagogo, pedologia, pedofilia, pediatria

piro- (fogo)

pirogravura, piromania, pirotécnico

pluto- (riqueza)

plutologia, plutomania, plutocracia, plutologista

poli- (muito)

policromia, poliglota, polígrafo, politeísmo

-pole, pólis (cidade)

metrópole, Petrópolis, Florianópolis, Cosmópolis

potamo- (rio)

hipopótamo, Mesopotâmia, potamofobia, potamologia

pseudo (falso)

pseudônimo, pseudoágata, pseudoapóstolo

psico- (alma, espírito)

metempsicose, psicanálise, psicologia

-ptero (asa)

áptero, díptero, helicóptero

quiro- (mão, gesto)

quiromancia, quirocinese, quiroplastia

rino- (nariz)

rinite, rinoceronte, rinoplastia

rizo- (raiz)

rizófilo, rizocárpio, rizotônico

sider- (ferro)

siderólito, siderografia, siderurgia

sismo- (abalo, tremor, terremoto)

sísmico, sismógrafo, sismômetro

-scopia (ato de ver)

macroscopia, microscopia

-scopio (instrumento para ver)

calidoscópio, microscópio, telescópio

-sofia (sabedoria)

filosofia, teosofia

-stico (verso, linha)

acróstico, dístico, monóstico

taqui- (rápido, veloz)

taquicardia, taquímetro, taquifagia, taquigrafia

tax-, taxi-, taxio- (ordem, classificação)

taxidermia, sintaxe, taxiologia

-teca (coleção, local em que se guarda)

biblioteca, discoteca, cinemateca, hipoteca

tele- (longe, distante)

telefone, telescópio, telégrafo, telepatia

teo- (Deus)

teocracia, teologia, teosofia

-terapia (tratamento, cura)

fisioterapia, fluidoterapia, hidroterapia, psicoterapia

term-, termo- (temperatura, calor)

isotérmico, térmico, termômetro, termostato

tipo- (tipo, imagem, padrão, caráter)

tipografia, tipocromia, tipologia, tipógrafo

-tomia (corte, divisão)

dicotomia, lobotomia, neurotomia

-tono (tensão, tom)

barítono, tipótono, monótono

topo- (local, localização)

topografia, utopia, toponímia, topofone

-trof, -trofia (nutrição)

atrofia, neurotrofia, hipertrofia, hipermetrofia

xeno (estrangeiro)

xenofobia, xenofilia, xenoglossia, xenogonia

xilo (madeira)

xilogravura, xiloide, xilógrafo

zoo (animal)

zoologia, zoopatia, zoofilia, zoobiologia

Radicais Gregos Numerais

mon-, mono- (um)

monarca, monoácido, monobloco, monogamia

di- (dois)

dipétalo, dióxido, dissílabo

tri- (três)

trilogia, tribrometo, trissílabo

tetra- (quatro)

tetraedro, tetracampeão, tetrarca

pent-, penta (cinco)

pentágono, pentaciclo, pentatlo

hexa- (seis)

hexágono, hexacloreto, hexâmetro

hepta- (sete)

heptágono, heptacampeão, heptassílabo

octo- (oito)

octaedro, octogonal, octossílabo

enea- (nove)

eneágono, eneágino, eneassílabo

deca- (dez)

decaedro, decálogo, decalitro

dodeca- (doze)

dodecassílabo, dodecaedro, dodecandro

hendeca (onze)

hendecágino, hendecaedro, hendecágono

icos- (vinte)

icosígono, icosaedro, icoságono

hecto-hecto- (cem)

hecatombe, hectolitro, hectograma, hectômetro

quilo- (mil)

quilograma, quilômetro, quilolitro

miria- (dez mil, muito numeroso)

miríade, miriâmetro, mirianto, miriápode

Alguns radicais latinos

agri-, agro- (campo)

agrícola, agronômico

ali- (asa)

aliforme, alípede

alti- (alto)

altibordo, altímetro

alvi- (branco)

alvinegro, alvinitente

ambi- (ambos)

ambidestro, ambíguo

api- (abelha)

apicultor, apícola

arbori- (árvore)

arborícola, arboricultural

auri (ouro)

aurífero, auriplume

avi- (ave)

avicultura, avícola

bel-, beli- (guerra)

belicoso, belonave

bi(s) (dois, duas vezes)

bisavô, biangular

calori- (calor)

calorimetria, calorífico

cent- (cem)

centênio, centésimo

-cida (que mata)

inseticida, homicida

-cola (que cultiva ou habita)

agrícola, vinícola

-cultura (ato de cultivar)

agricultura, avicultura

cruci- (cruz)

crucífero, cruciforme

curvi- (curvo)

curvilíneo, curvicórneo

digit(i) dedo

digital, digitiforme

equi-, equi- (igual)

equiaxial, equivalência

-fero (que produz ou contém)

frutífero, mamífero

ferri-, ferro- (ferro)

férrico, ferrita

-fico (que faz ou produz)

calorífico, maléfico

fili- (filho)

filicida, filicífero

-forme (que tem forma de)

multiforme, filiforme

frater-, fratri- (irmão)

fraterno, fratricida

-fugo (que foge ou que faz fugir)

centrífugo, trânsfuga

-gero (que contém ou produz)

ignígero, belígero

igni- (fogo)

ignífero, ignícola

lati- (grande, largo)

laticórneo, latifloro

loco- (lugar)

locomoção, locomóvel

matri- (mãe)

matrilinear, matricida

maxi- (muito grande)

maximização, maxivestido

mili- (mil, milésima parte)

milímetro, mililitro

mini (muito pequeno)

miniatura, minibiblioteca

morti- (morte)

mortiço, mortífero

multi- (numeroso, muito)

multiforme, multinacional

nocti- (noite, trevas)

noctífero, noctidiurno

nubi- (nuvem)

nubífugo, nubiforme

oni (todo, tudo)

onipresente, onisciente

-paro (que produz)

multíparo, ovíparo

patri- (pai)

pátrio, patrilinear

pede-, pedi- (pé)

pedestre, pediforme

-pede (pé)

bípede, velocípede

pisci- (peixe)

piscívoro, pisciano

pluri- (muitos)

plurianual, pluridentado

pluvio (chuva)

plúvio, pluvierosão

quadri- (quatro)

quadriciclo, quadrilátero

reti- (reto)

retígrado, reticórneo

-sono (que soa)

altíssono, uníssono

tri- (três)

triácido, triciclo

umbri- (sombra)

umbrícola, umbroso

uni- (um, único)

unissex, uníssono

uxori- (esposa)

uxórico, uxoricida

-vago (que anda)

noctívago, nubívago

-vomo (que expele)

fumívomo, ignívomo

vermi- (verme)

vermicida, vermífugo

-voro (que come)

carnívoro, lactívoro

CLASSES DE PALAVRAS

Na língua portuguesa as palavras são divididas em dez classes, distribuídas em dois grupos:

a) as **variáveis**, que são flexionáveis, ou seja, admitem mudanças de gênero, número, grau, incluindo-se nesse grupo: **substantivo, adjetivo, artigo, numeral, pronome** e **verbo**;

b) as **invariáveis**, e que, por isso, não apresentam mudanças em sua forma: **advérbio, interjeição, preposição** e **conjunção**.

DEFINIÇÃO E TIPOS DE SUBSTANTIVO

O substantivo é a palavra (variável) que dá nome aos seres animados ou inanimados, reais ou imaginários:

flor – vidro – mesa – felicidade, saudade, etc.

1) Quanto à **formação**, o substantivo pode ser:

➤ **Simples** ➡ formado de um só radical:

pó - couve

➤ **Composto** ➡ formado por mais de um radical:

guarda-pó – couve-flor

➤ **Primitivo** ➡ não se origina de nenhuma outra palavra:

flor – livro

➤ **Derivado** ➡ origina-se de outra palavra:

floreira – livraria

2) Quanto à **classificação**, o substantivo pode ser:

➤ **Comum** ➡ indica seres da mesma espécie:

mulher – livro

➤ **Próprio** ➡ indica um só indivíduo da espécie:

Brasil – Portugal

➤ **Concreto** ➡ indica seres de existência independente, real ou não:

céu – menina – Estados Unidos

➤ **Abstrato** ➙ indica qualidades, estados, sentimentos, ações:

felicidade – inteligência – pureza – trabalho

Substantivo Coletivo

É um substantivo comum, no singular, que indica um conjunto de seres da mesma espécie:

vara (conjunto de porcos)
batalhão (conjunto de soldados)
buquê (conjunto de flores)
enxame (conjunto de abelhas)

FLEXÕES DO SUBSTANTIVO

Flexão de Gênero – o substantivo pode ser masculino ou feminino.

➤ **Masculino** - quando anteposto pelo artigo **o**:

o pássaro – o machado – o conde

➤ **Feminino** – quando anteposto pelo artigo **a**:

a luz – a horta – a mulher

Os substantivos dividem-se em biformes e uniformes.

➤ **Biformes** – quando apresentam uma forma para o masculino e outra para o feminino. Ocorrem nos seguintes casos:

a) em geral, o gênero feminino é indicado pela desinência **a**:

menino/menin**a**
camponês/campones**a**
sogro/sogr**a**

b) alguns formam o gênero feminino pelo acréscimo de sufixos (**-esa, -essa, -isa**):

duque/duqu**esa**
poeta/poet**isa**
conde/cond**essa**

c) os substantivos terminados em ão formam o feminino em **oa, ã** ou **ona**:

leitão/leit**oa**
irmão/irm**ã**
mandão/mand**ona**

d) quando a oposição entre masculino e feminino de seres da mesma espécie se realiza com palavras de radicais diferentes. Nesse caso, os substantivos são chamados de **heterônimos**. Exemplos:

genro/nora
homem/mulher
cavalheiro/dama

➤ **Uniformes** – apresentam a mesma forma no masculino e no feminino. Dividem-se em **comuns de dois** (ou **comuns de dois gêneros**), **epicenos** e **sobrecomuns**.

➤ **Comuns de dois gêneros** – referem-se a pessoas, e a distinção costuma ser feita por meio da concordância com um artigo ou outro determinante (artigo, adjetivo, pronome, etc.):

o jornalista/a jornalista
o protagonista/a protagonista
o chefe/a chefe
um colega/uma colega
um dentista/uma dentista
um tenente/uma tenente

➤ **Epicenos** – referem-se a animais e a algumas plantas, apresentando a mesma forma no masculino e no feminino:

cobra
zebra
borboleta
piolho
jacaré
mamoeiro

Obs.: Para especificar o sexo, usam-se as palavras "macho" ou "fêmea": uma cobra macho; uma zebra fêmea; um macho de jacaré, etc.

➤ **Sobrecomuns** – têm um único gênero (masculino ou feminino) para designar, indiferentemente, homem ou mulher:

o carrasco
o cônjuge
o ídolo
a testemunha
a personagem
a vítima

➤ Substantivos com mudança de gênero e de significado

Existem substantivos que podem ser considerados masculinos ou femininos, conforme o seu significado na frase:

o banana (tolo) / a banana (fruta)
o capital (dinheiro) / a Capital (sede de governo)
o foca (jornalista iniciante) / a foca (animal marinho)
o moral (ânimo, brio) / a moral (conjunto de valores;
normas de comportamento)
o rádio (aparelho) / a rádio (emissora)

➤ Homonímia

Quando os substantivos são iguais na forma, mas de origem, gênero e significado diferentes:

o grama (unidade de peso) / a grama (capim, relva)
o cisma (dissidência) / a cisma (suspeita)
o lente (professor) / a lente (instrumento óptico)

➤ Substantivos com mudança de número e de significado

Alguns substantivos mudam de significado quando mudam de número:

a letra (símbolo gráfico) / as letras (literatura)
a honra (dignidade) / as honras (distinção, homenagem)
a féria (renda do dia) / as férias (período de descanso)
o meio (metade) / os meios (recursos)

Flexão de Número

Os substantivos podem estar no **singular** ou no **plural**. Existem, entretanto, alguns que só são usados no singular ou no plural:

saudade, fé, parabéns, pêsames.

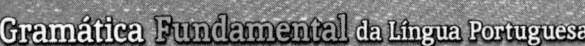

Plural dos Substantivos Simples

Com a terminação em	Em geral	Exemplos
Vogal, ditongo oral ou nasal -ãe	Acrescenta-se –s	mala – malas pai – pais mãe - mães
-ão	1. Mudam em –ões 2. Mudam em –ães 3. Acrescenta-se –s	coração – corações leão – leões capitão – capitães alemão – alemães bênção – bênçãos grão – grãos
-al -el – ol – ul	Mudam o –l em –is. Exceções: mal, males; cônsul, cônsules; gol, gols	leal – leais papel – papéis anzol – anzóis curul – curuis
-il (oxítono) -il (paroxítono)	Trocam o –il pelo –s Trocam o –il pelo –eis	funil – funis réptil – répteis
-m	Acrescenta-se –s e muda-se o -m em -n	jovem – jovens homem – homens
-n	Acrescenta-se –s ou –es	hífen – hifens ou hífenes líquen – liquens ou líquenes
-r e –z	Acrescenta-se –es	professor – professores pastor – pastores cartaz – cartazes rapaz – rapazes
-s	a) acrescenta-se –s b) quando paroxítonos ou proparoxítonos são invariáveis. A distinção é feita com o acréscimo de um artigo ou outro determinante	mês – meses gás – gases ônibus – dois ônibus lápis – alguns lápis
-x	a) a maioria é invariável b) alguns mudam o –x em –ce	fax – os fax xerox – duas xerox cálix (ou cálice) – cálices códex (ou códice) – códices
Sufixos –zinho e –zito	Forma-se o plural com alteração na terminação do substantivo primitivo (no plural), com supressão do –s e acréscimo deste ao final do sufixo	papelzinho – papeizinhos balãozinho – balõezinhos mãozinha – mãozinhas

Observações:

a) O plural de álcool é álcoois.

b) O plural de caráter, júnior e sênior é, respectivamente, carac**te**res, juni**or**es e seni**or**es, com deslocamento da sílaba tônica.

c) Os nomes próprios também podem ser empregados no plural: os Pereiras, os Josés, as Veras, etc.

d) As letras do alfabeto têm plural: os ás, os bês, os is, os agás, etc.

e) O plural de mel é meles ou méis.

f) O plural de avô é **avós**, quando há referência a ambos, avô e avó; é avôs quando se faz referência ao avô paterno mais o avô materno.

g) No aumentativo ou diminutivo o **s** do plural é assimilado pelo **z**:

pão, pães: pãozinho – pãezinhos; pé, pés – pezão, pezões.

h) Muitos substantivos que no singular são pronunciados com o "ô" fechado, no plural devem ser pronunciados com o "o" aberto:

Singular (ô)	Plural (ó)
fogo	fogos
caroço	caroços
osso	ossos
miolo	miolos

i) Gramaticalmente, o plural de gol seria goles ou gois. Mas está consagrada pelo uso a forma gols.

Plural dos Substantivos Compostos

• Os substantivos compostos **que não são separados por hífen** formam o plural com o acréscimo de um **s**:

girassol – girassóis
passatempo – passatempos
malmequer – malmequeres

• **Os que são ligados por hífen:**

• Se houver **preposição, só o primeiro elemento varia:**

bicho-da-seda ➡ bichos-da-seda

oficial-de-sala ➡ oficiais-de-sala
estrela-d'alva ➡ estrelas-d'alva

• Varia **somente o segundo elemento** quando:

a) o primeiro elemento é um verbo ou palavra invariável, e o segundo elemento é um substantivo ou adjetivo:

guarda-chuva ➡ guarda-chuvas
bate-papo ➡ bate-papos
sem-teto ➡ sem-tetos

b) quando o substantivo for composto de palavras repetidas ou onomatopaicas:

reco-recos
tico-ticos
tique-taques

c) quando o primeiro elemento é a palavra "grão" ou "grã":

grão-duque ➡ grão-duques
grão-mestre ➡ grão-mestres

• **Todos os elementos variam** se forem substantivos, adjetivos ou numerais:

segunda-feira ➡ segundas-feiras
boia-fria ➡ boias-frias
guarda-civil ➡ guardas-civis

Obs.: Quando o segundo elemento indica a "finalidade" do primeiro, só o primeiro é pluralizado:
caneta-tinteiro ➡ canetas-tinteiro
livro-caixa ➡ livros-caixa
escola-modelo ➡ escolas-modelo

• **Os dois elementos ficam invariáveis** quando o substantivo é composto de verbos de sentidos opostos ou de palavras que não permitem flexão:

o leva e traz ➡ os leva e traz
o bota-fora ➡ os bota-fora
o arco-íris ➡ os arco-íris

Flexão de Grau

Os substantivos podem variar, podendo apresentar-se nos graus aumentativo ou diminutivo, que se formam de duas maneiras:

a) pelo acréscimo de sufixos, como **ão**, **ona**, **inho** (processo sintético):

sapo – sapão
mala – malona (aumentativo sintético)
rato – ratinho (diminutivo sintético)

b) pelo uso de adjetivos que modificam a forma normal do substantivo (processo analítico):

sapo pequeno (diminutivo analítico)
mala grande (aumentativo analítico)

> **Obs.:** Às vezes, o uso de sufixos diminutivos ou aumentativos não se refere à ideia de tamanho, servindo para dar ao substantivo um sentido carinhoso, afetivo, de admiração; ou irônico, pejorativo, de desprezo:
> "Naquela festa só havia gentalha!" (pejorativo)
> "O São Paulo é um timaço!" (admiração)
> "Aquele deputado não passa de um sujeitinho!" (desprezo)

Principais sufixos aumentativos

aça	mulheraça	**ázio**	copázio
aço	ladroaço	**eirão**	vozeirão
alhão	bobalhão	**ona**	mulherona
anzil	corpanzil	**orra**	manzorra
ão	facão	**zão**	pezão
arrão	coparrão	**zarrão**	canzarrão
az	ladravaz	**udo**	pançudo

Principais sufixos diminutivos

acho	penacho	**im**	espadim
culo	corpúsculo	**inho**	sapinho
ejo	lugarejo	**ito**	rapazito
elho	rapazelho	**ola**	fazendola

ela	ruela	ota	lajota
eta	maleta	ote	filhote
eto	soneto	únculo	homúnculo
ico	burrico	zinho	reizinho
ilha	guerrilha	zito	pezito

ARTIGO

É a palavra (variável) que se coloca <u>antes</u> de substantivo ou de pronome. Serve para indicar o seu gênero e número, dando-lhe um sentido definido ou indefinido. Toda palavra precedida de artigo torna-se substantivo.

A moça – **Um** perfume

▶ **Artigos definidos**: o, a, os, as (individualizam o substantivo; referem-se a um ser determinado, certo, conhecido):

O professor de português está de férias.
A aluna premiada foi ao teatro.
Os meninos daquele colégio são atenciosos.
As meninas saíram cedo.

▶ **Artigos indefinidos**: um, uma, uns, umas (generalizam o substantivo, referem-se a um ser qualquer, sem definição):

Um professor de português está de férias.
Uma aluna premiada foi ao teatro.
Uns meninos daquele colégio são atenciosos.
Umas meninas saíram cedo.

▶ **Combinação dos Artigos**

Os artigos definidos e indefinidos podem ser combinados com preposições, conforme o quadro abaixo.

Preposição	Artigo Definido o, os, a, as	Artigo Indefinido um, uns, uma, umas
a	ao, aos, à, às*	—
de	do, dos, da, das	dum, duns, duma, dumas

Preposição	Artigo Definido o, os, a, as	Artigo Indefinido um, uns, uma, umas
em	no, nos, na, nas	num, nuns, numa, numas
por (per)	pelo, pelos**, pela, pelas	— —

* Estas formas indicam a fusão da preposição **a** com o artigo definido **a**, formando o que é chamado de **crase**.

** Estas formas originam-se da combinação dos artigos definidos com a forma *per*, equivalente a **por**.

> **Obs.:** Toda palavra que esteja acompanhada de um artigo assume a função de substantivo:
> Não entendo **o porquê** de sua raiva.
> É triste **o seu cantar**.

ADJETIVO

É a palavra (variável) que vem junto do substantivo, dando-lhe uma qualidade, um modo de ser, aspecto, etc.

Marta é uma <u>menina</u> **educada**.
O <u>autor</u> daquele livro é **inteligente** e **esperto**.

Classificação dos Adjetivos

Quanto à sua estrutura, os adjetivos podem ser primitivos ou derivados, simples ou compostos.

➤ **Adjetivos primitivos**
Os que não derivam de nenhuma outra palavra:

grande – belo – livre

➤ **Adjetivos derivados**
Aqueles formados por derivação de outras palavras:

gostoso (de gosto)
brasileiro (de Brasil)
amarelado (de amarelo)

➤ **Adjetivos simples**
Possuem um só radical em sua estrutura:

blusa **bonita** – livro **grosso** – homem **surdo**

▶ **Adjetivos compostos**

Possuem mais de um radical em sua estrutura:

anglo-saxônico – político-pedagógico – verde-claro

▶ **Adjetivos pátrios** – são os que indicam nacionalidade ou lugar de origem (localidades, regiões, cidades, Estados, países):

africano - (África)
alemão - (Alemanha)
canadense - (Canadá)
florianopolitano - (Florianópolis – SC)
paulista - (interior de São Paulo)
paulistano - (da Capital de São Paulo)

Às vezes, é preciso usar adjetivos pátrios compostos. Nesses casos, o primeiro elemento assume uma forma reduzida, em geral derivada do latim:

indo-europeu (Índia)
anglo-americano (Inglaterra)
franco-brasileiro (França)
luso-africano (Portugal)
teuto-americano (Alemanha)
austro-húngaro (Áustria)
nipo-brasileiro (Japão)
greco-italiano (Grécia)
ítalo-brasileiro (Itália)
afro-mexicano (África)

FLEXÕES DO ADJETIVO

Flexão de Gênero

O adjetivo concorda em gênero com o substantivo:

uma festa animada – um garoto educado

Quanto ao gênero, os adjetivos podem ser **uniformes** ou **biformes**.

▶ **Uniformes** – apresentam a mesma forma no masculino e no feminino:

garoto sensível – garota sensível

corpo frágil – caixa frágil

▶ **Biformes** – quando apresentam uma forma para o masculino e outra para o feminino:

empregado ativo – empregada ativa
padeiro português – padeira portuguesa
garoto comilão – garota comilona

Nos adjetivos compostos formados, somente o segundo elemento é flexionado. Quando o segundo elemento é um substantivo, não ocorre flexão (são invariáveis):

cidadão anglo-**americano** – cidadã anglo-**americana**
vestido azul-**escuro** – camisa azul-**escura**
casaco **verde-água** – saia **verde-água**
tapete **amarelo-canário** – parede **amarelo-canário**

Flexão de Número

O adjetivo concorda com o substantivo:

casa bonita – casas bonitas
menino simpático – meninas simpáticas

▶ **Adjetivos compostos:** em geral somente o segundo elemento é flexionado no plural:

acordo hispano-americano – acordos hispano-**americanos**
gabinete médico-dentário – gabinetes médico-**dentários**

Exceção: A palavra surdo-mudo, em que ambos os elementos são flexionados: surdos-mudos.

▶ **Adjetivos que indicam cores:**

a) a maioria segue a regra geral, formando o plural com o acréscimo de **s**:

saia preta – saias pretas
meia branca – meias brancas

b) quando a cor é indicada por um substantivo adjetivado, fica invariável no plural:

parede cinza – paredes cinza
blusa verde-abacate – blusas verde-abacate

c) também no caso dos adjetivos compostos azul-marinho e azul-celeste:

> meia azul-marinho – meias azul-marinho
> blusa azul-celeste – blusas azul-celeste

Flexão de Grau

Há dois graus do adjetivo: comparativo e superlativo.

Grau Comparativo

Estabelece comparação entre as qualidades ou características de dois ou mais seres ou grupos de seres:

> Luísa **é mais inteligente que** Maria.
> Estas flores **são mais bonitas que** aquelas.

O comparativo pode ser de igualdade, superioridade ou inferioridade:

➤ **Igualdade** (o adjetivo indica qualidades idênticas aos substantivos):

> A professora é **tão inteligente quanto** (ou **como**) o aluno.
> Laís é **tão simpática quanto** a irmã.

➤ **Superioridade** (o adjetivo indica que um dos substantivos é superior):

> O Brasil é **mais desenvolvido que** o Timor Leste.
> Sua voz é **mais fina (do) que** a minha.

➤ **Inferioridade** (o adjetivo indica que um dos substantivos é inferior):

> O caderno é **menos caro que** o livro.
> Seu texto está **menos claro (do) que** o do seu irmão.

Nota: Existem quatro adjetivos que podem indicar o grau comparativo de superioridade de forma sintética, ou seja, de forma simples:

Bom – melhor
Este filme é **melhor (do) que** o outro.
Grande – maior
A corrupção é **maior do que** se pensa.
Mau – pior
O trabalho de Cláudio ficou **pior que** o de Judite.
Pequeno – menor
Seu apartamento é **menor (do) que** o meu.

Grau Superlativo

Indica a qualidade máxima do substantivo. Pode ser **relativo** ou **absoluto**.

➤ **Superlativo relativo** – a intensificação é efetuada em relação a todos os elementos de um determinado conjunto. O superlativo relativo pode ser de <u>superioridade</u> ou de <u>inferioridade</u>:

•Ao vencer, a miss sentiu-se **a mais** bela das mulheres.
(Superlativo relativo de superioridade).

•Mário é **o menos** privilegiado do grupo.
(Superlativo relativo de inferioridade).

➤ **Superlativo absoluto** – dá a qualidade máxima a um substantivo, mas sem estabelecer comparação:

pessoa **amabilíssima**; menino **magérrimo**.

O superlativo absoluto pode ser **sintético**, quando é representado por uma só palavra:

Raul é **amabilíssimo.**
O beija-flor é um pássaro **belíssimo**.

Em geral, é formado pelo acréscimo, ao adjetivo, dos sufixos **–íssimo**, **-imo**, **-rimo**, e respectivas formas femininas. Mas algumas vezes o grau superlativo absoluto sintético aparece de forma irregular, porque o adjetivo, ao receber o sufixo, volta a ter a forma latina, como por exemplo no caso da palavra célebre ➡ celebérrimo.

E pode ser **analítico**, quando o adjetivo se apresenta acompanhado de outra palavra (em geral um advérbio) intensificadora:

Marta é **muito inteligente.**
Pedro é **excessivamente corajoso**.

Principais Adjetivos Superlativos Absolutos Irregulares

Adjetivo	Superlativo Absoluto Sintético
acre	acérrimo
ágil	agílimo
agradável	agradabilíssimo
agudo	acutíssimo

Adjetivo	Superlativo Absoluto Sintético
alto	altíssimo, supremo
amargo	amaríssimo
amável	amabilíssimo
amigo	amicíssimo
antigo	antiquíssimo
áspero	aspérrimo
atroz	atrocíssimo
audaz	audacíssimo
benéfico	beneficentíssimo
benévolo	benevolentíssimo
bom	boníssimo, ótimo
capaz	capacíssimo
célebre	celebérrimo
cruel	crudelíssimo
difícil	dificílimo
doce	dulcíssimo
eficaz	eficacíssimo
fácil	facílimo
feliz	felicíssimo
feroz	ferocíssimo
fiel	fidelíssimo
frágil	fragílimo
frio	frigidíssimo, friíssimo
geral	generalíssimo
grande	máximo
humilde	humílimo
incrível	incredibilíssimo
infame	infamérrimo
inimigo	inimicíssimo
jovem	juvenílissimo
livre	libérrimo
magnífico	magnificentíssimo
magro	macérrimo, magríssimo
manso	mansuetíssimo
mau	péssimo
miserável	miserabilíssimo
miúdo	minutíssimo
negro	nigérrimo, negríssimo

Adjetivo	Superlativo Absoluto Sintético
nobre	nobilíssimo
notável	notabilíssimo
pequeno	mínimo
perspicaz	perspicacíssimo
pessoal	personalíssimo
pobre	paupérrimo, pobríssimo
possível	possibilíssimo
pródigo	prodigalíssimo
próspero	prospérrimo
provável	probabilíssimo
público	publicíssimo
pudico	pudicíssimo
pulcro	pulquérrimo
rústico	rusticíssimo
sábio	sapientíssimo
sagrado	sacratíssimo
salubre	salubérrimo
sensível	sensibilíssimo
simpático	simpaticíssimo
simples	simplícimo, simplicíssimo
soberbo	soberbíssimo
tenaz	tenacíssimo
tenro	teneríssimo
terrível	terribilíssimo
veloz	velocíssimo
visível	visibilíssimo
volúvel	volubilíssimo
voraz	voracíssimo
vulnerável	vulnerabilíssimo

Obs.: Os adjetivos com a terminação **–io** não precedida de **e** formam o superlativo absoluto sintético com o acréscimo de **–iíssimo**:

frio – friíssimo
necessário – necessariíssimo
sério – seriíssimo
Porém, cheio – cheíssimo; feio – feíssimo

Os adjetivos **bom, mau, grande** e **pequeno** têm formas especiais nos graus comparativo e superlativo, a saber:

Adjetivo	Comparativo de Superioridade	Superlativo Absoluto	Superlativo Relativo
bom	melhor	ótimo	o melhor (de)
mau	pior	péssimo	o pior (de)
grande	maior	máximo	o maior (de)
pequeno	menor	mínimo	o menor (de)

Locuções Adjetivas

São conjuntos de palavras que podem ser transformados em adjetivos simples. Geralmente são formadas por uma preposição e um substantivo ou por uma preposição e um advérbio:

atitude de irmã (= fraterna)
revista da semana (= semanal)
dia de sol (= ensolarado)

NUMERAL

É a palavra (variável) que dá ideia de número, de quantidade, de posição em uma determinada série. Os numerais são classificados em:

► **cardinais** – indicam quantidade:

um, dois, três, quatro, cinco ...

► **ordinais** – indicam ordem, posição:

primeiro, segundo, terceiro, quarto ...

► **multiplicativos** – indicam multiplicação:

duplo, triplo, quádruplo, quíntuplo ...

► **fracionários** – indicam divisão:

meio, um terço, um quarto, dois quintos ...

Numerais Cardinais e Ordinais

ALGARISMOS		CARDINAIS	ORDINAIS
Romanos	Arábicos		
I	1	um	primeiro
II	2	dois	segundo
III	3	três	terceiro
IV	4	quatro	quarto
V	5	cinco	quinto
VI	6	seis	sexto
VII	7	sete	sétimo
VIII	8	oito	oitavo
IX	9	nove	nono
X	10	dez	décimo
XI	11	onze	décimo primeiro (ou undécimo)
XII	12	doze	décimo segundo (ou duodécimo)
XIII	13	treze	décimo terceiro
XIV	14	catorze (ou quatorze)	décimo quarto
XV	15	quinze	décimo quinto
XVI	16	dezesseis	décimo sexto
XVII	17	dezessete	décimo sétimo
XVIII	18	dezoito	décimo oitavo
XIX	19	dezenove	décimo nono
XX	20	vinte	vigésimo
XXI	21	vinte e um	vigésimo primeiro
XXX	30	trinta	trigésimo
XL	40	quarenta	quadragésimo
L	50	cinquenta	quinquagésimo
LX	60	sessenta	sexagésimo
LXX	70	setenta	septuagésimo
LXXX	80	oitenta	octogésimo
XC	90	noventa	nonagésimo
C	100	cem	centésimo
CI	101	cento e um	centésimo primeiro
CC	200	duzentos	duocentésimo
CCC	300	trezentos	trecentésimo
CD	400	quatrocentos	quadringentésimo
D	500	quinhentos	quingentésimo

ALGARISMOS		CARDINAIS	ORDINAIS
Romanos	Arábicos		
DC	600	seiscentos	seiscentésimo (ou sexcentésimo)
DCC	700	setecentos	septingentésimo (ou setingentésimo)
DCCC	800	oitocentos	octingentésimo
CM	900	novecentos	nongentésimo (ou noningentésimo)
M	1000	mil	milésimo
$\overline{X}$	10.000	dez mil	décimo milésimo
$\overline{C}$	100.000	cem mil	centésimo milésimo
$\overline{M}$	1.000.000	um milhão	milionésimo
$\overline{M}$	1.000.000.000	um bilhão	bilionésimo

Numerais Multiplicativos e Fracionários

Algarismos Arábicos	Multiplicativos	Fracionários
2	duplo, dobro, dúplice	meio, metade
3	triplo, tríplice	terço
4	quádruplo	quarto
5	quíntuplo	quinto
6	sêxtuplo	sexto
7	sétuplo	sétimo
8	óctuplo	oitavo
9	nônuplo	nono
10	décuplo	décimo
11	undécuplo	onze avos
12	duodécuplo	doze avos
100	cêntuplo	centésimo
101	-	cento e um avos
200	-	duzentos avos
300	-	trezentos avos
400	-	quatrocentos avos
500	-	quinhentos avos
600	-	seiscentos avos
900	-	novecentos avos
1.000	-	milésimo

Nota: Também são considerados cardinais:
• A palavra zero.
• Os **numerais coletivos**, como as palavras dúzia, centena, dezena, etc.
• A palavra ambos (ambas).

Emprego dos Ordinais e Cardinais

▶ Para designar papas, reis, imperadores, príncipes, séculos, anos, capítulos, etc., quando o numeral ocorre depois de um substantivo, são usados os ordinais até o décimo; depois, usam-se os cardinais:

Pio X (décimo)
D. Pedro I (primeiro)
Francisco I (primeiro)
Século XX (vinte)
Capítulo IV (quarto)
Tomo II (segundo)
Volume V (quinto)

▶ Quando o numeral aparece antes do substantivo, são usados os ordinais:

o centésimo primeiro dia – o décimo terceiro capítulo – o vigésimo sexto volume, etc.

▶ Para designar os dias do mês, são usados os cardinais, com exceção do primeiro dia, caso em que deve-se usar o ordinal (1º):

A reunião será realizada no dia 5 de abril.
A reunião será realizada no dia 1º de abril.

▶ Para numerar leis, decretos, portarias, são usados os ordinais até o número 9. Do número 10 em diante, usam-se os cardinais:

Artigo 2º (segundo)
Artigo 9º (nono)
Artigo 10 (dez)
Artigo 28 (vinte e oito)
Parágrafo 3º (terceiro)
Parágrafo 11 (onze)

Observações:

1•É impróprio o uso de **um** (ou **hum**) antes de **mil**:

O vestido custou **mil** reais. (E não um mil reais).

2•**Milhão e milhar** são palavras masculinas:

O milhão de dólares gasto; **os dois milhões** de caixas; **os quatro milhares** de plantas, etc.

3•Ao indicar número exato, **um** é numeral, e seu plural, **dois**:

Naquela clínica, só há um médico.
Naquela clínica, só há dois médicos.

4•Ao indicar um ser indeterminado, **um** é artigo indefinido, e seu plural é **uns** ou **alguns**:

É necessário um médico naquela clínica.
São necessários uns (ou alguns) médicos naquela clínica.

Modo de Ler e Escrever os Cardinais Compostos

• No caso de dois ou três algarismos, deve-se usar a conjunção **e**:

43 ➡ quarenta e três
154 ➡ cento e cinquenta e quatro

• Entre o milhar e a centena, não se usa a conjunção **e**, nem a vírgula:

4.644 ➡ quatro mil seiscentos e quarenta e quatro
11.321 ➡ onze mil trezentos e vinte e um

• Usa-se o **e** quando:

a centena começar por zero:
5.046 ➡ cinco mil e quarenta e seis

a centena terminar por dois zeros:
6.300 ➡ seis mil e trezentos

• Havendo mais de três grupos de algarismos, o **e** é omitido entre um e outro, separando-se com vírgula o primeiro grupo dos demais:

4.524.213 ➡ quatro milhões, quinhentos e vinte e quatro mil duzentos e treze.

PRONOME

Palavra (variável) usada para indicar ou substituir um substantivo. Serve para designar pessoas ou coisas antes nomeadas, relacionando-as a uma das três pessoas do discurso, que são:

1ª pessoa – a pessoa que fala
          eu (singular) – **nós** (plural)
2ª pessoa – a pessoa com quem se fala:
          tu (singular) – **vós** (plural)
3ª pessoa – a pessoa de quem se fala:
          ele, ela (singular) – **eles, elas** (plural)

• No Brasil, é mais comum o uso do pronome você, em lugar do pronome **tu**. O pronome **você** é considerado da 2ª pessoa, e o verbo que o acompanha vai para a 3ª pessoa.

• **Vós** é um pronome raramente usado.

Há seis tipos de pronomes: **pessoais, possessivos, demonstrativos, indefinidos, interrogativos e relativos.**

Pronomes Pessoais

Servem para substituir as três pessoas do discurso. Podem ser **retos**, **oblíquos** e **de tratamento**.

PRONOMES PESSOAIS OBLÍQUOS				
Número	Pessoa	Pronomes Retos	Tônicos	Átonos
Singular	1ª 2ª 3ª	eu tu ele, ela	mim, comigo ti, contigo ele, ela si, consigo	me te se, o, a, lhe
Plural	1ª 2ª 3ª	nós vós eles, elas	nós, conosco vós, convosco eles, elas si, consigo	nos vos se, os, as lhes

Observações

• Depois de verbos terminados em **r, s** e **z,** os pronomes **o, a, os, as** tomam as formas **lo, la, los, las,** e a terminação verbal desaparece:
Mandei fazer o tricô. Mandei fazê-**lo**.
Vimos a peça de teatro. Vimo-**la**.
Ele comprou os livros e gostou de lê-**los**.
Maria sujou as meias novas e precisou lavá-**las**.

•Depois da expressão **eis** e dos pronomes **nos, vos**:
Quer conhecer a artista? Ei-**la**.
Por que faz sucesso? O público no-**lo** explicará.

•Depois de verbos com terminação nasal (**m, õe**), os pronomes **o, a, os, as** podem tomar as formas **no, na, nos, nas**:
Fizeram a lição depressa.
Fizeram-**na** depressa.
Elisa põe o caderno sobre a mesa.
Elisa põe-**no** sobre a mesa.

• Se não estiverem seguidos de um modificador (numeral, mesmos, todos, outros, próprios), os pronomes **nós** e **vós**, quando usados com a preposição **com**, assumem as formas **conosco** ou **convosco**:

Pedro falou **conosco** ontem. (= com nós)
Deus esteja **convosco**. (= com vós)

• Embora não sejam usados na língua falada no Brasil, aparecendo raramente na linguagem literária, os pronomes **me, te, lhe, nos, vos** e **lhes** podem ser combinados com os pronomes **o, os, a, as**, transformando-se em **mo, mos, ma, mas; to, tos, ta, tas; lho, lhos, lha, lhas**:

Não te amo mais, eu **to** asseguro.
Emprestei os livros novos, e devolveram-**mos** bem usados.

Pronomes de Tratamento

São palavras usadas para nos dirigirmos a alguém. Alguns são usados para nos dirigirmos a autoridades, de forma cortês, formal, cerimoniosa. Têm sempre o verbo na terceira pessoa do singular, e podem referir-se à segunda pessoa.

Os pronomes de tratamento mais comuns, usados no dia a dia, são: **você, vocês, senhor, senhora, senhores, senhoras.**

Destinatário	Forma de Tratamento	Abreviatura Sing./Pl.
Pessoas comuns, diretores de empresas, militares (até coronel), funcionários graduados em geral	Vossa Senhoria	V.Sª (V.Sªs)
Altas autoridades dos poderes Executivo, Legislativo e Judiciário	Vossa Excelência	V.Exª (V.Exªs)
Reis, imperadores	Vossa Majestade	V.M. (VV.MM.)
Príncipes, duques	Vossa Alteza	V.A. (VV.AA.)
Reitores de Universidades	Vossa Magnificência	V.Mag.ª (V.Mag.ªs)
Papa	Vossa Santidade	V.S.
Cardeais	Vossa Eminência	V.Emª (V.Emªs)
Sacerdotes	Vossa Reverendíssima	V.Revma. (V.Revmas.)

Nota: A forma pronominal **Vossa** é usada quando alguém se dirige diretamente a outra pessoa. Quando o tratamento é indireto, **Vossa** é substituído por **Sua**:

Vossa Excelência, senhor deputado, está com a razão.
Sua Excelência, o deputado, está com a razão.

Pronomes Possessivos

Expressam ideia de posse, conforme as pessoas do discurso:

	Singular	Plural
Primeira pessoa	meu, minha nosso, nossa	meus, minhas nossos, nossas
Segunda pessoa	teu, tua vosso, vossa	teus, tuas vossos, vossas
Terceira pessoa	seu sua	seus suas

Nota: O pronome possessivo **seu** pode causar ambiguidade de sentido. Para evitá-la, podem ser usadas as formas **dele, dela, do senhor**:
Carlos foi ao colégio com sua mãe.
Carlos foi ao colégio com a mãe dele.

Pronomes Demonstrativos

Indicam os objetos e sua relação com as pessoas do discurso:

	Singular	Plural	Invariável
Primeira pessoa	este esta	estes estas	isto

(Indicam que o ser ou objeto está próximo da pessoa que fala ou escreve).

	Singular	Plural	Invariável
Segunda pessoa	esse essa	esses essas	isso

(Indicam que o ser ou objeto está próximo da pessoa a quem se fala ou escreve).

	Singular	Plural	Invariável
Terceira pessoa	aquele aquela	aqueles aquelas	aquilo

(Indicam que o ser ou objeto não está próximo da pessoa que fala e da pessoa a quem se fala ou escreve).

Exemplos:

Este menino é muito educado.
Esta menina é muito estudiosa.

Nesta sala há gente demais.
O que é **esse** embrulho sobre a mesa?
O que é **isso** que você traz aí?
Nessa caixa cabem muitos lápis.
Observe **aqueles** pássaros cantando.
Não sei o que é **aquilo** que está na calçada.
Naquela época, a violência urbana era menor.

Observações:

a) **O, a, os, as** são pronomes demonstrativos quando têm valor equivalente a **aquele, aqueles, aquela, aquelas, isto, isso, aquilo**:

Na classe fui destacada com uma boa nota, mas **a** de minha colega foi maior.

(a = aquela)

Tenho vários interesses: **os** de estudo, **os** de lazer, **os** de trabalho.

(os = aqueles)

b) **Tal** e **tais** (ou **semelhante, semelhantes**) - quando têm sentido de **esse, esses, essa, essas, estes, estas, aquele, aqueles, aquela, aquelas,** são considerados pronomes demonstrativos:

Nunca imaginei que ele pudesse agir de **tal** maneira.

(tal = dessa)

Com **tais** argumentos, o ladrão conseguiu ser liberto.

(tais = aqueles)

Jamais pensei que pudessem dizer tal disparate!

(tal = semelhante)

c) **Mesmo, mesmos, mesma, mesmas, próprio, próprios, própria, próprias** são considerados pronomes demonstrativos quando têm o sentido de **idêntico** ou **em pessoa**:

Ele **mesmo** tratou de lavar o carro.
A **própria** aluna resolveu o problema.
É improdutivo insistir nos **mesmos** argumentos.

Pronomes Interrogativos

São as palavras **que, quem, qual, quais, quanto, quanta, quantas**, usadas para a formulação de interrogações diretas ou indiretas:

Que houve?
Quem trouxe os doces?
Não sei quem teria trazido os doces.
Qual é a sua opinião?
Quero saber qual é a sua opinião.
Quais são os índices econômicos de hoje?
Quanto custou esse anel?
Gostaria de saber quanto custou esse anel.
Quanta verdade há no que ela disse?
Seria bom saber quanta verdade há no que ela disse.
Quantos irmãos você tem?
Quantas voltas foram dadas na corrida?

Pronomes Relativos

São palavras que se referem a um termo citado anteriormente (antecedente).

Variáveis	Invariáveis
o qual, a qual, os quais, as quais, cujo, cuja, cujos, cujas, quanto, quantos, quantas	que, quem, quando, como, onde

Observações:

a) Quanto, quantos e quantas são considerados pronomes relativos quando são antecedidos dos pronomes indefinidos **tudo, todos, todas, tanto, tantos, tantas**:

Comprou **tudo quanto** lhe encomendaram.
O escândalo foi visto por **todos quantos** lá estavam.
Trouxe na bagagem umas **tantas** e **quantas** coisas.

b) Quem, no sentido de **o qual** (e suas variações) deve sempre ser precedido de preposição:

Luís é o funcionário **a quem** devemos elogiar.

c) Onde é pronome relativo quando tem o significado de **em que**.

Somente deve ser usado para indicar lugar:

Gostaria que você conhecesse o bairro **onde** morei.

d) Nunca se deve usar artigo depois do pronome relativo **cujo**:

Este é o livro **cujo autor** é cego. (E não "cujo **o** autor")

Pronomes Indefinidos

São palavras que se referem à terceira pessoa do discurso de maneira indeterminada, vaga, genérica:

Qualquer médico é capaz de ler uma bula.
Alguém saiu da palestra logo no início da reunião.
Muitos serão chamados; **poucos**, escolhidos.

Variáveis	Invariáveis
algum, alguma, alguns, algumas	algo
bastante, bastantes	alguém
certo, certa, certos, certas	cada
muito, muita, muitos, muitas	mais, menos,
nenhum, nenhuma, nenhuns, nenhumas	demais
outro, outra, outros, outras	nada
pouco, pouca, poucos, poucas	ninguém
qualquer, quaisquer,	outrem
tanto, tanta, tantos, tantas	quem
todo, toda, todos, todas	tudo
um, uma, uns, umas	
vário, vária, vários, várias	

Obs.: As palavras **certo, certa, certos, certas** somente são consideradas pronomes indefinidos quando vêm antes de um substantivo:

Fabiana não consegue se relacionar com **certas** pessoas.

Locuções Pronominais Indefinidas – ocorrem quando um grupo de palavras tem a função de pronome indefinido: **nós próprios, cada qual, quem quer que, aquele outro, cada um, qualquer um, seja quem for:**

Nosso destino depende muito de **nós próprios**.
Qualquer um sabe que o fumo é prejudicial à saúde.

Pronome Substantivo e **Pronome Adjetivo**

Quando o pronome acompanha o seu substantivo, é chamado de **pronome adjetivo**. Quando o pronome assume o lugar de um substantivo, é chamado de **pronome substantivo**.

Pronome Adjetivo (O substantivo está presente)	Pronome Substantivo (O substantivo não está presente)
Muitas alunas passaram no teste. Algumas pessoas são muito egoístas. Certo homem era sábio.	Todos saíram correndo. Ninguém viu o que aconteceu. Tudo deu certo.

VERBO

É uma palavra capaz de exprimir **ação, estado ou fenômeno da natureza**.

Mário <u>escreve</u> livros. (ação)
Mário <u>está</u> doente. (estado)
<u>Chove</u> lá fora. (fenômeno da natureza)

O verbo pode sofrer **flexões de número, pessoa, modo e tempo**.

Flexão de Número e de Pessoa

A flexão de número indica a quantidade de seres (animados ou inanimados) a que o verbo se refere. Se for a um único, o verbo estará no singular. Se for a mais de um, estará no plural.

A flexão de pessoa indica as pessoas do discurso: 1ª, 2ª e 3ª.

1ª pessoa do singular: (eu) trabalho
2ª pessoa do singular: (tu) trabalhas
3ª pessoa do singular: (ele, ela, você) trabalha

1ª pessoa do plural: (nós) trabalhamos
2ª pessoa do plural: (vós) trabalhais
3ª pessoa do plural: (eles, elas, vocês) trabalham

Modos Verbais

São as maneiras de que o verbo dispõe para expressar a realização de um fato. Classificam-se em **indicativo, subjuntivo** e **imperativo**.

▶ **Indicativo**: o verbo expressa uma certeza:

Luís foi ao cinema.
Maria gosta de legumes.

Marcelo fará um discurso.

➤ **Subjuntivo**: o verbo expressa incerteza, dúvida, hipótese, possibilidade, desejo:

Faço votos para que ele vença.
É possível que Márcia viaje amanhã.

➤ **Imperativo**: o verbo expressa ordem, pedido, exortação, advertência, convite, súplica, etc.

Fuja das más companhias! (ordem)
Cure-me, doutor! (pedido)
Ame-se! (exortação)
É melhor usar seu bom senso! (advertência)
Entre, por favor! (convite)
Perdão, Senhor! (súplica)

> **Obs.:** O ponto de exclamação serve para expressar mais ênfase à frase, podendo ser substituído por um simples ponto final, como nestas frases de W. Wilcox:
> "Tu és o arquiteto de teu próprio destino. Trabalha, espera e ousa."

Tempos Verbais

Indicam "quando", o momento em que a ação está se processando. São três os tempos verbais: **presente, pretérito e futuro**.

➤ **Presente** – a ação é praticada no momento em que se fala:

Eu almoço cedo.

➤ **Pretérito (ou passado)** – a ação já aconteceu:

Eu almocei cedo.

Existem três modalidades de pretérito:

• **Pretérito imperfeito** – a ação foi praticada, mas ainda não foi finalizada:

Eu almoçava, quando ...

• **Pretérito perfeito** – a ação foi praticada e finalizada:

Eu almocei.

• **Pretérito mais-que-perfeito** – a ação foi praticada anteriormente a uma outra, também passada:

Eu já almoçara (ou havia almoçado) quando o carteiro chegou.

➤ **Futuro**: a ação será finalizada posteriormente:

Amanhã, almoçarei mais tarde.

Há duas modalidades de futuro:

• **Futuro do presente simples** – a ação é posterior ao momento em que falamos:

Eu almoçarei mais tarde.

• **Futuro do presente composto** – a ação será finalizada antes de uma outra, posterior:

Quando vocês chegarem, já terei almoçado.

• **Futuro do pretérito simples** – a ação é posterior a uma outra no passado:

Eu almoçaria mais tarde, se Judite concordasse.

• **Futuro do pretérito composto** – a ação poderia ser finalizada posteriormente a uma outra no passado:

Eu teria almoçado mais tarde, se soubesse de sua vinda.

Derivação Verbal - Tempos primitivos e derivados

➤ **Tempos primitivos** são os que servem para formar outros tempos, chamados **derivados**:

PRIMITIVOS	DERIVADOS
1. Infinitivo não flexionado Ex.: verbo cantar	√ Futuro do Presente > **cantar**-ei, **cantar**-ás, **cantar**-á, etc.
	√ Futuro do Pretérito > **cantar**-ia, **cantar**-ias, **cantar**-ia, etc.
	√ Pretérito Imperfeito do Indicativo > **cant**-ava, **cant**-avas, **cant**-ava, etc.
	√ Infinitivo Pessoal > **cantar, cantar**-es, **cantar, cantar**-mos, etc.
	√ Gerúndio > **canta**-ndo
	√ Particípio > **canta**-do

PRIMITIVOS	DERIVADOS
2. Presente do Indicativo (1ª pessoa: cant-o)	√ Da 1ª pessoa do singular: o Presente do Subjuntivo > **cant**-e, **cant**-es, **cant**-e, etc. √ Da 2ª pessoa do singular: a 2ª pessoa do singular do Imperativo Afirmativo > tu cantas > **canta** (tu) √ Da 2ª pessoa do plural: a 2ª pessoa do plural do Imperativo Afirmativo > vós cantais > **cantai** vós
3. Pretérito Perfeito do Indicativo	√ Mais-que-perfeito do Indicativo > **canta**-ra, **canta**-ras, **canta**-ra, etc. √ Imperfeito do Subjuntivo > **canta**-sse, **canta**-sses, **canta**-sse, etc. √ Futuro do Subjuntivo – **canta**-r, **canta**-res, **canta**-r
4. Presente do Subjuntivo	√ Imperativo Negativo > não **cant**-e, não **cant**-es, não **cant**-e, não **cant**-emos, não **cant**-eis, não **cant**-em √ 1ªs e 3as. pessoas do Imperativo Afirmativo > **cant**-e, **cant**-emos **Atenção: neste caso, não se trata de derivação, e sim de "empréstimo", porque estas formas se originam, integralmente, do Presente do Subjuntivo.**

Vozes do Verbo

Maneira em que o verbo se apresenta para indicar se o sujeito ao qual está se referindo é agente ou paciente em uma determinada ação. São três as possibilidades:

• **Voz ativa**: o sujeito é o agente, ou seja, é o praticante da ação:

Luís toca violino.
(Luís = agente) – (toca = ação) – (violino = objeto (paciente).

• **Voz passiva**: o sujeito é o paciente, ou seja, é o recebedor da ação:

O violino é tocado por Luís.
(violino = sujeito paciente) – (é tocado = ação) – (Luís = agente da passiva).

Há duas maneiras de formação da voz passiva:

a) Voz passiva analítica – construída com o uso do verbo **ser** mais o particípio do verbo principal:

O romance **será escrito** por dois escritores.

b) Voz passiva sintética (também chamada voz passiva pronominal) – construída com o uso do pronome **se**, que se diz **pronome apassivador** ou **partícula apassivadora**, juntamente com um verbo na 3ª pessoa:

Fiam-se tesouras. (= Tesouras são fiadas.)

• **Voz reflexiva:** o sujeito é agente e paciente, recebendo e praticando a ação, ao mesmo tempo:

Luís **queimou-se** com o ferro elétrico.
(Luís = sujeito agente e paciente) – (queimou-se = ação)

> **Obs.:** Não se deve confundir o emprego do verbo na voz reflexiva com a ideia de reciprocidade, ou seja, de ação mútua. Exemplo: As gatas **feriram-se** gravemente. (Feriram uma à outra).

Estrutura das Formas Verbais

Da estrutura das formas verbais fazem parte estes elementos: o radical (também chamado de semantema ou lexema); a vogal temática; o tema; a desinência modo-temporal e a desinência número-pessoal.

➤ Radical

É a parte invariável, que indica o significado básico de um verbo. É a que permanece, ao serem retiradas as terminações -ar; -er; -ir:

cant-ar – **vend**-er – **part**-ir

➤ Vogal temática

É o elemento que indica a qual das três conjugações o verbo pertence. Antecede o **-r** do infinitivo.

1ª conjugação ➡ vogal temática: **-a**: cant-**a**-r, pass-**a**-r, fal-**a**-r
2ª conjugação ➡ vogal temática: **-e**: vend-**e**-r, faz-**e**-r, sofr-**e**-r
3ª conjugação ➡ vogal temática: **-i**: part-**i**-r, sa-**i**-r, ped-**i**-r

> **Obs.:** Por ser derivado do latim poer, o verbo **pôr** e seus derivados (compor, repor, sobrepor, dispor, etc.) foi classificado como pertencente à **2ª conjugação**, e não apresenta vogal temática no infinitivo.

► **Tema**

É o conjunto formado pelo radical + vogal temática, e o elemento que recebe as desinências:

canta; vende; parti

► **Desinências**

São os morfemas que, acrescentados ao tema, indicam as flexões do verbo. Há dois tipos:

Desinência modo-temporal – é o elemento que indica o tempo e o modo de um verbo:

• **cantava**

canta-: tema (radical + vogal temática)

-va: desinência modo-temporal (indica o pretérito imperfeito do indicativo do verbo cantar)

Desinência número-pessoal – é o elemento que pode ser flexionado e indica a pessoa e o número:

• **cantavam**
-m: desinência número-pessoal (indica a 3ª pessoa do plural) (pretérito imperfeito do indicativo do verbo cantar).

Formas Rizotônicas e Arrizotônicas

Indicam a sílaba tônica do verbo. Nas formas rizotônicas, o acento tônico recai sobre o radical do verbo: amo – estudo - brincam.

Nas formas arrizotônicas, o acento tônico fica fora do radical (na terminação verbal): amarás – estudei – brincarão.

> **Obs.:** Alguns verbos não possuem a forma rizotônica. Exemplo: presente do indicativo do verbo precaver: precavemos, precaveis. E ele não possui o presente do subjuntivo nem a 2ª pessoa do singular do modo imperativo. Nas demais pessoas é regular.

Classificação dos Verbos

Os verbos podem ser: regulares, irregulares, aparentemente irregulares, anômalos, defectivos, abundantes e auxiliares.

► **Regulares** – são aqueles cujo radical se mantém inalterado durante toda a conjugação:
fechar – fech-; vender – vend-; admitir – admit-

▶ **Irregulares** – são aqueles que sofrem modificações no radical ou nas terminações, não acompanhando o modelo da conjugação:

arrear (arreio, arreei) – caber (caibo, coube) – repetir (repito, repeti)

▶ **Aparentemente irregulares** – são os que sofrem alterações no radical exigidas pela pronúncia:

abarcar (o "c" muda para "qu" antes de "e")
abastecer (o "c" muda para "ç" antes de "o")
aspergir (o "g" muda para "j" antes de "a" e de "o")

▶ **Anômalos** – são os que apresentam em sua conjugação mais de um radical. Só existem dois verbos anômalos na língua portuguesa:

ir (ia, vou, fomos) e **ser** (sou, era, fui)

▶ **Defectivos** – têm a conjugação incompleta, ou seja, falta-lhes alguma das formas normais de um verbo (pessoas, modos ou tempos). Entre eles, encontram-se os verbos que indicam fenômenos da natureza:

adequar (só se conjuga nas formas arrizotônicas)
chover (só se conjuga nas 3ªs pessoas do singular)
latir (só se conjuga nas 3ªs pessoas do singular e do plural)

▶ **Abundantes** – são os que apresentam duas ou mais formas consideradas corretas. Em geral no particípio, como nestes exemplos:

Infinitivo	Particípio regular	Particípio irregular
matar	matado	morto
expressar	expressado	expresso
desenvolver	desenvolvido	desenvolto
benzer	benzido	bento
exprimir	exprimido	expresso
extinguir	extinguido	extinto

▶ **Auxiliares** – são os que auxiliam a conjugação de outros, chamados de principais.

São verbos auxiliares comuns: **ser, estar, ter** e **haver**:

O filme **era visto** com atenção.
A professora **estava alicerçada** na razão.
Em 1990, Maria já **havia saído** da faculdade.

Outros verbos também podem funcionar como auxiliares, como por exemplo **querer, dever, ir**:

Queremos ganhar o prêmio.
Devo ficar calado.
Vou ficando por aqui.
Os verbos também podem ser reflexivos ou pronominais.

➤ **Reflexivos** – são conjugados com pronomes átonos, que atuam como objeto direto ou indireto:

Eu me enfeitei para ir ao baile.
(me = objeto direto; enfeitar = verbo transitivo direto).

Sueli se dá muito bem com a tia.
(se = objeto indireto; dar = verbo transitivo direto, indireto e intransitivo)

➤ **Pronominais** – os que são conjugados com pronomes átonos que fazem parte do próprio verbo: atrever-se, esforçar-se, queixar-se, etc.

Mário atreveu-se a falar alto, novamente.
Eu me esforcei para vencer o concurso.
Sara nunca se queixa da vida.

Formação do Verbo

Quanto à sua formação, o verbo pode ser:

• primitivo – forma outro
• derivado – que se origina do primitivo

Exemplos:

Primitivo	Derivado
criar	recriar, recrear
haver	reaver
pôr	compor, decompor, repor, etc.
querer	requerer
ter	conter, manter, obter, etc.
ver	antever, entrever, prever, etc.

Ainda quanto à formação, o verbo pode ser:

➤ **Simples** – tem um só elemento: dar, ler, ter, vir.

➤ **Composto** – tem diversos elementos: abjurar, cincunscrever, entreabrir, prescrever, etc.

FORMAS NOMINAIS

Os verbos podem apresentar, além dos modos indicativo, subjuntivo e imperativo e seus respectivos tempos, outras três formas. São as chamadas formas nominais, em que os verbos podem assumir o valor de substantivos ou adjetivos. São elas: infinitivo, gerúndio e particípio.

► **Infinitivo** – o verbo pode ter o valor de um substantivo:

Fumar é prejudicial à saúde. (= O fumo é prejudicial à saúde).

O infinitivo pode ser
• **Pessoal** – é conjugável, relacionando-se a alguma das três pessoas do discurso, ou seja, a um ser. Flexiona-se e concorda em número e pessoa com o ser a que se refere:

saltar (eu)
saltares (tu)
saltar (ele)
saltarmos (nós)
saltardes (vós)
saltarem (eles)

• **Impessoal** – não é conjugável, e não se restringe a um ser, em especial. Apresenta-se na forma simples, no presente; ou composta, no passado:

Ouvir boa música faz bem à alma.
Ter ouvido boa música fez bem à minha alma.

Gerúndio

O verbo recebe a desinência **-ndo**, e pode funcionar como advérbio, como adjetivo e, às vezes, como imperativo, nas ordens coletivas:

Saiu de casa **correndo**.
(Correndo = advérbio)
Derramou água **fervendo** sobre o pé.
(fervendo = adjetivo)
Cantando comigo! Todos, **cantando**!
(Cantando = imperativo)
A forma simples do gerúndio tem valor de ação em andamento; a forma composta tem valor de ação já finalizada no momento em que se fala:

Falando bem, conquista a atenção de todos.
Tendo falado bem, conquistou a atenção de todos.

O gerúndio costuma ser empregado nas locuções verbais ("sair **andando**", "estar **falando**") e nas orações reduzidas ("Hoje em dia, há muitos corruptos **enganando** o povo").

➤ **Particípio** – o verbo assume características de verbo e de adjetivo. Forma-se com as desinências **-ado** e **-ido**:

am**ado** – estud**ado** – honr**ado**

Na forma simples, o particípio indica, em geral, uma ação terminada, e pode ser flexionado como um adjetivo:

Estudado o assunto, passou-se à sua aprovação.
Estudados os assuntos, passou-se à sua aprovação.

Locução Verbal

As formas nominais dos verbos também são usadas para formar as locuções verbais (ou perífrases verbais).

A locução verbal é o conjunto formado por um **verbo auxiliar mais um verbo principal**, que pode estar no **gerúndio** ou no **infinitivo**. Numa frase, esse conjunto equivale a um só verbo:

Está ocorrendo um grande número de acidentes de trânsito.
Ninguém **poderá dizer** que não sabia da notícia.

Conjugação

É cada uma das classes em que se agrupam os verbos, de acordo com a terminação de seu infinitivo impessoal. Apresenta a flexão dos verbos por modos, tempos, números e pessoas.

MODELO DAS TRÊS CONJUGAÇÕES

➤ **Verbos Regulares**

Ajudar – Aprender – Decidir

MODO INDICATIVO

Presente		
ajudo	aprendo	decido
ajudas	aprendes	decides
ajuda	aprende	decide
ajudamos	aprendemos	decidimos
ajudais	aprendeis	decidis
ajudam	aprendem	decidem

Pretérito Imperfeito		
ajudava	aprendia	decidia
ajudavas	aprendias	decidias
ajudava	aprendia	decidia
ajudávamos	aprendíamos	decidíamos
ajudáveis	aprendíeis	decidíeis
ajudavam	aprendiam	decidiam

Pretérito Perfeito Simples		
ajudei	aprendi	decidi
ajudaste	aprendeste	decidiste
ajudou	aprendeu	decidiu
ajudamos	aprendemos	decidimos
ajudastes	aprendestes	decidistes
ajudaram	aprenderam	decidiram

Pretérito Perfeito Composto		
tenho ajudado	tenho aprendido	tenho decidido
tens ajudado	tens aprendido	tens decidido
tem ajudado	tem aprendido	tem decidido
temos ajudado	temos aprendido	temos decidido
tendes ajudado	tendes aprendido	tendes decidido
têm ajudado	têm aprendido	têm decidido

Pretérito Mais-Que-Perfeito Simples		
ajudara	aprendera	decidira
ajudaras	aprenderas	decidiras
ajudara	aprendera	decidira
ajudáramos	aprendêramos	decidíramos
ajudáreis	aprendêreis	decidíreis
ajudaram	aprenderam	decidiram

Pretérito Mais-Que-Perfeito Composto		
tinha ajudado	tinha aprendido	tinha decidido
tinhas ajudado	tinhas aprendido	tinhas decidido
tinha ajudado	tinha aprendido	tinha decidido
tínhamos ajudado	tínhamos aprendido	tínhamos decidido
tínheis ajudado	tínheis aprendido	tínheis decidido
tinham ajudado	tinham aprendido	tinham decidido

Futuro do Presente Simples		
ajudarei	aprenderei	decidirei
ajudarás	aprenderás	decidirás
ajudará	aprenderá	decidirá
ajudaremos	aprenderemos	decidiremos
ajudareis	aprendereis	decidireis
ajudarão	aprenderão	decidirão

Futuro do Presente Composto		
terei ajudado	terei aprendido	terei decidido
terás ajudado	terás aprendido	terás decidido
terá ajudado	terá aprendido	terá decidido
teremos ajudado	teremos aprendido	teremos decidido
tereis ajudado	tereis aprendido	tereis decidido
terão ajudado	terão aprendido	terão decidido

Futuro do Pretérito Simples		
ajudaria	aprenderia	decidiria
ajudarias	aprenderias	decidirias
ajudaria	aprenderia	decidiria
ajudaríamos	aprenderíamos	decidiríamos
ajudaríeis	aprenderíeis	decidiríeis
ajudariam	aprenderiam	decidiriam

Futuro do Pretérito Composto		
teria ajudado	teria aprendido	teria decidido
terias ajudado	terias aprendido	terias decidido
teria ajudado	teria aprendido	teria decidido
teríamos ajudado	teríamos aprendido	teríamos decidido
teríeis ajudado	teríeis aprendido	teríeis decidido
teriam ajudado	teriam aprendido	teriam decidido

MODO SUBJUNTIVO

Presente		
ajude	aprenda	decida
ajudes	aprendas	decidas
ajude	aprenda	decida
ajudemos	aprendamos	decidamos
ajudeis	aprendais	decidais
ajudem	aprendam	decidam

Pretérito Imperfeito		
ajudasse	aprendesse	decidisse
ajudasses	aprendesses	decidisses
ajudasse	aprendesse	decidisse
ajudássemos	aprendêssemos	decidíssemos
ajudásseis	aprendêsseis	decidísseis
ajudassem	aprendessem	decidissem

Pretérito Perfeito Composto		
tenha ajudado	tenha aprendido	tenha decidido
tenhas ajudado	tenhas aprendido	tenhas decidido
tenha ajudado	tenha aprendido	tenha decidido
tenhamos ajudado	tenhamos aprendido	tenhamos decidido
tenhais ajudado	tenhais aprendido	tenhais decidido
tenham ajudado	tenham aprendido	tenham decidido

Pretérito Mais-Que-Perfeito Composto		
tivesse ajudado	tivesse aprendido	tivesse decidido
tivesses ajudado	tivesses aprendido	tivesses decidido
tivesse ajudado	tivesse aprendido	tivesse decidido
tivéssemos ajudado	tivéssemos aprendido	tivéssemos decidido
tivésseis ajudado	tivésseis aprendido	tivésseis decidido
tivessem ajudado	tivessem aprendido	tivessem decidido

Futuro Simples		
ajudar	aprender	decidir
ajudares	aprenderes	decidires
ajudar	aprender	decidir
ajudarmos	aprendermos	decidirmos
ajudardes	aprenderdes	decidirdes
ajudarem	aprenderem	decidirem

Futuro Composto		
tiver ajudado	tiver aprendido	tiver decidido
tiveres ajudado	tiveres aprendido	tiveres decidido
tiver ajudado	tiver aprendido	tiver decidido
tivermos ajudado	tivermos aprendido	tivermos decidido
tiverdes ajudado	tiverdes aprendido	tiverdes decidido
tiverem ajudado	tiverem aprendido	tiverem decidido

MODO IMPERATIVO

Afirmativo		
-	-	-
ajuda (tu)	aprende (tu)	decide (tu)
ajude (você)	aprenda (você)	decida (você)
ajudemos (nós)	aprendamos (nós)	decidamos (nós)
ajudai (vós)	aprendei (vós)	decidi (vós)
ajudem (vocês)	aprendam (vocês)	decidam (vocês)

Negativo		
-	-	-
não ajudes	não aprendas	não decidas
não ajude	não aprenda	não decida
não ajudemos	não aprendamos	não decidamos
não ajudeis	não aprendais	não decidais
não ajudem	não aprendam	não decidam

FORMAS NOMINAIS

Infinitivo Pessoal		
ajudar	aprender	decidir

Infinitivo Impessoal		
ajudar (eu)	aprender (eu)	decidir (eu)
ajudares (tu)	aprenderes (tu)	decidires (tu)
ajudar (ele)	aprender (ele)	decidir (ele)
ajudarmos (nós)	aprendermos (nós)	decidirmos (nós)
ajudardes (vós)	aprenderdes (vós)	decidirdes (vós)
ajudarem (eles)	aprenderem (eles)	decidirem (eles)

Gerúndio		
ajudando	aprendendo	decidindo

Particípio		
ajudado	aprendido	decidido

➤ Verbos Auxiliares

Ser – Estar – Ter – Haver

MODO INDICATIVO

Presente			
sou	estou	tenho	hei
és	estás	tens	hás
é	está	tem	há
somos	estamos	temos	havemos
sois	estais	tendes	haveis
são	estão	têm	hão

Pretérito Imperfeito			
era	estava	tinha	havia
eras	estavas	tinhas	havias
era	estava	tinha	havia
éramos	estávamos	tínhamos	havíamos
éreis	estáveis	tínheis	havíeis
eram	estavam	tinham	haviam

Pretérito Perfeito Simples			
fui	estive	tive	houve
foste	estiveste	tiveste	houveste
foi	esteve	teve	houve
fomos	estivemos	tivemos	houvemos
fostes	estivestes	tivestes	houvestes
foram	estiveram	tiveram	houveram

Pretérito Perfeito Composto			
tenho sido	tenho estado	tenho tido	tenho havido
tens sido	tens estado	tens tido	tens havido
tem sido	tem estado	tem tido	tem havido
temos sido	temos estado	temos tido	temos havido
tendes sido	tendes estado	tendes tido	tendes havido
têm sido	têm estado	têm tido	têm havido

Pretérito Mais-Que-Perfeito Simples

fora	estivera	tivera	houvera
foras	estiveras	tiveras	houveras
fora	estivera	tivera	houvera
fôramos	estivéramos	tivéramos	houvéramos
fôreis	estivéreis	tivéreis	houvéreis
foram	estiveram	tiveram	houveram

Futuro do Presente Simples

serei	estarei	terei	haverei
serás	estarás	terás	haverás
será	estará	terá	haverá
seremos	estaremos	teremos	haveremos
sereis	estareis	tereis	havereis
serão	estarão	terão	haverão

Futuro do Presente Composto

terei sido	terei estado	terei tido	terei havido
terás sido	terás estado	terás tido	terás havido
terá sido	terá estado	terá tido	terá havido
teremos sido	teremos estado	teremos tido	teremos havido
tereis sido	tereis estado	tereis tido	tereis havido
terão sido	terão estado	terão tido	terão havido

Futuro do Pretérito Simples

seria	estaria	teria	haveria
serias	estarias	terias	haverias
seria	estaria	teria	haveria
seríamos	estaríamos	teríamos	haveríamos
seríeis	estaríeis	teríeis	haveríeis
seriam	estariam	teriam	haveriam

Futuro do Pretérito Composto

teria sido	teria estado	teria tido	teria havido
terias sido	terias estado	terias tido	terias havido
teria sido	teria estado	teria tido	teria havido
teríamos sido	teríamos estado	teríamos tido	teríamos havido
teríeis sido	teríeis estado	teríeis tido	teríeis havido
teriam sido	teriam estado	teriam tido	teriam havido

MODO SUBJUNTIVO

Presente			
seja	esteja	tenha	haja
sejas	estejas	tenhas	hajas
seja	esteja	tenha	haja
sejamos	estejamos	tenhamos	hajamos
sejais	estejais	tenhais	hajais
sejam	estejam	tenham	hajam

Pretérito Imperfeito			
fosse	estivesse	tivesse	houvesse
fosses	estivesses	tivesses	houvesses
fosse	estivesse	tivesse	houvesse
fôssemos	estivéssemos	tivéssemos	houvéssemos
fôsseis	estivésseis	tivésseis	houvésseis
fossem	estivessem	tivessem	houvessem

Pretérito Perfeito			
tenha sido	tenha estado	tenha tido	tenha havido
tenhas sido	tenhas estado	tenhas tido	tenhas havido
tenha sido	tenha estado	tenha tido	tenha havido
tenhamos sido	tenhamos estado	tenhamos tido	tenhamos havido
tenhais sido	tenhais estado	tenhais tido	tenhais havido
tenham sido	tenham estado	tenham tido	tenham havido

Pretérito Mais-Que-Perfeito			
tivesse sido	tivesse estado	tivesse tido	tivesse havido
tivesses sido	tivesses estado	tivesses tido	tivesses havido
tivesse sido	tivesse estado	tivesse tido	tivesse havido
tivéssemos sido	tivéssemos estado	tivéssemos tido	tivéssemos havido
tivésseis sido	tivésseis estado	tivésseis tido	tivésseis havido
tivessem sido	tivessem estado	tivessem tido	tivessem havido

Futuro Simples			
for	estiver	tiver	houver
fores	estiveres	tiveres	houveres
for	estiver	tiver	houver
formos	estivermos	tivermos	houvermos
fordes	estiverdes	tiverdes	houverdes
forem	estiverem	tiverem	houverem

Futuro Composto			
tiver sido	tiver estado	tiver tido	tiver havido
tiveres sido	tiveres estado	tiveres tido	tiveres havido
tiver sido	tiver estado	tiver tido	tiver havido
tivermos sido	tivermos estado	tivermos tido	tivermos havido
tiverdes sido	tiverdes estado	tiverdes tido	tiverdes havido
tiverem sido	tiverem estado	tiverem tido	tiverem havido

IMPERATIVO

Afirmativo			
-	-	-	-
sê (tu)	está (tu)	tem (tu)	há (tu)
seja (você)	esteja (você)	tenha (você)	haja (você)
sejamos (nós)	estejamos (nós)	tenhamos (nós)	hajamos (nós)
sede (vós)	estai (vós)	tende (vós)	havei (vós)
sejam (vocês)	estejam (vocês)	tenham (vocês)	hajam (vocês)

Negativo			
-	-	-	-
não sejas	não estejas	não tenhas	não hajas
não seja	não esteja	não tenha	não haja
não sejamos	não estejamos	não tenhamos	não hajamos
não sejais	não estejais	não tenhais	não hajais
não sejam	não estejam	não tenham	não hajam

FORMAS NOMINAIS

Infinitivo Pessoal			
ser	estar	ter	haver

Infinitivo Pessoal			
ser (eu)	estar (eu)	ter (eu)	haver (eu)
seres (tu)	estares (tu)	teres (tu)	haveres (tu)
ser (ele, ela)	estar (ele, ela)	ter (ele, ela)	haver (ele, ela)
sermos (nós)	estarmos (nós)	termos (nós)	havermos (nós)
serdes (vós)	estardes (vós)	terdes (vós)	haverdes (vós)
serem (eles, elas)	estarem (eles, elas)	terem (eles, elas)	haverem (eles,elas)

Gerúndio			
sendo	estando	tendo	havendo

Particípio			
sido	estado	tido	havido

▶ QUADRO DE TERMINAÇÕES (DESINÊNCIAS) REGULARES DOS TEMPOS SIMPLES

DA 1ª, 2ª e 3ª CONJUGAÇÕES

MODO INDICATIVO

Presente					
Indicativo			Subjuntivo		
1ª "ar"	2ª "er"	3ª "ir"	1ª "ar"	2ª "er"	3ª "ir"
o	o	o	e	a	a
as	es	es	es	as	as
a	e	e	e	a	a
amos	emos	imos	emos	amos	amos
ais	eis	is	eis	ais	ais
am	em	em	em	am	am

Pretérito Imperfeito					
ava	ia	ia	asse	esse	isse
avas	ias	ias	asses	esses	isses
ava	ia	ia	asse	esse	isse
ávamos	íamos	íamos	ássemos	êssemos	íssemos
áveis	íeis	íeis	ásseis	êsseis	ísseis
avam	iam	iam	assem	essem	issem

Pretérito Perfeito					
ei	i	i			
aste	este	iste			
ou	eu	iu	-x-	-x-	-x-
amos	emos	imos			
astes	estes	istes			
aram	eram	iram			

Pretérito Mais-Que-Perfeito					
ara	era	ira			
aras	eras	iras			
ara	era	ira			
áramos	éramos	íramos	-x-	-x-	-x-
áreis	éreis	íreis			
aram	eram	iram			

Futuro do Presente					
arei	erei	irei	ar	er	ir
arás	erás	irás	ares	eres	ires
ará	erá	irá	ar	er	ir
aremos	eremos	iremos	armos	ermos	irmos
areis	ereis	ireis	ardes	erdes	irdes
arão	erão	irão	arem	erem	irem

Futuro do Pretérito					
aria	eria	iria			
arias	erias	irias			
aria	eria	iria			
aríamos	eríamos	iríamos	-x-	-x-	-x-
aríeis	eríeis	iríeis			
ariam	eriam	iriam			

MODO IMPERATIVO

Afirmativo			Negativo		
-	-	-	-	-	-
a	e	e	es	as	as
e	a	a	e	a	a
emos	amos	amos	emos	amos	amos
ai	ei	i	eis	ais	ais
em	am	am	em	am	am

FORMAS NOMINAIS

Pessoal					
Pessoal			Impessoal		
ar	er	ir	ar	er	ir
ares	eres	ires			
ar	er	ir			
armos	ermos	irmos			
ardes	eredes	irdes			
arem	erem	irem			

Gerúndio			Particípio		
ando	endo	indo	ado	ido	ido

EXEMPLOS DE CONJUGAÇÃO DE VERBOS IRREGULARES

1ª, 2ª e 3ª Conjugações

Dar – Dizer / Pôr – Vir

• Dar

► Indicativo

Presente: dou, dás, dá, damos, dais, dão.
Pretérito perfeito: dei, deste, deu, demos, destes, deram.
Pretérito imperfeito: dava, davas, dava, dávamos, dáveis, davam.
Pretérito mais-que-perfeito: dera, deras, dera, déramos, déreis, deram.
Futuro do presente: darei, darás, dará, daremos, dareis, darão.
Futuro do pretérito: daria, darias, daria, daríamos, daríeis, dariam.

► Subjuntivo

Presente: dê, dês, dê, demos, deis, deem.
Pretérito imperfeito: desse, desses, desse, déssemos, désseis, dessem.
Futuro do presente: der, deres, der, dermos, derdes, derem.

► Imperativo

Afirmativo: dá, dê, demos, dai, deem.
Negativo: não dês, não dê, não demos, não deis, não deem.

► Formas nominais

Infinitivo impessoal: dar.
Infinitivo pessoal: dar, dares, dar, darmos, dardes, darem.
Gerúndio: dando.
Particípio: dado.

• Dizer

Pelo verbo **dizer**, podem ser conjugados todos os seus derivados: **condizer, desdizer, maldizer, etc.**

► Indicativo

Presente: digo, dizes, diz, dizemos, dizeis, dizem.
Pretérito perfeito: disse, disseste, disse, dissemos, dissestes, disseram.
Pretérito imperfeito: dizia, dizias, dizia, dizíamos, dizíeis, diziam.
Pretérito mais-que-perfeito: dissera, disseras, dissera, disséramos, disséreis, disseram.

Futuro do presente: direi, dirás, dirá, diremos, direis, dirão.
Futuro do pretérito: diria, dirias, diria, diríamos, diríeis, diriam.

▶ Subjuntivo

Presente: diga, digas, diga, digamos, digais, digam.
Pretérito imperfeito: dissesse, dissesses, dissesse, disséssemos, dissésseis, dissessem.
Futuro do presente: disser, disseres, disser, dissermos, disserdes, disserem.

▶ Imperativo

Afirmativo: dize (ou diz), diga, digamos, dizei, digam.
Negativo: não digas, não diga, não digamos, não digais, não digam.

▶ Formas nominais

Infinitivo impessoal: dizer.
Infinitivo pessoal: dizer, dizeres, dizer, dizermos, dizerdes, dizerem.
Gerúndio: dizendo.
Particípio: dito.

• Pôr (originado do antigo poer)

Pelo verbo **pôr**, podem ser conjugados todos os seus derivados: **antepor, compor, decompor, dispor, expor, impor, indispor,** etc.

▶ Indicativo

Presente: ponho, pões, põe, pomos, pondes, põem.
Pretérito perfeito: pus, puseste, pôs, pusemos, pusestes, puseram.
Pretérito imperfeito: punha, punhas, punha, púnhamos, púnheis, punham.
Pretérito mais-que-perfeito: pusera, puseras, pusera, puséramos, puséreis, puseram.
Futuro do presente: porei, porás, porá, poremos, poreis, porão.
Futuro do pretérito: poria, porias, poria, poríamos, poríeis, poriam.

▶ Subjuntivo

Presente: ponha, ponhas, ponha, ponhamos, ponhais, ponham.
Pretérito imperfeito: pusesse, pusesses, pusesse, puséssemos, pusésseis, pusessem.
Futuro do presente: puser, puseres, puser, pusermos, puserdes, puserem.

➤ Imperativo

Afirmativo – põe, ponha, ponhamos, ponde, ponham.
Negativo – não ponhas, não ponha, não ponhamos, não ponhais, não ponham.

➤ Formas nominais

Infinitivo impessoal: pôr.
Infinitivo pessoal: pôr, pores, pôr, pormos, pordes, porem.
Gerúndio: pondo.
Particípio: posto.

• Vir

Pelo verbo **vir**, podem ser conjugados também **advir, avir-se, convir, desavir-se, intervir, provir e sobrevir.**

➤ Indicativo

Presente: venho, vens, vem, vimos, vindes, vêm.
Pretérito perfeito: vim, vieste, veio, viemos, viestes, vieram.
Pretérito imperfeito: vinha, vinhas, vinha, vínhamos, vínheis, vinham.
Pretérito mais-que-perfeito: viera, vieras, viera, viéramos, viéreis, vieram.
Futuro do presente: virei, viras, virá, viremos, vireis, virão.
Futuro do pretérito: viria, virias, viria, viríamos, viríeis, viriam.

➤ Subjuntivo

Presente: venha, venhas, venha, venhamos, venhais, venham.
Pretérito imperfeito: viesse, viesses, viesse, viéssemos, viésseis, viéssem.
Futuro do presente: vier, vieres, vier, viermos, vierdes, vierem.

➤ Imperativo

Afirmativo: vem, venha, venhamos, vinde, venham.
Negativo: não venhas, não venha, não venhamos, não venhais, não venham.

➤ Formas nominais

Infinitivo impessoal: vir.
Infinitivo pessoal: vir, vires, vir, virmos, virdes, virem.
Gerúndio: vindo.
Particípio: vindo.

QUADRO ESQUEMÁTICO DOS ELEMENTOS DO VERBO

A) Classificação
- regular
- irregular
- anômalo
- defectivo
- abundante
- auxiliar

B) Conjugações
- primeira tema em **a**
- segunda tema em **e**
- terceira tema em **i**

Obs.: O verbo pôr (e derivados): anomalia da 2ª conjugação.

C) Formação
- primitivo
- derivado
- simples
- composto

D) Flexão

Modos
- indicativo
- subjuntivo
- imperativo

Formas Nominais
- infinitivo
  - pessoal
    - não flexionado
  - impessoal
    - flexionado
- gerúndio
- particípio

Tempo
- presente
- pretérito
  - imperfeito
  - perfeito
  - mais-que-perfeito
- futuro
  - do presente
    - simples
  - do pretérito
    - composto

Número
- singular
- plural

Pessoa
- primeira
- segunda
- terceira

Voz
- ativa
- passiva
  - com pronome apassivador
  - com auxiliar
- reflexiva

E) Locução Verbal

ADVÉRBIO

Palavra invariável, que serve para modificar um verbo, um adjetivo, ou outro advérbio, para indicar uma circunstância qualquer ou ideias (de afirmação, dúvida, negação, intensidade, lugar, modo, tempo):

Ela chegou <u>cedo</u>.
(chegou = verbo; cedo = advérbio de tempo)
Ela é <u>bastante</u> simpática.
(é = verbo; bastante = advérbio de intensidade; simpática = adjetivo)
Ela chegou <u>muito cedo.</u>
(chegou = verbo; muito = advérbio de intensidade; cedo = advérbio de tempo)

Advérbios

De afirmação	certamente, certo, claro, decididamente, efetivamente, realmente, sim, etc.
De dúvida	acaso, casualmente, porventura, provavelmente, quiçá, talvez, etc.
De intensidade	assaz, bastante, demais, mais, menos, muito, quanto, quão, etc.
De lugar	abaixo, acima, adiante, aí, além, algures, ali, através, cá, dentro, detrás, embaixo, externamente, junto, lá, perto, proximamente, etc.
De modo	assim, bem, depressa, devagar, enfim, lindamente, melhor, pior, sobretudo, também, etc.
De negação	não
De tempo	afinal, agora, ainda, amanhã, anteontem, antes, antigamente, atualmente, breve, cedo, depois, diariamente, enfim, frequentemente, hoje, imediatamente, ontem, outrora, sempre, etc.

As palavras **onde?, donde?, aonde?** (lugar), **quando?** (tempo), **como?** (modo), **por quê?** (causa), são **advérbios interrogativos**, e podem se apresentar nas orações interrogativas diretas ou indiretas:

Aonde iremos amanhã?
Não sei lhe dizer **aonde** iremos amanhã.
Como vai seu trabalho, José?
Vai mal? E você não sabe **por quê**?

Graus do Advérbio

Em geral, o advérbio é palavra invariável. Entretanto, alguns aceitam flexão de grau, a saber: comparativo e superlativo.

➤ **O grau comparativo pode ser:**

- de igualdade (**tão ... quanto** ou **como**):

Luís foi **tão** sincero **quanto** José;

- de superioridade (**mais ... que**, ou **do que**):

Lúcia acorda **mais** cedo **do que** Marta;

- de inferioridade (**menos ... que**, ou **do que**):
Manoel é **menos** estudioso **que** Lucas.

➤ **O grau superlativo é absoluto, podendo ser:**

• **analítico** (obtido com o uso de um advérbio de intensidade:

O juiz atuou **muito prudentemente**.

• **sintético** (obtido com o uso do sufixo **-íssimo**:
Apreciei **muitíssimo** o seu trabalho.

> **Obs.:**
> 1. No caso dos advérbios **bem** e **mal**, usa-se o superlativo sintético: **melhor** e **pior**:
> Pedro saiu-se **melhor/pior** nos exames do que seu colega de turma.
>
> 2. Na linguagem coloquial, é comum o uso do sufixo diminutivo para atribuir aos advérbios um valor superlativo: Raul mora **pertinho**. A vovó está **melhorzinha**.

Locução Adverbial

Ocorre quando duas ou mais palavras, juntas, têm valor de advérbio: à esquerda, à direita, à noite, às pressas, a bandeiras despregadas, às vezes, no mais das vezes, as mais das vezes, o mais das vezes, a cavalo, a pé, a esmo, ao vivo, pouco a pouco, a pouco e pouco, por ora, a torto e a direito, de jeito nenhum, de modo algum, de propósito, de repente, de vez em quando, a sério, sob medida, aos trancos e barrancos, em breve, em domicílio, por aqui, por ali, por certo, de vez em quando, de quando em quando, etc.

Palavras ou Locuções Denotativas

Algumas palavras que não se enquadram em nenhuma classe gramatical, e que expressam ideias de sentido subjetivo, afetivo, são chamadas palavras ou locuções denotativas, conforme o quadro abaixo.

Adição	além disso, até, mesmo, também, ademais, além de tudo, etc.
Afirmação	é fato, sim, com certeza, evidentemente, de fato, é verdade, mesmo, sem dúvida, indubitavelmente, etc.
Aproximação	quase, praticamente, mais ou menos, aproximadamente, cerca de, por volta de, etc.
Coincidência	logo, justamente, por cúmulo
Continuação	bem, ora
Designação	eis
Exclusão	só, somente, apenas, tão somente, tão só, unicamente, etc.
Explicação	isto é, por exemplo, a saber, etc.
Frequência	sempre, a toda hora, continuamente, etc.
Inclusão	também, até, mesmo, ainda, inclusive, etc.
Negação	nada, qual o que, tampouco, absolutamente, não, pois sim, etc.
Precisão	em ponto, exatamente, precisamente, etc.
Realce	é que, é porque, bem que, etc.
Restrição	em parte, em termos, etc.
Retificação	aliás, isto é, ou melhor, etc.
Seleção	principalmente, mormente, sobretudo, etc.
Situação	então, afinal, em suma, etc.

INTERJEIÇÃO

Palavra invariável, que serve para exprimir estados de emoção, sentimentos. Algumas delas:

- Admiração (ou espanto): *ah!, oh! nossa! credo!*
- Advertência: *calma!, devagar! cuidado!, atenção!*
- Afugentamento: *rua! fora!, xô!*
- Alegria (ou satisfação): *ah!, oh!, obá!, viva!*
- Alívio: *ufa!, arre!*
- Animação: *coragem!, força!, ânimo!, vamos!*
- Apelo: *olá!, socorro!, hei!, ô! ó!*
- Aplauso: *bis!, bravo!, apoiado!, parabéns!, congratulações!*
- Aversão: *xi!, credo!, urra!, ih!*
- Cessação: *chega!, basta!*
- Desculpa: *perdão!*
- Desejo: *tomara!, oxalá!*
- Dor: *ai!, ui!*
- Impaciência: *puxa!, eia!, raios!*
- Incredulidade: *ora!, qual!, quê!*
- Medo (ou terror): *ui!, cruzes!, credo!*
- Reprovação: *francamente!*
- Saudação: *oi!, olá!, alô!, viva!, salve!*
- Silêncio: *psiu!, caluda!, silêncio!*

Locução Interjetiva

É o conjunto de duas ou mais palavras que equivalem a uma interjeição:

Graças a Deus!
Até que enfim!
Muito obrigado!
Valha-me Deus!
Ai de ti!
Pobre de mim!
Quem me dera!
Deus me livre!
Nossa Senhora!
Puxa vida!
Que horror!
Que absurdo!

PREPOSIÇÃO

É uma palavra invariável, que liga duas outras palavras entre si para estabelecer uma relação de sentido entre elas.

A primeira palavra é chamada **termo regente**; a segunda, **termo regido**:

Vestido **de** algodão. (relação de matéria)
Pão **com** manteiga. (relação de companhia)
Viajou **para** São Paulo. (ideia de lugar)

As preposições classificam-se em **essenciais** e **acidentais**.

▶ **Essenciais** (funcionam exclusivamente como preposições). Exigem o uso de pronomes pessoais na forma oblíqua.

a, ante, até, após, com, contra, de, desde, em, entre, para, perante, por, sem, sob, sobre e trás.

Exemplo: Há uma grande amizade entre **mim** e **ti**.

▶**Acidentais** (palavras de outras classes gramaticais que funcionam como preposição). Exigem o uso de pronomes pessoais na forma reta.

afora, **como**, **conforme**, **consoante**, **durante**, **exceto**, **fora**, **mediante**, **menos**, **salvo**, **segundo**, **senão**, **tirante**, **visto**, etc.

Exemplo: Exceto **eu**, todos foram ao teatro ontem.

Locução Prepositiva

É o conjunto de duas ou mais palavras que têm o mesmo valor de uma preposição. Sempre a última palavra da locução é uma preposição.

Alguns exemplos: **abaixo de, acerca de, acima de, à custa de, a fim de, além de, antes de, ao redor de, ao invés de, a par de, apesar de, através de, defronte de, dentro de, depois de, devido a, diante de, em cima de, em face de, em lugar de, em que pese a, em vez de, em via de, fora de, junto a, junto de, no caso de, perto de, longe de, por trás de.**

Combinação, Contração e Crase

▶**Combinação** – ocorre quando a preposição **a** junta-se ao artigo definido **o(s)**, ou com o advérbio **onde**, sem perder qualquer fonema: **ao, aos, aonde.**

▶ **Contração** – ocorre quando a preposição sofre alguma alteração em sua estrutura fonológica: **do** (de + o); **num** (em + um); **daquele** (de + aquele); **pelo** (antigo per + lo), **pela** (per + la), etc.

▶ **Crase** – é um tipo especial de contração, que ocorre quando há fusão de vogais idênticas. Isto se dá, principalmente, nos casos da preposição **a** com o artigo feminino **a(s)**, com o pronome demonstrativo **a(s)** com o **a** inicial dos pronomes **aquele(a)**, **aquela(s)**, **aquilo**, e com o **a** do pronome relativo **a qual (as quais)**.

Na escrita, a fusão das vogais idênticas é identificada com um acento grave (`` ` ``), chamado de <u>acento indicador (ou indicativo) de crase</u>.

• <u>**Uso obrigatório**</u> <u>do acento indicador de crase:</u>

a) Nas expressões indicativas de horas:
A reunião terá início **às** 14 horas.

b) Quando estiver oculta a palavra <u>moda</u>:
Aquela artista veste-se **à** antiga.

c) Antes de palavra feminina, nas locuções adjetivas, adverbiais, prepositivas e conjuntivas:
Lúcia esteve num baile **à fantasia**.
A porta foi fechada **à chave**.
O clube fica **à direita** da casa de câmbio.
Inês progride **à medida que** vai se instruindo.

d) Antes da palavra **distância**, quando estiver determinada:

A chácara fica **à distância** de dez quilômetros da capital.
(Mas: A chácara fica **a distância**.)

• <u>O acento indicador de crase **não deve ser usado**</u>:

a) Antes de palavra masculina:
Viajou **a** serviço da empresa em que trabalha.

b) Antes de pronome indefinido ou palavra por ele modificada:
O convite é dirigido **a** toda a classe.
Não me referi **a** coisa alguma.

c) Antes de pronomes de tratamento, com exceção de Dona, Senhora e Senhorita, palavras que, quando vêm modificadas por adjetivos, exigem o acento grave indicador de crase:
Encaminharemos o documento **a** você amanhã.
Enviarei os livros **a** Vossa Senhoria ainda hoje.
<u>Mas</u>: Rubens dirigiu um elogio **à** <u>simpática</u> Dona Lila.

d) Antes dos pronomes **quem** e **cujo(s)**, **cuja(s)**:
Não soube **a** quem se dirigir.
Boris é o jornalista **a** cuja palestra fiz referência.

e) Entre palavras repetidas:
Falou com o político cara **a** cara.

f) Antes da palavra **terra**, com sentido oposto a **bordo**:
Chegaram **a** terra logo depois do almoço.

g) Antes da palavra **casa**, com o sentido de **lar**, sem que esteja modificada por alguma outra:
Retornou rapidamente **a** casa.
Mas: Retornou rapidamente **à** casa **de sua mãe**.

h) Quando estiver subentendido um pronome indefinido entre a preposição **a** e o substantivo:
Registro sujeito **a** cobrança.
(Registro sujeito **a uma** cobrança)

• **O uso do acento indicador de crase é facultativo** nos seguintes casos:

√ Antes de nome feminino de pessoa:
Entreguei o caderno **à/a** Mila.

√ Antes de pronomes possessivos adjetivos femininos: minha(s), tuas), sua(s), nossa(s), vossa(s):
Estava fazendo referência **à/a** sua aula.

> **Obs.:** Quando, porém, o pronome possessivo for substantivo, o <u>acento indicador de crase é obrigatório:</u>
> Estava fazendo referência **à/a** sua aula, e não **à** <u>minha</u>.

c) Antes dos seguintes nomes próprios de lugar: Ásia, África, Escócia, Espanha, Europa, França, Holanda e Inglaterra:

No ano passado, Luís fez uma bela viagem **à/a** França.

d) Com a locução **até a**, antes de palavra feminina:

Segui até **à/a** praia, mas não tomei sol.

CONJUNÇÃO

Tem esse nome a palavra invariável que liga orações ou termos de uma determinada oração que tenham a mesma função sintática:

Ela tomou café **e** saiu para trabalhar.
Ela tomou café = 1ª oração
e = conjunção
saiu para trabalhar = 2ª oração
O palestrante e os participantes foram ao coquetel.
O palestrante e os participantes = sujeitos
e = conjunção (liga os sujeitos, termos com a mesma função sintática).

As conjunções são classificadas em **coordenativas** e **subordinativas**.

Conjunções Coordenativas

Ligam orações que não dependem, sintaticamente, uma da outra, podendo, inclusive, ser separadas por um ponto final:

Ela tomou café. **E** saiu para trabalhar.

Há cinco tipos de conjunções coordenativas:

▶ **Aditivas** – exprimem ideia de adição, acréscimo, soma:

e, nem, não só, mas também, mas ainda, como também, etc.

Não aceito desculpas, **nem** arrependimentos.

▶ **Adversativas** – exprimem ideia de adversidade, oposição, restrição, advertência, compensação, contraste:

mas, porém, todavia, contudo, entretanto, não obstante, no entanto, etc.

Lúcia sabia a resposta, **mas** não me ensinou.

▶ **Alternativas** – exprimem ideia de alternância, exclusão:

ou ... ou, ora ... ora, quer ... quer, seja ... seja, etc.

Irei à festa, **quer** ele queira, **quer** não.

▶ **Conclusivas** – exprimem ideia de conclusão:

assim, então, logo, portanto, pois (após um verbo), por isso, por conseguinte, por consequência, que, etc.

Marli é uma ótima educadora, **portanto,** merece elogios.

▶ **Explicativas** – exprimem ideia de razão, explicação, motivo:

pois (antes de verbo), porque, senão (= porque), etc.

Entre logo, **porque** está escurecendo.

Conjunções Subordinativas

Ligam orações que dependem, sintaticamente, entre si. A primeira é chamada <u>oração principal</u>. A oração dependente da primeira, ligada pela conjunção, recebe o nome de <u>oração subordinada</u>.

Tudo ficou mais alegre **quando** Rute entrou.

As conjunções subordinativas são subdivididas em <u>integrantes</u> e <u>adverbiais</u>:

▶ **Integrantes** – completam ou integram o sentido da oração principal:

que, se, como

É preciso **que** estudemos bastante para vencer.

▶ **Adverbiais** – iniciam orações subordinadas que indicam circunstâncias diversas com referência à oração principal. São classificadas em:

1. Causais – iniciam orações subordinadas que indicam a causa, a razão do que está expresso na oração principal:

porque, como, que, já que, pois que, uma vez que, visto que, etc.

Uma vez que todos já chegaram, vamos almoçar.

2. Comparativas – iniciam orações subordinadas que indicam uma comparação com referência à oração principal:

como, assim como, qual, tal como, tal qual, que (acompanhado de mais ou menos), etc.

Marcelo é mais simpático **que** (ou **do que**) seu irmão.

3. Concessivas – iniciam orações subordinadas que indicam concessão em relação a um fato expresso na oração principal:

embora, ainda que, posto que, se bem que, por mais que, etc.

"Liberdade, **ainda que** tardia."

4. Condicionais – iniciam orações subordinadas que indicam hipótese ou condição para que o fato expresso na oração principal se realize:

se, acaso, salvo se, a não ser que, contanto que, desde que, etc.

Irei ao cinema hoje à noite, **a não ser que** chova.

5. Conformativas – iniciam orações subordinadas que indicam concordância, acordo, de um fato com outro:

como (= conforme), segundo, consoante, etc.

O contrato foi celebrado **segundo** as leis vigentes na França.

6. Consecutivas – iniciam orações subordinadas que indicam a consequência do que está expresso na oração principal:

de modo que, de sorte que, de forma que, que (antecedido de 'tal', 'tão', 'tanto', 'tamanho')

Era uma pessoa **tão** boa **que** todos a admiravam sinceramente.

7. Finais – iniciam orações que indicam uma finalidade em relação ao objetivo da oração principal:

para que, a fim de que, que (= para que), etc.

Calou-se rapidamente, **a fim de que** o outro pudesse falar.

8. Proporcionais – iniciam orações subordinadas que indicam simultaneidade, proporcionalidade em relação ao fato expresso na oração principal:

à medida que, ao passo que, à proporção que, quanto mais ... menos, quanto menos ... mais.

Quanto mais a criança gritava, **menos** atenção lhe davam.

9. Temporais – iniciam orações subordinadas que indicam circunstâncias de tempo:

quando, enquanto, logo que, assim que, depois que, sempre que, etc.

Fez as compras de supermercado **enquanto** seu filho dormia.

Locuções Conjuntivas

São assim chamados os conjuntos de duas ou mais palavras que têm o mesmo valor de uma conjunção. Atendem à mesma classificação das conjunções e, em geral, terminam em **que**:

visto que, logo que, sem que, à medida que, a fim de que, etc.

AS CONJUNÇÕES

A) Classificação

Coordenativas
- aditivas
- adversativas
- alternativas
- conclusivas
- explicativas

Subordinativas
- causais
- comparativas
- concessivas
- condicionais
- conformativas
- consecutivas
- finais
- integrantes
- proporcionais
- temporais

B) Locução Conjuntiva

MÓDULO II - ATIVIDADES

Morfologia

Estrutura das Palavras

Exercitando...

Jorginho Travesso apresenta um de seus poemas para você lê-lo...

Era uma vez um gatinho chamado Sapeca
que era feliz e gostava de tirar uma soneca.
De vez em quando, o inesperado,
o gato miava bastante assustado,
quando ficava preso em um galho elevado.

(Marschalek, Ruth [Trad. e adapt.]. As melhores *pegadinhas*.
Blumenau-SC: Todolivro Editora, 2015.)

1. Dada a palavra "gatinho", identifique o radical e o afixo.

. . . .

2. Seguindo o modelo, classifique os elementos das palavras a seguir:

Modelo:
aprontamos: apront - radical / a - vogal temática / mos - desinência
verbal (número - pessoa)

a) tirar. . . . .

. . . .

b) ficava . . . .

. . . .

c) analisamos . . . .

. . . .

d) pensamos . . . .

. . . .

3. Nas palavras a seguir, separe o radical, o prefixo e o sufixo:

	Prefixo	Radical	Sufixo
Infeliz			
Avermelhado			
Silencioso			
Sapequice			
Dengoso			
Indolor			
Presteza			
Renovador			

Processo de formação das palavras

Exercitando...

1. Escreva uma palavra usando cada um dos prefixos abaixo:

a) contra- . . . .   b) mal- . . . .

c) justa- . . . .   d) semi- . . . .

e) sobre- . . . .   f) circum- . . . .

2. Elabore palavras com os seguintes prefixos gregos:

a) anti- . . . .   b) hiper- . . . .

c) endo- . . . .   d) hipo- . . . .

e) meta- . . . .   f) pro- . . . .

3. Relacione a coluna da direita com a da esquerda, de acordo com o significado dos radicais:

(1) acro- . . . . (   ) dança

(2) agro- . . . . (   ) alto

(3) arqueo- . . . . (•) povo

(4) oligo- . . . . (   ) antigo

(5) biblio- . . . . (   ) campo

(6) coreo- . . . . (   ) livro

(7) poli- . . . . (   ) muito

(8) demo- . . . . (   ) som

(9) fono- . . . . (   ) pouco

(10) icono- . . . . (   ) imagem

4. Numere as palavras abaixo, de acordo com o seu respectivo processo de formação:

1. derivação por prefixação;
2. derivação por sufixação;
3. derivação parassintética;
4. derivação imprópria;
5. derivação regressiva:

a. (   ) supermercado   b. (   ) combate

c. (   ) apodrecer   d. (   ) ataque

e. (   ) arcanjo   f. (   ) ajuntar

g. (   ) incerteza   h. (   ) casebre

i. (   ) autodefesa   j. (   ) antebraço

5. Leia o fragmento de texto a seguir e responda às questões abaixo:

"Autoconfiança é acreditar em si mesmo. Quando uma pessoa se sente segura para fazer escolhas e tomar decisões, ela está provando que é autoconfiante e que sabe o que quer."

(Klein, Cristina. Descobrindo valores. Blumenau-SC: Todolivro Editora, 2014.)

a) Identifique, no texto, a expressão que possui processo de formação de palavra e classifique-o.

....

....

b) Retomando a palavra que você deu como resposta na questão anterior, substitua o radical por outros diferentes, formando novas palavras.

....

....

....

Classes das Palavras - Variáveis e Invariáveis

Exercitando...

1. Classifique as palavras a seguir em variáveis e invariáveis:

a) automóvel...

b) oitavo ....

c) sonhar..

d) quando..

e) colorido ....

f) menos ....

g) gigante...

h) dádiva..

i) hoje..

j) até ....

Definição e Tipos de Substantivo
Flexão de Gênero

Exercitando...

Leia o fragmento de texto denominado "Borboleta em forma de amor", e responda às questões 1 e 2.

"A gente sabe que fadas, super-heróis e princesas encantadas não são de verdade, não é mesmo? Mas isso não quer dizer que histórias com esses seres estejam contando mentirinhas: elas contam fantasias que servem para nos ajudar a sonhar, a aprender valores para a vida e a crescer com mais alegria. Percebeu a diferença? " (...).

(Klein, Cristina. Descobrindo valores. Blumenau-SC: Todolivro Editora, 2014.)

1. Transcreva os substantivos presentes no texto.

....

....

....

....

2. Do texto lido extraia e transcreva um substantivo:

a) concreto..

b) primitivo ....

c) simples ....

d) comum...

e) abstrato...

f) derivado ....

g) composto..

3. Sublinhe os substantivos abstratos no texto a seguir:

"[...]. Os meninos se comunicavam com os olhos e com a expressão do rosto. Qualquer sinal dado, o outro já entendia. A alegria e a amizade venceram a raiva. A cada vitória, eles se abraçavam e comemoravam juntos, com o sentimento de que era o melhor amigo do outro". (...)

(Lopes, Cida. Aprendendo valores. Blumenau-SC: Todolivro Editora, 2004.)

4. Dê o feminino para:

a) judeu........................... b) barão...........................

c) eleitor .... d) profeta ....

e) cirurgião....................... f) embaixador ....

g) espião .... h) juiz ....

5. Relacione as duas colunas abaixo, de acordo com o sentido em que os substantivos estão empregados:

a) Conjunto de regras de conduta
b) Cidade que aloja a administração
c) Unidade de medida
d) Valores disponíveis
e) Soldado armado que vigia ou guarda
f) Substância branca resultante da calcificação de pedras calcárias
g) Bebida
h) Vinho espumante
i) Chefe
j) Estação de rádio

(   ) O projeto de ampliação da fábrica ficou para o cabeça aprovar.

(   ) O grama do ouro está a cada dia mais valioso.

(   ) A moral é a principal filosofia da nossa empresa.

(   ) O champanhe feito na vinícola do Sr. Paulo é saborosíssimo.

(   ) Fomos inúmeras vezes à capital do nosso Estado.

(   ) A rádio divulgou sua nova programação; agora apresentará debates.

(   ) A pequena Nicki prefere guaraná a água de coco.

(   ) Estão todos contentes com o capital da empresa de brinquedos.

(   ) A cal era usada como matéria base nas construções antigas.

(   ) A sentinela ficou observando a procissão emocionado.

6. Dadas as frases:

"A embaixadora Juliana permitiu a entrada de estrangeiros no seu país."

"O jantar servido pela embaixatriz foi em comemoração ao aniversário de seu esposo."

Como a palavra "embaixador" admite duas formas de feminino [embaixadora ou embaixatriz], qual o significado nas frases citadas?

. . . .

. . . .

7. Classifique os substantivos uniformes em:
(1) para comuns de dois gêneros,
(2) para sobrecomuns e
(3) para epicenos.

a) (   ) intérprete

b) (   ) a criança

c) (   ) a baleia

d) (   ) a formiga

e) (   ) jornalista

f) (   ) cliente

g) (   ) o ídolo

Substantivo - Flexão de Número

Exercitando...

Leia com atenção o seguinte texto:

"15 de março
Hoje devo escrever sobre a recordação mais feliz da minha infância. Acho que isso era em casa, no covil, brincando com meus irmãos e minhas irmãs, enquanto minha mãe preparava o jantar. Normalmente, um grande bolo de coelho, feito em casa, ou um ensopado de galinha com bolinhos de massa. Ela sempre ficava muito contente comigo, porque eu nunca deixava de limpar o prato - e pedia mais uma porção.
Não, na verdade, pode ter sido quando fomos até a praia, em férias. Mamãe preparava piqueniques surpreendentes a cada dia; grossas fatias de bolo de carne, coxas de peru e linguiças enroladas em bacon.
À noite, tínhamos churrascos na praia, *burgers* no pão, cachorro-quente e suculentos bifes com presunto...
Eram férias fabulosas."

(Pyatt, Claire. *Confissões de um vilão de contos de fada: o grande lobo mau.* Blumenau-SC: Todolivro Editora, 2014.)

1. Passe para o singular o seguinte período:
"...grossas fatias de bolo de carne, coxas de peru e linguiças enroladas em bacon."

....

....

2. No terceiro parágrafo, a única palavra que não está no plural é cachorro-quente; qual o sentido dado a ela nesse contexto?

....

....

3. Como fica o plural de cachorro-quente?

....

4. Dê o plural dos seguintes substantivos compostos:

a) guarda-chuva...

b) reco-reco...

c) terça-feira ....

d) o bota-fora ....

e) bicho-da-seda...

f) guarda-civil ....

g) anjo da guarda ....

h) passatempo ....

Substantivo - Flexão de Grau

Exercitando...

1. "(...). Em nossa terra, somos obviamente pequeninos demais
para limpar vulcões. É por isso que eles não param de nos trazer trans-
tornos. O pequeno príncipe também arrancou, com um certo senso de
melancolia, os últimos brotinhos de baobás. Ele acreditava que nunca iria
querer retornar. Mas, naquela última manhã, todas as tarefas familiares
lhe pareciam muito preciosas. Enquanto regou a flor pela última vez e
preparou o lugar dela debaixo do abrigo de sua redoma de vidro, ele
percebeu que estava prestes a chorar". (...)

(Saint-Exupéry, Antoine de. O Pequeno Príncipe [obra adaptada].
Blumenau-SC: Todolivro Editora, 2015.)

a) Extraia desse texto os substantivos que estão no grau diminutivo sintético.

....

....

b) A expressão "pequeno príncipe" está no grau diminutivo analítico ou sintético? Justifique sua resposta.

....

....

c) Explique como aconteceu a flexão de grau na palavra "brotinhos".

....

....

2. Leia as frases com atenção, e identifique os substantivos que apresentam flexão de grau.

a) Jorginho avistou da janela do seu quarto um gigantesco cometa.

b) A pequena Amanda não hesitou em pedir ao pai ajuda para arrumar a sua malinha de brinquedos.

c) Na feira de filhotes há vários cãezinhos para adoção.

d) Caetano, o famoso espertalhão, se deu mal na prova de recuperação.

e) O garoto, quando criança, era lourinho, dentuço e tinha um narigão; mas hoje, tornou-se um admirável adolescente.

3. Alguns substantivos, quando flexionados para o grau diminutivo ou aumentativo, podem designar carinho, ternura e intimidade; por isso, são denominados diminutivos ou aumentativos afetivos. Crie duas frases cujo substantivo flexionado sugira carinho.

....

....

....

....

Artigo

Exercitando...

1. Extraia os artigos presentes nas frases e classifique-os em definidos ou indefinidos.

a) A noite está fria. ....

b) Naquela tarde, os garotos brincavam felizes no jardim.

....

c) Manoel sentiu um frio nas pernas quando viu a nota da prova.

....

d) Marcamos uma viagem para setembro.

....

e) Um dia desses irei à feira para mamãe.

....

f) As casas daquela vila pareciam sorrir.

....

g) Amanda sentia uma vontade enorme de tomar sorvete.

....

h) Aquela atriz fez um comercial para a televisão.

....

2. Observe o texto a seguir:

"(...). Após uma longa viagem, as embarcações troianas puderam ver o mar, um bosque imenso e, por entre esse bosque, o Tibre com suas águas amenas correndo para o mar". (...)

(Klein, Cristina. Eneida/Virgílio. Blumenau-SC: Todolivro Editora, 2012.)

a) Identifique os artigos.

....

....

b) Explique a diferença entre o artigo definido e o indefinido.

....

....

c) Na frase: "...um bosque imenso...", a palavra um neste contexto é artigo ou numeral? Justifique sua resposta.

....

....

3. Elabore uma frase em que o verbo *viver* passe a ser substantivo pelo uso do artigo.

....

....

....

Adjetivo - Classificação

Exercitando...

Leia com carinho a famosa fábula "A Cigarra e a Formiga" (Esopo):

Em um bosque verdejante, durante o verão, um grupo de Cigarras ocupava-se o dia todo cantando.

No solo desse bosque, um formigueiro esforçava-se para recolher o máximo de grãos de trigo, em preparação para o inverno rigoroso.

As Formigas levavam tudo para as suas casas, em troncos de árvores ou em túneis debaixo da terra, para ficarem bem aquecidas.

As Cigarras viam o movimento das formigas e se perguntavam:

– Para que tanta pressa, se ainda falta muito tempo para o inverno?

No entanto, o outono ia chegando e, aos pouquinhos, as folhas das árvores começavam a cair; ocupadas em cantar, as Cigarras nem ligavam.

De repente, as folhas amareladas não serviam mais para a refeição das Cigarras. E era difícil cantar, sentindo frio e fome. No entanto, as Cigarras cantaram sem se importarem até a última folha cair.

Agora, enquanto a neve caía, as Formigas se recolhiam para as suas casinhas bem aquecidas e com muita comida para o inverno. Uma Formiguinha limpava a frente de sua casa, aprontando-se para entrar, quando viu uma Cigarra aproximar-se. A Cigarra tremia de frio. Estava faminta e muito magra. A Formiga, vendo-a daquele jeito, perguntou:

– Dona Cigarra, que surpresa! Faz tempo que não a ouço cantar. O que aconteceu?

A Cigarra, orgulhosa, não queria mostrar que passava necessidades.

– É que eu peguei uma gripe muito forte. Por isso, não posso cantar.

A Formiguinha ficou penalizada.

– Que pena! Espero que recupere a sua voz logo, dona Cigarra.

Moral: devemos trabalhar no tempo certo, para que não nos falte com o que viver no futuro.

(Belli, Roberto. Coleção Minilivros - A Cigarra e a Formiga.
Blumenau-SC: Todolivro Editora, 2011.)

1. Lembre-se que adjetivo é a palavra variável que vem junto do substantivo, dando-lhe uma qualidade, um modo de ser... Identifique todos os adjetivos no texto.

. . . .

. . . .

. . . .

2. Escreva três adjetivos para um dos seguintes substantivos:

Bosque. . . . .   Formigas . . . .

Verão . . . .   Casa. . . . .

Cigarras . . . .   Árvore. . . . .

3. Classifique os adjetivos em (P) primitivo; (D) derivado; (S) simples e (C) composto:

a) (   ) saudoso   b) (   ) feliz

c) (   ) simpático   d) (   ) verde-claro

e) (   ) bondoso   f) (   ) gentil

g) (   ) sábio   h) (   ) anglo-saxônico

i) (   ) azul-celeste   j) (   ) amarelado

4. Reescreva a frase a seguir, substituindo o adjetivo pátrio em destaque pelos correspondentes aos países abaixo citados:

"As crianças **austro-húngaras** são conhecidas pelo mundo pela sua alegria e dedicação aos estudos."

a) Inglaterra e Brasil

....

....

....

b) Índia e Europa

....

....

....

c) Japão e Brasil

....

....

....

d) Grécia e África

....

....

....

Adjetivo - Flexão de Gênero

Exercitando...

1. Utilizando a tabela abaixo, classifique os adjetivos apresentados em uniformes e biformes.

adjetivos	Uniformes	Biformes
paciente		
esperto		
feliz		
bom		
mau		
sábio		
brasileiro		
lutador		
sensível		
frágil		
hábil		
generoso		

2. Passe os adjetivos biformes do exercício anterior para o feminino.

. . . .

. . . .

. . . .

3. Apresentado o texto, responda às questões a seguir:

"(...). De repente, a tampa do cesto se abriu sozinha e dele saltaram 6 gatinhos, que se espalharam pela sala, brincando e pulando loucamente. Engancharam-se na barra da saia da governanta, nas cortinas, nas calças do professor. Um deles pulou no colo de Clara que, feliz, o acariciava sem parar". (...)

(Duarte, Madalena Parisi. Heide/Johanna Louise H. Spyri. Blumenau-SC: Todolivro Editora, 2012.)

a) Copie os adjetivos do texto e classifique-os.

. . . .

. . . .

. . . .

b) Crie uma frase com o adjetivo "feliz", em que possa ser usado na forma masculina e feminina.

. . . .

. . . .

Adjetivo - Flexão de Número

Exercitando...

1. De acordo com a regra geral da flexão de número dos adjetivos – concordância com o substantivo – passe para o plural os seguintes períodos:

a) O menino surdo-mudo publicou seu primeiro livro de contos.

. . . .

. . . .

b) Foi maravilhosa a publicação luso-brasileira na feira.

. . . .

c) Comprei aquele casaco verde-claro.

. . . .

d) A mãe fazia um esforço sobre-humano para manter seu filho no treino de xadrez.

. . . .

. . . .

e) A classe trabalhadora aguarda ansiosa a reforma político-social.

. . . .

. . . .

f) A música foi cantada pelo rapaz latino-americano.

. . . .

g) O terno azul-marinho está na moda.

. . . .

h) A criança, encantada, fixou o olhar no carro amarelo-ouro.

. . . .

. . . .

i) A boneca vestia o deslumbrante vestido cor-de-rosa.

. . . .

. . . .

j) A menina derramou suco na blusa azul-celeste.

. . . .

2. Do texto a seguir, extraia três locuções adjetivas, e reescreva o período em que se encontram pelo adjetivo correspondente.

"(...). O cuidadoso pai havia organizado uma eleição para o noivo de sua filha, baseado em uma escolha. Mandou que preparassem três cofres: um de ouro, outro de prata e um terceiro de chumbo. Apenas em um deles estaria o retrato de Pórcia e aquele que acertasse o cofre correto seria seu marido, com direito a desfrutar com ela todas as riquezas e propriedades". (...)

(Klein, Cristina. O mercador de Veneza/ William Shakespeare [texto adaptado]. Blumenau-SC: Todolivro Editora, 2012.)

. . . .

. . . .

3. Observe o texto:

"(...). Enquanto os amorosos dormiam na floresta, as fadas encantavam seu reino com melodias adoráveis. Novelo desfrutava as atenções que tão cordialmente estavam lhe dando e logo começou a dar ordens também. 'Gostaria de uma bicada de forragem', dizia para uma fadinha.

'Coce a minha cabeça', falava para outra. 'Sinto grande tentação de comer um molho de feno. Não há nada melhor', pedia também. Depois de ordenar que lhe trouxessem favas secas, o guloso Novelo disse que queria ficar sozinho, pois sentia certa disposição para um cochilo". (...)

(Klein, Cristina. Sonho de uma noite de verão/ William Shakespeare [texto adaptado]. Blumenau-SC: Todolivro Editora, 2012.)

a) Copie do texto todos os adjetivos.

....

....

b) Indique os substantivos referentes aos adjetivos da questão anterior que se encontram na última frase do texto.

....

....

c) Transcreva do texto uma locução adjetiva.

....

....

4. Reescreva as frases a seguir, substituindo a flexão de grau do adjetivo superlativo absoluto analítico pelo superlativo absoluto sintético.

a) Ele é um aluno muito esforçado.

....

b) A cidade de Gramado é muito linda.

....

c) O molho da macarronada estava levemente ardido.

....

d) A torta de limão é muito apetitosa.

....

e) As priminhas são muito amigas.

5. Identifique o grau em que se encontra cada um dos adjetivos destacados nos períodos abaixo.

a) As sereias eram donzelas **formosíssimas** que cantavam com uma suavidade nunca vista.

....

b) Ela é a doceira **mais prestigiada** na cidade.

....

c) Meu gatinho é um animal **feroz**.

....

d) Chiquinho é **mais simpático** que seu irmão Pedro.

....

e) A festa da família estava **hiperlegal**.

....

Numeral

Exercitando...

Dada a Poesia " O Rei do Dado", de Ângela Finzetto:

Seis, o dobro de três.
Maior número do dado.
Também chama meia dúzia.
Pra falar mais enrolado!

Vai descendo devagar,
Depois faz uma bolinha.
Seis perninhas a chegar...
Lá vem uma joaninha.

(Finzetto, Ângela. Poesias para crianças. Blumenau-SC: Todolivro Editora, 2008)

1. Destaque do texto os numerais e classifique-os.

....

....

....

2. No verso: "Também chama **meia dúzia**...", substitua o numeral em destaque por um multiplicativo.

....

3. Complete as expressões com os numerais do quadro abaixo:

Sexagésimo - duzentos - duas - triplo - vinte avos

a) Havia _____ razões para comprar o imóvel: próximo da escola e da casa dos avós.

b) Mariana ficou em _____ lugar na Maratona de Estrelas.

c) Ele ganhou o _____ de balas na sua cestinha de Páscoa.

d) A embarcação estava a _____ metros da praia.

e) Para completar o álbum faltam _____ de figurinhas.

4. Dados os numerais cardinais, escreva-os por extenso:

a) 7.610..

b) 64...

c) 89...

d) 477..

e) 728..

f) 2.344..

g) 826..

h) 3.058..

5. Dados os numerais ordinais, escreva-os por extenso:

a) 13º ....

b) 45º ....

c) 905º..

d) 434º..

e) 215º..

f) 735º ....

6. Dada a receita de **batida matinal de amora**:

Ingredientes:
- 150ml / ⅔ xícara de iogurte comum
- 2 bananas
- 300g de morangos e de amoras
- 300ml / 1⅓ xícara de leite

Modo de Preparo: coloque todos os ingredientes num processador de alimentos ou liquidificador e bata até ficar uma mistura homogênea.

Reescreva o texto acima, colocando os numerais por extenso.

....

....

....

....

....

....

....

7. Escreva por extenso:

a) Artigo 28 ....

b) Século XVIII ....

c) Volume VI..

d) Papa João Paulo II...

e) IV Congresso de Leitura...

....

f) Capítulo VII...

g) XXXV Feira de Livros Infantis.....................................

....

8. Reescreva a frase "Fico ansiosa ao ouvir histórias relacionadas ao século **6º**", substituindo o algarismo ordinal pelo **cardinal**; depois, transcreva o mesmo número com algarismos **romanos**. Em seguida, complete a tabela abaixo:

	a) Cardinal	b) Romano
6°	6	VI
12°		
20°		
4°		

Pronome

Exercitando...

Leia com atenção o texto e responda às questões 1 a 4.

"(...). Embora eu lhe conte isso, minha irmã, este homem, em outras ocasiões, é capaz de perceber sutilezas nas estrelas e dar o devido valor à vida espetacular que nos rodeia. Ele é, portanto, um homem que vive duas vidas, uma extremamente abatida pela desgraça e a outra que o eleva à altura das pessoas mais refinadas que já conheci, de fantástica sabedoria. Além disso, quando fala, seu discurso, sua entonação a cada frase, soa como música a quem o ouve, tornando-o uma figura muito impressionante". (...)

(Belli, Roberto. Frankenstein/Mary Shelley [texto adaptado]. Blumenau-SC: Todolivro Editora, 2012.)

1. Sublinhe no texto todos os pronomes.

2. Dada a tabela, organize os pronomes conforme sua classificação.

Pessoal	Possessivo	Demonstrativo	Indefinido	Relativo

3. Leia o seguinte período: "Embora eu lhe conte isso, minha irmã, este homem, em outras ocasiões, é capaz de perceber sutilezas nas estrelas e dar o devido valor à vida espetacular que **nos** rodeia."

Responda: a quais pessoas se refere o pronome em destaque?

....

4. Reescreva as frases, conforme o exemplo dado:

Exemplo: Posso levar **ele** à escola. *Posso levá-lo à escola.*

a) Maria fez **o gato** sair do sofá.

....

b) Os jornais publicaram **uma foto da rebelião** ontem.

....

c) Encontrei **a menina** no cinema.

....

d) Fiz **o trabalho** rapidamente.

....

e) João compõe **as músicas** com muito amor.

....

5. Sublinhe os pronomes pessoais e identifique a pessoa gramatical à qual eles se referem.

"(...). Estavam planejando tudo, quando apareceu Helena. Ela continuava apaixonada por Demétrio e estava disposta a demonstrar a ele o seu amor para conquistá-lo novamente. "Quem me dera adquirir a sua voz; meus olhos, os seus. Assim eu teria a quem amo." (...)

(Klein, Cristina. Sonho de uma noite de verão [texto adaptado]. Blumenau-SC: Todolivro Editora, 2012.)

6. Dados os pronomes interrogativos quem, qual, quantos, que, quanta, complete as frases abaixo:

a) _____ horas será o concerto de violino?

b) _____ foi o resultado da prova de Português?

c) _____ anos minha mãe tinha quando escreveu esta carta?

d) Com _____ você estava ao telefone?

e) _____ crianças foram ao parque?

7. Coloque **C** para correto e **E** para errado quanto ao uso dos pronomes demonstrativos sublinhados.

a) Esta matéria que você está lendo é interessante? (   )

b) Aquela menina, sentada próximo ao jardim, está triste. (   )

c) A rosa e o cravo nunca brigaram, aquela sempre foi criticada e este, de vítima. (   )

d) Foi ele mesmo quem recebeu a carta. (   )

e) Joana apontou o dedo - minha casa é aquela. (   )

f) Não sei o que é aquilo que está na calçada. (   )

g) Essa menina é estudiosa. (   )

h) O que é isso que você traz aí? (   )

8. Leia as frases a seguir e classifique os pronomes destacados em adjetivo ou substantivo.

a) <u>Todos</u> saíram cedo. . . . .

b) <u>Muitas</u> alunas passaram no teste. . . . .

c) <u>Aquele</u> homem era sábio. . . . .

d) <u>Ninguém</u> viu o que aconteceu. . . . .

e) <u>Alguém</u> viu meu pai?. . . . .

9. Leia o seguinte trecho e classifique os pronomes em destaque.

"(...). O bom coração de Pollyanna queria fazer com que a **sua** tia e o **senhor** Pendleton se reconciliassem. Mas não sabia como fazer **isso**. Em **algumas** visitas, Pollyanna conseguira a amizade do homem que não podia sair da cama. Um dia, Pollyanna contou-lhe sobre seu pai, as muletas que vieram no lugar da boneca e o jogo do contente". (...)

(Belli, Roberto. Pollyanna/Eleanor H. Porter [texto adaptado]. Blumenau-SC: Todolivro Editora, 2012.)

. . . .

. . . .

. . . .

. . . .

10. Sabendo que o pronome relativo é a palavra que se refere a um termo citado anteriormente, transcreva das frases abaixo a que ou a quem o pronome está substituindo.

a) Luís é o funcionário **a quem** devemos elogiar.

. . . .

b) Gostaria que você conhecesse a rua **onde** morei.

. . . .

c) Este é o livro **cujo** autor é cego.

. . . .

d) Trouxe na mala umas **tantas** e **quantas** coisas.

....

11. Dados os pronomes indefinidos: ninguém, algumas, certo, qualquer, todos, complete as frases abaixo:

a) _____ pessoa poderá continuar seus estudos.

b) _____ se manifestou contra a pauta da reunião.

c) Na manhã de sábado, _____ crianças saíram para brincar no parque.

d) _____ homem nos entregou a chave da biblioteca.

e) _____ saíram mais cedo da festa.

Verbo

Flexão de Número, Pessoa, Modo e Tempo

Exercitando...

1. Leia o texto e resolva as questões propostas:

"(...). Quando chovia, ficava em sua cabana, ensinando um filhote de papagaio que conseguira capturar a repetir o nome "Louro" e, depois de bastante insistência, "Crusoé". No período de estiagem, ele colhia as espigas de cevada e preparava o chão para o replantio. Assim, sempre tinha o suficiente para fazer o pão". (...)

(Duarte, Madalena Parisi. Robinson Crusoé/Daniel Defoe [texto adaptado]. Blumenau-SC: Todolivro Editora, 2012.)

a) Transcreva os verbos do texto.

....

....

....

b) Sabendo que o verbo é uma palavra que dá ideia de ação, estado ou fenômeno da natureza, retire do texto dois verbos que indiquem ação e um verbo que indique fenômeno da Natureza.

....

....

....

c) Reescreva a oração "...ele colhia as espigas de cevada e preparava o chão para o replantio" na primeira pessoa do plural, fazendo as adequações necessárias.

....

....

2. Indique o tempo dos verbos destacados nos períodos abaixo:

a) "Um médico muito louco **inventou** um remédio que cura a dor antes de ela existir. Qual é o nome do filme?"

(Charadinhas)

....

b) "(...). Somadas às dez moedas que **ganhara** do Cavaleiro, brevemente poderia ter o suficiente para comprar sua liberdade..." (...)

(Ivanhoé)

....

c) "(...). Os encantadores **poderão** tirar-me a felicidade, mas a força e a disposição, nunca!" (...)

(Dom Quixote)

....

d) "(...). O burro sacudiu a moita e saiu dali como se fosse um leão feroz. A cabra e os cabritinhos **sumiram**, apavorados."(...)

(Esopo)

....

e) "(...). Quando **retornei** de meu trabalho, ao anoitecer do dia seguinte, vi de longe meu Pequeno Príncipe sentado no alto do muro, com seus pés balançando." (...)

(O Pequeno Príncipe)

....

3. Sabendo que os modos verbais expressam certeza, dúvida ou pedido, classifique as frases em (**1**) modo indicativo; (**2**) modo subjuntivo; e (**3**) modo imperativo:

a) Sente-se, por favor! (   )

b) Entreguei a correspondência ontem. (   )

c) Gostamos muito de salada de frutas. (   )

d) Murilo, fuja das más companhias! (   )

e) É possível que eu viaje amanhã. (   )

f) Se fechasse a porta da sala, o barulho diminuiria. (   )

g) Estamos saindo para a escola. (   )

h) Faço votos para que vença o concurso. (   )

i) Espero que tenha aprendido a lição. (   )

j) Todos os anos ajudamos muitas comunidades carentes. (   )

Verbo - Vozes

Exercitando...

1. Dado o texto, responda às questões a seguir:

"(...). Conhecida no Palácio do Louvre como criada da rainha, Constance **entrou** com facilidade, acompanhada por Sua Alteza, o Duque de Buckingham, disfarçado de mosqueteiro. Da ala reservada à criadagem, chegaram a um aposento em que o Duque **ficou aguardando**. Corajoso, resolvera ficar em Paris, mesmo correndo risco de vida. **Apaixonara**-se pela rainha, Ana D' Áustria e, por ela, estava disposto até a perder a vida." (...)

(Duarte, Madalena Parisi. Os Três Mosqueteiros/Alexandre Dumas [texto adaptado].
Blumenau-SC: Todolivro Editora, 2012.)

Atividades

a) Classifique, nos verbos destacados no texto, a voz (ativa, passiva ou reflexiva) em que eles se encontram.

....

....

....

b) No período "...mesmo **correndo** risco de vida", o verbo em evidência indica ação ou estado?

....

2. Identifique as vozes dos verbos:

a) Luís **toca** guitarra muito bem..

b) O romance **foi lido** por todos os alunos. ....

c) Durante a celebração, as crianças **aproximavam-se** devagar.

....

d) João **queimou-se** ao acender o fósforo. ....

e) **Vende-se** aquele maravilhoso sobrado...........................

f) **Costuma-se** agradecer em oração antes das refeições.

....

3. Transcreva as frases, colocando-as na voz passiva.

a) O senhor Osvaldo plantou inúmeras flores no seu jardim.

....

b) Carros importados são consertados aqui.

....

c) O príncipe quebrou a alça da maleta.

....

d) O professor aplicou, logo cedo, as provas.

....

e) A rendeira teceu a toalha com muito amor.

....

4. Nas frases a seguir, classifique-as assim: (**PS**) para voz passiva sintética e (**R**) para voz reflexiva.

a) (   ) Lúcia vestiu-se às pressas.

b) (   ) Precisa-se de cozinheiro com prática.

c) (   ) Feriram-se com palavras amargas.

d) (   ) Vive-se bem nesta cidade.

e) (   ) Lara imobilizou-se diante da tempestade.

Verbo - Estrutura e Classificação

Exercitando...

1. Leia o texto com atenção.

"(...). Hans **tratou** de contratar alguns irlandeses para **carregarem** nossas bagagens até a entrada do vulcão e, assim, **deixamos** os cavalos ali mesmo. Meu tio disse a ele o que **pretendíamos** - alcançar o centro da Terra - e, para minha surpresa, Hans não pareceu abalado. Ainda seria a sua Islândia, mesmo que a quilômetros." (...)

(Klein, Cristina. Viagem ao centro da Terra/Júlio Verne [texto adaptado] .
Blumenau-SC: Todolivro Editora, 2012.)

a) Identifique o radical dos verbos destacados.

....

....

....

....

b) Indique as desinências modo-temporal e número-pessoal nas formas verbais "carregarem" e "pretendíamos".

....

....

c) Nos verbos em destaque, classifique-os quanto à sua forma – rizotônicos ou arrizotônicos.

....

....

....

....

2. Identifique os elementos dos verbos solicitados das seguintes formas verbais:

a) Radical e desinência de número e pessoa da forma verbal **abraçareis**.

....

b) Radical e vogal temática da forma verbal **exercitar**.

....

c) Radical e tema da forma verbal **escrevera**.

....

d) Radical e desinência de modo e tempo da forma verbal **sorrissem**.

....

3. Classifique, nas orações abaixo, os verbos destacados em (**R**) para regulares ou (**I**) para irregulares.

a) (   ) Nós **confiam**os muito em Deus.

b) (   ) Meu avô **sobe** devagar os degraus da imensa escada.

c) (   ) Caso **fizéssemos** a tarefa, teríamos boa nota.

d) (   ) Não **coma** aquele molho, pois está muito apimentado.

e) (   ) Se fosse uma manhã ensolarada, **passearia** mais.

f) (   ) **Disseste** para eu ficar na festa?

4. Observe as frases a seguir, e classifique os verbos utilizando o seguinte código:

  (**AN**) Anômalos   (**DF**) Defectivos   (**AB**) Abundantes   (**AX**) Auxiliares

a) O filme era visto com atenção. (   )

b) Iremos à praia no próximo sábado. (   )

c) Quando crianças, éramos muito felizes. (   )

d) Ela tem gastado muito dinheiro à toa. (   )

e) Estou isenta de qualquer tarifa bancária. (   )

f) João colore o desenho com muita atenção. (   )

Verbo - Conjugação

Exercitando...

1. Classifique a conjugação dos verbos em destaque:

a) Nós **partiremos** ao entardecer.

. . . .

b) **Trabalhando** como um louco, consegui finalizar a pintura da casa.

. . . .

c) Meu irmão se **contradisse** mais uma vez.

. . . .

d) Se Caroline **vier** com o namorado, tomaremos vinho.

. . . .

e) Talvez eu também **queira** um prato de sopa.

....

f) Papai aguardava ansioso, **sentado** na sala.

....

2. Crie uma frase com o verbo SER no imperativo afirmativo e outra com o verbo DIZER no imperativo negativo.

....

....

3. Complete as orações com os verbos indicados nos parênteses:

a) Pedro se dedica ao basquete, mas também_____ de futebol. (gostar - presente do indicativo)

b) Que _____ as férias! (vir - presente do subjuntivo)

c) Nós _____ os anzóis próximo à porta da garagem. (pôr - pretérito perfeito do indicativo)

d) Minha mãe _____ as roupas para os moradores de rua. (remendar - pretérito imperfeito do indicativo)

e) Eu me _____ para vencer o concurso. (esforçar - pretérito perfeito do indicativo)

4. Leia o texto abaixo e classifique a conjugação dos verbos em destaque.

"(...). A história dessa flor era, no mínimo, curiosa. Tudo começou quando Oberom, certa vez, pôde contemplar o voo de um outro ser mágico, o Cupido, e **reparou** que ele **voava** completamente armado. Viu quando Cupido soltou uma flecha, aguda e amorosa, de seu arco, como se quisesse atravessar cem mil corações. Ficou **observando** e notou onde caiu o dardo do Cupido: justamente sobre uma florzinha ocidental branca, que se transformou em púrpura e passou a ser chamada pelas moças de amor-perfeito." (...)

(Klein, Cristina. Sonho de uma noite de verão/ William Shakespeare [texto adaptado]. Blumenau-SC: Todolivro Editora, 2012.)

Advérbio

Exercitando...

1. Identifique, nos períodos abaixo, se o advérbio em destaque modifica um adjetivo, um verbo ou um advérbio.

a) **Hoje** estou bem descansado e bem alimentado. ....

b) Todos saíram **muito** depressa do evento. ....

c) **Jamais** me peça isto!..

d) Estou cada vez **mais** estudiosa. ....

e) As nossas crianças são felizes **aqui**. ....

2. Crie duas frases em que o advérbio modifique:

a) um advérbio

....

....

b) um adjetivo

....

....

c) um verbo

....

....

3. Sublinhe os advérbios presentes nas orações a seguir e classifique-os.

a) Cecília e eu estávamos muito longe quando nos lembramos da cesta de flores. ....

b) Provavelmente, ele chegará muito cansado da viagem.

....

c) Já anunciaram a data da viagem. ....

d) André é bastante inteligente para superar esta fase. ....

e) Ficamos realmente preocupados com a chegada tardia dos voluntários.

....

4. Destaque os advérbios e classifique-os de acordo com o grau em que se encontram.

a) Gostei muitíssimo desta nova coleção de livros.

....

b) Meu irmão me encaminha mensagens mais frequentemente que mamãe.

....

c) O técnico falou com os jogadores tão calmamente quanto o presidente do clube.

....

d) Os netos saíram depressinha quando os avós chegaram à sala.

....

e) As meninas nos cumprimentaram educadissimamente.

....

5. Dadas as frases, sublinhe as locuções adjetivas:

a) Aos trancos e barrancos, José passou de ano na escola.

b) Percebemos que pouco a pouco as flores iam cobrindo o gramado.

c) A biblioteca fica à direita, no próximo corredor.

d) As mulheres têm dificuldade quando é à direita e à esquerda.

e) As compras são entregues em domicílio.

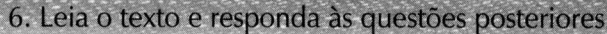

6. Leia o texto e responda às questões posteriores.

"(...). Logo aprendi a conhecer melhor essa flor. No planeta do Pequeno Príncipe, as flores sempre foram simples. Elas tinham apenas uma fileira de pétalas; elas não ocupavam espaço algum; não incomodavam ninguém. Certa manhã, apareciam no capim e, à noite, já tinham murchado pacificamente. Mas, um dia, de uma semente vinda não se sabe de onde, nasceu uma nova flor, e o Pequeno Príncipe observou bem de perto esse pequeno broto que não se parecia com nenhum outro broto em seu planeta".(...)

(Saint-Exupéry, Antoine. O Pequeno Príncipe. Blumenau-SC: Todolivro Editora, 2015.)

a) Copie do texto quatro advérbios.

....

....

b) Destaque um advérbio que esteja modificando um verbo. Crie outra frase com ele, na mesma função.

....

....

c) Retire do texto uma locução adverbial.

....

Interjeição

Exercitando...

Leia com atenção o texto a seguir...

"(...) **Sábado, 3 de outubro.**

13h03min

> **Annie-Claude** *(on line)*: Então, sua estrela, você tem pressa de publicar o seu artigo?

13h04min

> **Léa** *(on line)*: KKK! Sim, mas também estou um pouco nervosa.

13h04min

> **Annie-Claude** *(on line):* É supernormal, mas vai dar tudo certo! E o que você está fazendo de bom hoje?

13h05min

> **Léa** *(on line):* Tarefas. ☺ Preciso trabalhar bastante, porque parto na sexta-feira para visitar meus amigos na minha antiga cidade!!!

> **Annie-Claude** *(on line):* Ah, sim! É verdade! Isso é legal! Você deve ter pressa de ver o seu belo. Thomas. ☺

(Girard-Audet, Catherine.Vida complicada de Léa Olivier: perdida [ilustração Veronic Ly; tradução Anamaria Kovács]. Blumenau -SC: Todolivro Editora, 2014.)

1. Você percebeu que há várias interjeições nesse texto? Identifique qual é o sentimento expresso no seguinte fragmento: "Ah, sim! É verdade! Isso é legal! Você deve ter pressa de ver o seu belo. Thomas. ☺"

2. Nas frases seguintes, classifique as interjeições destacadas:

a) **Parabéns!** Você conseguiu! ....

b) **Olá!** Como estão todos? ....

c) **Ai! Ai!** Acho que me machuquei! ....

d) **Obá!** Vamos à praia neste feriado! ....

e) Você errou todas as questões! **Francamente!** ....

f) **Coragem!** Você vai conseguir resolver este problema!

....

g) **Credo!** Tenho muito medo de lagartixas! ....

3. Levando em consideração o sentido das frases, complete-as com interjeições ou locuções interjetivas.

a) _____! Que cãibra!

b) _____! Acertamos todas as questões!

c) _____! Você não viu que a porta foi recém-pintada?

d) _____! Livra-me de todo mal!

e) _____! Estou caindo!

f) _____! Estou cansada de organizar as gavetas.

g) _____! Só faltam duas questões para eu concluir a tarefa.

h) _____, que susto!

i) _____, que dor!!!

j) _____! Você conseguiu!

4. Assinale, nos quadrinhos a seguir, as interjeições relacionadas ao contexto dessa história.

(Belli, Roberto. Mangá Aventura. Blumenau-SC: Todolivro Editora, 2006.)

(Belli, Roberto. Mangá Aventura. Blumenau-SC: Todolivro Editora, 2006.)

Preposição

Combinação, Contração e Acento Indicativo de Crase

Exercitando...

1. Leia atentamente o fragmento de texto "Dona Harpia e a Biodiversidade":

"Já fazia algum tempo que Dona Harpia não recebia correspondências. A caixa de correio estava vazia. Então, abriu tristemente o seu velho baú de recordações para reler antigas cartas recebidas de amigos que não via mais.

Dona Harpia pendurou no cordão de cipó a foto do gavião-pintado, que sempre lhe escrevia. Mas lá estavam também o gavião-pombo e o tucano-de-bico-preto, amigos de quem não tinha notícias há muito tempo. O que teria acontecido? Foram para o seu cantinho de lembrança.

Dona Harpia se sentia solitária! (...)"

(Belli, Roberto. Ecologia: uma aventura de amor à natureza. Blumenau-SC: Todolivro Editora, 2006.)

a) Retire do texto todas as preposições e as contrações de preposição.

. . . .

. . . .

b) Em relação à questão acima, explique como foram formadas as contrações de preposição.

. . . .

. . . .

2. Dado o quadro, separe as preposições formadas por contração das formadas por combinação das frases abaixo:

Contração	Combinação

a) Nas férias, faremos todas as brincadeiras possíveis.
b) Daqui a pouco embarcaremos para Natal.
c) Num determinado dia, faremos a colocação do vidro.
d) Os pais, muito atentos, entregaram as cartilhas aos seus filhos.
e) Naquela tarde, havia chovido muito.

3. Relacione as duas colunas, de acordo com o sentido que as preposições em destaque sugerem nas frases abaixo:

(1) Companhia   a) (   ) Na casa de minha avó havia um faqueiro **de** prata.

(2) Ausência   b) (   ) Papai sempre caminhava **com** meu irmão.

(3) Oposição   c) (   ) Aqueles cachorros são **de** Stephan.

(4) Destino   d) (   ) Viajei **para** Gramado.

(5) Matéria   e) (   ) Godofredo saiu de casa **sem** sua mãe.

(6) Posse   f) (   ) Nadamos **contra** a maré.

(7) Assunto   g) (   ) Contava muitas histórias **de** sua infância.

(8) Origem   h) (   ) Andamos **a** cavalo nesta tarde.

(9) Causa   i) (   ) Meus pais vieram **de** muito longe.

(10) Meio   j) (   ) A pequena Alice perdeu seu gatinho **de** câncer.

4. Sublinhe, dentro dos parênteses, o uso correto do **acento indicador de crase:**

a) Ao chegar (a – à) reunião, a professora cumprimentou os presentes com entusiasmo. Porém, não conseguiu chegar (a – à) tempo de assistir (a – à) apresentação de sua colega.

b) Quanto (a – à) venda do automóvel, o comerciante prometeu voltar (a – à) procurar seu cliente.

c) (A – À) presidente enviou alguns diplomatas (a – à) China e (a – à) África e também (a – à) Europa em busca de tratar de negócios de grande importância.

d) Os conferencistas demonstraram estar (a – à) altura da importância dos debates (a – à) respeito do tema "ecologia".

e) A nova butique do Centro funciona de segunda (a – à) sexta, das nove (as – às) dezoito horas.

f) (A – À) partir do dia 1º de setembro, a empresa XYZ estará (a – à) disposição de seus clientes em sua nova sede.

g) Leve a correspondência (a – à) mesa da secretária e aguarde o parecer dela quanto (a – à) solução do problema (a – à) tempo e hora.

Conjunção

Exercitando...

1. Dado o texto:

"(...) Ele deu mais um voo perto dela. Era um sim. Mary ficou dançando de alegria e o pisco a imitava pulando de galho em galho bem perto dela.

Quando, finalmente, o passarinho voltou para a sua árvore inalcançável, a menina passou de jardim em jardim para ver todos os muros que podiam dar naquela árvore. Os muros tinham hera alta, mas não encontrou nenhuma porta verde pela qual pudesse entrar.

Mary pensou o seguinte: 'Se o meu tio, o Sr. Craven, enterrou a chave é porque deve ter uma porta para ser aberta. E se ele fechou o jardim é porque não gostava dele. Mas é muito esquisito alguém não gostar de um jardim' (...)".

(Belli, Roberto. O jardim secreto/Frances Hodgson Burnett. [Texto adaptado]. Blumenau-SC: Todolivro Editora, 2016.)

a) Copie do texto quatro conjunções.

....

....

....

b) Qual o sentido da conjunção *se* no seguinte período: "...E se ele fechou o jardim é porque não gostava dele."

....

....

....

2. Escreva a relação que as conjunções estabelecem nos seguintes períodos:

a) Não aceito desculpas, **tampouco** arrependimentos.

....

b) Marli é uma ótima professora; **portanto,** merece nossa gratidão.

....

c) Entre logo, **porque** está chovendo.

....

d) Tancredo sabia da resposta, **porém,** não me avisou.

....

e) **Ora** faz chuva, **ora** faz sol.

....

f) Irei ao cinema, **se** minha mãe permitir.

....

g) Iracema não veio, **mas** telefonou.

....

h) O pai **ou** a mãe irá ajudá-lo.

....

i) Venha logo, **que** estou esperando!

....

j) Venha para casa **e** faremos os docinhos.

....

3. Relacione as circunstâncias do quadro abaixo às conjunções destacadas nas frases:

Causa	Finalidade	Proporção	Tempo	Comparação	Conformidade

a) Amanhã será um dia ensolarado, segundo a meteorologista.

....

b) Não colhemos as acerolas, porque estão verdes.

....

c) Quando voltar de viagem, entregarei o presente a ela.

....

d) No auditório, à medida que as pessoas iam se sentando, minhas pernas tremiam.

....

172

e) Todos são fortes como leões.

. . . .

f) Poupe dinheiro, a fim de realizar seu grande sonho.

. . . .

4. Nos períodos abaixo, complete-os com a conjunção adequada, atentando para a relação estabelecida.

a) Vamos à praia amanhã, _____ não chova.

b) Enfeitou a árvore de natal _____ as crianças dormiam.

c) _____ as pessoas iam chegando, _____ paciência o recepcionista tinha.

d) Marcelo é mais dedicado à sua família _____ seu irmão.

e) Alfredo sabia todos os passos para operar a máquina, _____ não nos ensinou.

f) As flores foram plantadas _____ orientação da governanta.

5. No texto abaixo, identifique as classes gramaticais das palavras em destaque:

"[...]. O **gigante** bebeu **o** vinho e pareceu ter se agradado **dele**. **Prometeu** a Ulisses uma dádiva em troca do vinho, **mas** não havia sinais de que pretendesse poupar-lhes a vida, pois, logo em seguida, engoliu **dois** gregos quase que ao mesmo tempo. Deixou claro que **não** haveria misericórdia e que estava com **muita** fome". (...)

(Klein, Cristina. Odisseia/Homero. Blumenau-SC: Todolivro Editora, 2012.)

. . . .
. . . .
. . . .
. . . .

MÓDULO III

SINTAXE

FRASE, ORAÇÃO E PERÍODO

Uma palavra ou um grupo de palavras que exprime uma ideia constitui-se em uma frase. Conforme a entonação que se dá, uma só palavra pode se transformar em uma frase. Há frases breves e longas:

Chove muito.
Fogo!

Tal qual o girassol, que segue do nascente ao poente a passagem do astro-rei, o homem pode direcionar os pensamentos para Deus, sua fonte de luz maior.

O sucesso de todo e qualquer manual de padronização, ou de regras, depende, preponderantemente, do bom senso de quem o utiliza.

Oração

É a frase cuja estrutura contém um ou mais verbos ou locuções verbais:

A professora reprendeu os alunos.
(reprendeu = verbo)

O inquérito pode desvendar outros detalhes do roubo.
(pode desvendar = locução verbal)

Período

Período é a frase estruturada em uma ou mais orações. O período pode ser <u>simples</u> (formado de uma só oração) ou <u>composto</u> (formado por mais de uma oração):

Os jogadores *foram* ao teatro.
(Período simples)

Os jogadores *foram* ao teatro e *jantaram* num restaurante japonês.

1ª oração: Os jogadores foram ao teatro.
2ª oração: E jantaram num restaurante japonês.
(Período composto)

TIPOS DE FRASES

De acordo com a entonação, as frases podem transmitir um tipo de sentido. Classificam-se em:

Frases declarativas - informam um fato qualquer:

Mariana acorda cedo.
(Declarativa afirmativa)

Mariana não acorda cedo.
(Declarativa negativa)

Frases interrogativas - usadas para se obter um esclarecimento, resposta, etc.:

Quando será a prova de Português?
(Interrogativa direta)
Quero saber quando será a prova de Português.
(Interrogativa indireta)

Frases exclamativas – exprimem admiração, surpresa, emoção:

O clube pegou fogo!
Fugiu novamente!

Frases imperativas – exprimem uma ordem, conselho, pedido, convite, etc.:

Você deve estudar mais e sempre.
(Imperativa afirmativa)

Não perturbe o sono alheio. (Imperativa negativa)

175

Frases optativas – exprimem um desejo:

Deus te abençoe!
Seja feliz!

TERMOS ESSENCIAIS DA ORAÇÃO

Os termos essenciais da oração são o **sujeito** e o **predicado**.

SUJEITO

É o termo sobre o qual se declara alguma coisa, e que faz concordância com o verbo em número e pessoa. Para encontrar o sujeito, numa oração, basta fazer a pergunta "o quê?" antes do verbo, mesmo que o sujeito seja pessoa:

A festa estava bastante animada.
(A festa - sujeito)

A professora deu várias aulas sobre clonagem.
(A professora – sujeito)

➤ Núcleo do sujeito

É o nome dado à palavra básica, ou palavra-chave do sujeito, sobre a qual se fundamenta toda a declaração expressa na oração:

Os convidados chegaram animados.
(Os convidados - sujeito)
(convidados - núcleo do sujeito)

A noite estava escura, quente e abafada.
(A noite - sujeito)
(noite - núcleo do sujeito)

➤ Tipos de sujeito

Conforme a NGB – Nomenclatura Gramatical Brasileira, há três tipos de sujeitos:

• **Sujeito simples** – tem somente um núcleo:

As salas da escola foram pintadas.
(Núcleo: salas)

O tomate é um alimento muito saudável.
(Núcleo: tomate)

• **Sujeito composto** – tem dois ou mais núcleos:

As salas e o pátio da escola foram pintados.
(Núcleos: salas / pátio)

O tomate, a batata e a cenoura são alimentos muito saudáveis.
(Núcleos: tomate / batata / cenoura)

• **Sujeito indeterminado** - quando o sujeito existe, mas, por qualquer razão, não está claramente identificado:

Viram pessoas suspeitas no baile.
Falam mal do presidente.

▶ Orações sem sujeito

São as que contêm verbo impessoal, ou seja, sem sujeito, e que aparece sempre na terceira pessoa do singular (com exceção do verbo ser). Os principais verbos impessoais que geram este tipo de oração são:

➡ **haver**, significando existir, acontecer, realizar-se:

Há muitas flores no jardim da escola.
Havia muita gente no aniversário de Bárbara.
Houve uma grande reunião de confraternização no clube.

➡ **fazer, ser e estar**, indicando tempo:

Faz vários anos que não chove tanto.
Era uma vez uma linda princesa ...
Estava muito quente na sala.

➡ verbos que indiquem fenômenos da natureza: **chover, ventar, amanhecer, nevar, trovejar, escurecer, etc.:**

Choveu muito durante a semana.
Ontem trovejou bastante.
Está anoitecendo.

PREDICADO

É tudo aquilo que se declara do sujeito (o verbo ou locução verbal + outros elementos que estiverem presentes na oração, chamados de "termos acessórios"):

A festa estava bastante animada.
(Festa - sujeito)
(estava bastante animada - predicado)

Todos aplaudiram bastante.
(Todos - sujeito)
(aplaudiram bastante - predicado)

➤ **Núcleo do predicado**

É a palavra que está mais diretamente ligada ao núcleo do sujeito:

Os convidados chegaram animados.
(Os convidados - sujeito)
(chegaram animados - predicado)
(chegaram - núcleo do predicado)

Minha colega vai ao cinema semanalmente.
(Minha colega - sujeito)
(vai ao cinema semanalmente - predicado)
(vai - núcleo do predicado)

O núcleo do predicado verbal pode estar representado por um verbo transitivo ou por um verbo intransitivo. Para maior facilidade de análise, vejamos o que é verbo transitivo, verbo intransitivo e verbo de ligação.

➤ **Verbo transitivo** – há três tipos.

√ **Transitivo direto:** é o verbo cuja ação passa do sujeito e recai, direta ou indiretamente, no(s) objeto(s), sem necessidade de preposição:

Vi vários pássaros.

O complemento do verbo transitivo direto recebe o nome de **objeto direto**:

Vi (verbo transitivo direto)
vários pássaros ➡ objeto direto

√ **Transitivo indireto:** é o verbo que, sozinho na oração, não consegue completar-lhe a ideia. Precisa de um complemento sempre acompanhado de preposição, e que recebe o nome de **objeto indireto**:

Marcelo gosta de ler.

Marcelo (sujeito)
gosta ➡ verbo transitivo indireto
de ler ➡ objeto indireto

√ **Transitivo direto e indireto:** é o verbo que, na oração, é acompanhado de dois complementos: um com preposição (objeto indireto) e outro sem preposição (objeto direto) (ou vice-versa);

Lina enviou um ofício ao Reitor.
Lina (sujeito)
enviou ➡ verbo transitivo direto e indireto
um ofício ➡ objeto direto
ao Reitor ➡ objeto indireto

▶ **Verbo intransitivo** – é o verbo que possui sentido completo. Transmite a ideia, sem necessitar de complemento:

A gata <u>saiu</u>.
Todos <u>aplaudiram</u>.

▶ **Verbo de ligação** - é o verbo que não exprime ação, servindo apenas para ligar um termo ao sujeito, indicando estado, condição ou qualidade. Esse termo modificador é chamado de <u>predicativo.</u> Pode ocorrer <u>predicativo do sujeito</u> e <u>predicativo do objeto</u>.

1. Predicativo do sujeito – é o termo que, por meio de um verbo de ligação ou não (ser, estar, chegar, acabar, ficar, parecer, viver, voltar, continuar, permanecer, etc.) indica o "estado" do sujeito, expressando ideia de permanência, transitoriedade, continuidade, aparência, mudança, ou seja, refere-se a ele com uma qualidade.

A sala está vazia.
A sala (sujeito)
está ➡ verbo de ligação
vazia ➡ predicativo do sujeito

Deus é pai.
Deus (sujeito)
é ➡ verbo de ligação
pai ➡ predicativo do sujeito

A professora continua triste.
A professora (sujeito)
continua ➡ verbo de ligação
triste ➡ predicativo do sujeito

▶ **Predicativo do objeto** – é o termo que, por meio de um verbo transitivo ou intransitivo, empresta características ao objeto:

Os alunos deixaram a sala suja.
Os alunos (sujeito)
deixaram ➡ verbo transitivo direto
a sala ➡ objeto direto
suja ➡ predicativo do objeto

Murilo encontrou a namorada muito nervosa.
Murilo (sujeito)
encontrou ➡ verbo transitivo direto
a namorada ➡ objeto direto
muito nervosa ➡ predicativo do objeto

Todos choraram bastante.
Todos (sujeito)
choraram ➡ verbo intransitivo
bastante ➡ predicativo do objeto

TIPOS DE PREDICADO

Existem três tipos de predicado: **verbal, nominal e verbo-nominal.**

Predicado Verbal

Ocorre quando o núcleo é representado por um verbo transitivo ou intransitivo ou por uma expressão de valor verbal. Formas em que pode se apresentar:

➤ **verbo transitivo direto + objeto direto:**

Luciana lavou o vestido.
(Luciana – sujeito)
(lavou – verbo transitivo direto)
(o vestido – objeto direto)

➡ lavou o vestido = predicado verbal.

➤ **verbo transitivo indireto + objeto indireto:**

O presidente precisa de apoio.
(O presidente – sujeito)
(precisa – verbo transitivo indireto)
(de apoio – objeto indireto)

➡ precisa de apoio = predicado verbal.

➤ **verbo transitivo direto e indireto + objeto direto e indireto:**

Sônia entregou os livros à editora.
(Sônia – sujeito)
(entregou – verbo transitivo direto e indireto)
(os livros – objeto direto)

(à editora – objeto indireto)

➡ entregou os livros à editora = predicado verbal.

▶ **verbo intransitivo:**

Todos os artistas choraram.
(Todos os artistas – sujeito)
(choraram – verbo intransitivo)

➡ choraram = predicado verbal.

Predicado Nominal

O núcleo é um nome (substantivo ou adjetivo) ou uma expressão de valor nominal. Forma-se com um verbo de ligação e um predicativo do sujeito. O núcleo do predicado nominal é denominado predicativo.

O prefeito continua enérgico.
Aquela moça parece feliz.
As salas ficaram sem luz.

Predicado Verbo-Nominal

É o que apresenta dois núcleos: um no verbo (transitivo ou intransitivo); e um no nome (representado por um predicativo do sujeito ou do objeto). Formas em que pode se apresentar:

▶ **verbo transitivo + objeto + predicativo do sujeito:**

As pessoas viram o acidente horrorizadas.
(As pessoas – sujeito)
(viram - verbo transitivo)
(o acidente – objeto direto)
(horrorizadas – predicativo do sujeito)

➡ *viram o acidente horrorizadas* = predicado verbo-nominal.

▶ **verbo transitivo + objeto + predicativo do objeto:**

O arquiteto considerou as obras acabadas.
(O arquiteto – sujeito)
(considerou – verbo transitivo)
(as obras – objeto direto)
(acabadas – predicativo do objeto)

➡ *considerou as obras acabadas* = predicado verbo-nominal.

➤ **verbo intransitivo + predicativo do sujeito:**

As crianças cantaram felizes.
(As crianças – sujeito)
(cantaram – verbo intransitivo)
(felizes – predicativo do sujeito)

➡ *cantaram felizes* = predicado verbo-nominal.

TERMOS INTEGRANTES DA ORAÇÃO

Recebem essa denominação os termos que, numa oração, completam o sentido de substantivos, adjetivos, verbos e advérbios. Subdividem-se em complementos verbais (objeto direto e objeto indireto); complemento nominal; e agente da passiva.

COMPLEMENTOS VERBAIS

Complementos = termos que auxiliam outro, para transmitir a ideia.

Verbais = porque se referem ao verbo.

Os complementos verbais completam o sentido dos verbos transitivos. São de dois tipos:

➤ **Objeto direto** – completa o sentido de verbo transitivo direto. Não há preposição, exceto em casos específicos, quando é denominado objeto direto preposicionado ("Ninguém jamais viu **a** Deus"; "Não beberás **dessa** água", "Esperar **po**r alguém", etc.)

O lojista vendeu todos os imóveis.
Comprei a bolsa.
As bailarinas invadiram o palco.

➤ **Objeto indireto** – completa o sentido de verbo transitivo indireto. Há preposição.

Discordo de sua tia.
Todos nós precisamos de ar.
O garoto não resistiu aos ferimentos.

Observações importantes:

a) os pronomes oblíquos **o, a, os, as** (e as variações **lo, la, los, las, no, na, nos, nas**) sempre exercem a função de objeto direto:

*Contentes, elas **o** chamaram novamente.*
*Elas quiseram chamá-**lo** novamente.*
*Chamaram-**no** novamente.*

b) os pronomes oblíquos **lhe, lhes**, exercem sempre a função de objeto indireto:

*Voltei à loja e paguei-**lhe** o que devia.*
*Esclareça-**lhes** todo o assunto, por favor.*
*Faço questão de entregar-**lhe** o dinheiro.*

c) os pronomes oblíquos **me, te, se, nos, vos,** tanto podem exercer a função de objeto direto quanto indireto, dependendo da transitividade do verbo.

*Amo-**te** cada vez mais. (objeto direto)*
*Convide-**nos** sempre. (objeto direto)*

*Pediste-**me** que falasse. (objeto indireto = a mim)*
*Aqui **vos** fala um amigo. (objeto indireto = a vós)*

COMPLEMENTO NOMINAL

É assim chamado o termo que, na oração, completa o sentido de um nome (substantivo, adjetivo ou advérbio) de valor relativo, incompleto. Está sempre regido de preposição.

> **Obs.:** Não se confunde com o objeto indireto, pois este é complemento do verbo e o complemento nominal é complemento do nome.
> *O gatinho tem medo [de água].*
> *Este alimento é agradável [ao paladar].*
> *O professor mora perto [de uma grande escola].*

AGENTE DA PASSIVA

Assim é chamado o termo que indica quem praticou a ação que está expressa no verbo que se apresenta na voz passiva:

O copo foi quebrado pela menina.
(O copo = sujeito paciente)
(foi quebrado = verbo na voz passiva)

(pela menina = agente da passiva)

As flores foram cortadas pelo jardineiro.
(As flores = sujeito paciente)
(foram cortadas = verbo na voz passiva)
(pelo jardineiro = agente da passiva)

O discurso foi elaborado pelo presidente.
(O discurso = sujeito paciente)
(foi elaborado = verbo na voz passiva)
(pelo presidente = agente da passiva).

Nota: Quando a oração é transposta para a voz ativa, o agente da passiva passa a exercer a função de sujeito:
A menina quebrou o copo.
O jardineiro cortou as flores.
O presidente elaborou o discurso.

A voz passiva costuma ser regida pelas preposições **por, de, pelo, pelos, pela, pelas:**

*A humanidade é amada **por** Deus.*
(Deus ama a humanidade).

*O carro foi rodeado **de** curiosos.*
(Curiosos rodearam o carro).

*O carteiro foi mordido **pelo** cachorro.*
(O cachorro mordeu o carteiro).

TERMOS ACESSÓRIOS DA ORAÇÃO

São os que servem para transmitir informações adicionais sobre os substantivos e verbos presentes em uma oração. Pela própria definição, não fazem parte da formação básica da oração, mas ajudam a enriquecê-la. São eles: **adjunto adnominal**; **adjunto adverbial**; e **aposto**. Além deles, há o **vocativo**, um termo independente que pode se apresentar em uma oração.

Adjunto adnominal – é o termo que modifica um substantivo, independentemente de sua função na oração. O adjunto adnominal apresenta-se, na oração, na forma de artigos (definidos ou indefinidos), adjetivos, locuções adjetivas (preposição + substantivo), pronomes adjetivos (possessivos, demonstrativos e indefinidos); pronomes pessoais átonos (com valor de possessivos) e numerais (ordinais, cardinais, multiplicativos e fracionários).

(artigo): **As** crianças são sinônimo de alegria.

(adjetivo): Que **triste** papel você fez!

(locução adjetiva): Elas amam a vida **do campo**. (=campestre)

(pronomes adjetivos): **Seus lindos** cabelos chamam a atenção.

(numerais): **Três** pessoas aguardavam atendimento.

Adjunto adverbial – é o termo acessório da oração que situa a ação do predicado, indicando circunstâncias de lugar, tempo, modo, intensidade, de causa, etc., servindo, também, para intensificar um verbo, um adjetivo ou um advérbio:

Os navios aportaram **com tranquilidade**.
(Adjunto adverbial de modo)

O carro foi encontrado **perto da farmácia**.
(Adjunto adverbial de lugar)

Sua aula é **muito** interessante.
(Adjunto adverbial de intensidade)

Natália foi ao teatro **com sua irmã**.
(Adjunto adverbial de companhia)

Alguns outros tipos de adjunto adverbial:

De condição: **Sem pagamento antecipado**, não haverá viagem.

De tempo: As máquinas pararam **às dezessete horas**.

De companhia: Foi à praia **com uma amiga**.

De meio: Atirou-se **de paraquedas**.

De dúvida: **Talvez** volte a chover.

De finalidade: Viveu **para servir**.

De oposição: Indispôs-se **com todo o mundo**.

De afirmação: **Efetivamente**, soube agir na vida.

De assunto: Todos falavam **sobre política**.

De concessão: **Apesar do atraso**, estaremos presentes.

De conformidade: **Segundo o regulamento**, não deve haver desconto.

De frequência: Fomos ao cinema **duas vezes**.

De adição: Recebeu, **além do salário**, um prêmio.

Aposto

É o termo que, na oração, serve para explicar, esclarecer, ampliar ou resumir outro:

*Perdi algumas oportunidades porque pensava que somente os grandes – **aqueles com as mentes gigantescas** – seriam capazes de conseguir certas coisas.*

*Homens e mulheres, **quando jovens**, recebem ensinamentos sobre velhas regras de negócios.*

*Agora, **depois de receber minha aposentadoria**, poderei dedicar-me à leitura.*

*Machado de Assis – **modesto e simples** – deixou-nos magníficas obras literárias.*

As aracuãs chegaram: sinal de chuva.

➤ Aposto especificativo

O aposto costuma se apresentar entre vírgulas, depois de dois pontos ou de travessão, conforme os exemplos acima. Mas há, também, o chamado aposto especificativo, que especifica ou individualiza um termo genérico, e que não é destacado por sinais de pontuação:

*Meu avô **Antônio** era muito perspicaz.*
*O rio **Tibre** atravessa a cidade de **Roma**.*

Vocativo

É um termo que serve para despertar a atenção, chamar alguma coisa personificada ou alguém. Há sempre, de forma subentendida, a expressão **ó.** Não pertence à estrutura da oração, não fazendo parte, portanto, dos termos essenciais, integrantes ou acessórios.

Ó homem de pouca fé! Por que duvidas?
Entre depressa, menina!
Livra-nos, Senhor, de todos os males!

PERÍODO COMPOSTO

São três os períodos compostos: por coordenação, por subordinação e por coordenação e subordinação simultaneamente (ou misto).

PERÍODO COMPOSTO POR COORDENAÇÃO

É o período formado por duas ou mais orações em que cada uma delas, quando isolada, mantém o seu sentido. Uma oração não depende da outra quanto ao sentido.

As orações coordenadas são classificadas em sindéticas e assindéticas.

São assindéticas quando não apresentam conjunções, sendo geralmente separadas por vírgula, ponto e vírgula ou dois pontos.

São sindéticas quando há conjunção relacionando as orações.

Ao amanhecer, Alice preparou o café, alimentou os gatos e saiu para o trabalho.

O período do exemplo pode ser dividido em três orações:

Ao amanhecer, Alice preparou o café.
(Oração coordenada assindética)

Alimentou os gatos.
(Oração coordenada assindética)

E saiu para o trabalho.
(Oração coordenada sindética).

As orações coordenadas sindéticas recebem o nome do tipo de conjunção que apresentam. No exemplo acima, a oração **E saiu para o trabalho** é uma oração coordenada sindética aditiva, pois tem início com a conjunção aditiva **e**.

Há cinco tipos de orações coordenadas sindéticas:

Aditivas – são iniciadas por conjunções que expressam ideia de acréscimo, de adição em relação à oração precedente. As mais comuns: **e, nem, mas ... também, não só ..., mas ainda:**

Abatida, a moça fechou a porta / e saiu.
E saiu. = oração coordenada sindética aditiva.

Adversativas – são iniciadas por conjunções que expressam ideia de oposição de pensamento, contraste. As mais comuns: **mas, porém, contudo, todavia, entretanto, no entanto:**

Correu muito, / **mas** não conseguiu alcançar o ônibus.

Mas não conseguiu alcançar o ônibus. = oração coordenada sindética adversativa.

Alternativas – são iniciadas por conjunções que expressam ideia de exclusão, de alternância. As mais comuns: **ou, ou ..., ora ... ora, quer ... quer, seja ... seja:**

Você voltará, / **quer** queira, **quer** não queira.

Quer queira, quer não queira. = oração coordenada sindética alternativa.

Conclusivas – são iniciadas por conjunções que expressam ideia de término, de conclusão. As mais comuns: **então, logo, pois, portanto, assim, por conseguinte, por isso:**

Sara não quis dizer o motivo de sua tristeza, / **então** não insisti.

Então não insisti. = oração coordenada sindética conclusiva.

Explicativas – são iniciadas por conjunções que expressam ideia de motivo, razão, explicação. As mais comuns: **que, porque, pois, porquanto:**

A cidade ficou inundada, / **porque** choveu demais esta noite.

Porque choveu demais esta noite. = oração coordenada sindética explicativa.

PERÍODO COMPOSTO POR SUBORDINAÇÃO

É o período composto por um conjunto de orações em que uma oração depende da outra para que o enunciado tenha sentido completo.

No período composto por subordinação existe sempre um termo subordinante – também chamado de regente ou principal – e um termo subordinado – também chamado regido ou dependente.

O período composto por subordinação é iniciado por conjunção subordinativa ou por pronome relativo.

As orações subordinadas podem ser:

Desenvolvidas - as orações subordinadas são iniciadas por conjunção subordinativa ou por pronome relativo, apresentando o verbo na forma do indicativo ou do subjuntivo;

ou

Reduzidas - as orações são introduzidas por uma forma nominal do verbo (infinitivo, gerúndio e particípio).

Conforme a função sintática que exercem, as orações subordinadas são classificadas em substantivas, adjetivas e adverbiais.

Orações Subordinadas Substantivas

Exercem, na oração, função substantiva, desempenhando o papel de sujeito, objeto direto, objeto indireto, complemento nominal, predicativo e aposto. São classificadas em:

➤ **Subordinada substantiva subjetiva** – funciona como sujeito:

Convém que você estude mais.
(Que convém? – que você estude mais = sujeito)

Observa-se que existe preocupação com a natureza.
(Que se observa? – que existe preocupação com a natureza = sujeito)

Nota: A oração subordinada é sujeito sempre que dependa de verbos na terceira pessoa, como por exemplo **convém, cumpre, importa, urge, ocorre, acontece, sucede, parece, agrada, satisfaz, admira, sabe-se, conta-se, é sabido, ficou provado, ser, estar, etc.**

➤ **Substantiva objetiva direta** – a oração subordinada funciona como objeto direto:

Os jogadores queriam que o técnico renunciasse.
Dizem que está tudo bem no governo.

➤ **Substantiva objetiva indireta** – a oração subordinada funciona como objeto indireto:

Tudo depende de que ela estude bastante.
Lembre-se de que as coisas não estão fáceis.

➤ **Substantiva completiva nominal** – a subordinada funciona como complemento nominal de um termo da oração principal:

*Tenho convicção **de que o mundo está melhor**.*

*O simples olhar do operário era indicação **de que não estava** satisfeito.*

► **Substantiva predicativa** – a oração subordinada funciona como predicativo do sujeito da oração principal, apresentando-se sempre após o verbo <u>ser</u>:

*O desejo dos professores é **que aumente o amor pela leitura**.*
*Ela é **quem mais reclama**.*

► **Substantiva apositiva** – a oração subordinada funciona como aposto:

*Asseguro-lhe uma coisa: **que não haverá muitos vencedores**.*
*Seu desejo – **que era conhecer os Estados Unidos** – acabou se realizando.*

> **Obs.:** As orações subordinadas substantivas são iniciadas, em geral, pelas conjunções integrantes **que** e **se**, mas também podem apresentar outros conectivos, entre eles, **como**, **quanto** e **quando**, por exemplo.

Orações Subordinadas Adjetivas

São as que exercem a função de adjunto adnominal do termo da oração principal por elas modificado. Equivalem, assim, a um adjetivo. Podem ser <u>restritivas</u> ou <u>explicativas</u>. São sempre iniciadas por um pronome relativo: que, qual, cujo, etc.

► **Subordinada adjetiva restritiva** – é necessária à compreensão da ideia. Restringe, individualiza o sentido da palavra à qual se refere. Não é virgulada:

*Os alunos **que estudam são mais atualizados**.*
*Aquela é a escola **cujos alunos foram premiados**.*

► **Subordinada adjetiva explicativa** – não é necessária à compreensão da ideia. Apenas dá ênfase a alguma característica da palavra à qual se refere. É virgulada:

*Aquele juiz, **que mora em Miami**, tornou-se famoso nacionalmente.*

> **Obs.:** A oração subordinada explicativa com o verbo ser assemelha-se a um <u>aposto</u>: São Paulo, **que é a capital do trabalho**, enfrenta graves dificuldades.

Orações Subordinadas Adverbiais

São as que exercem a função de adjunto adverbial do verbo da oração principal.

São iniciadas por conjunção subordinativa (exceto a integrante) e classificadas em 9 tipos. Existe oração subordinada adverbial causal, comparativa, consecutiva, concessiva, condicional, conformativa, final, proporcional e temporal.

➤ **Subordinada adverbial causal** – expressa a causa do que é declarado na oração principal. Algumas conjunções subordinativas causais: **que, porque, visto que, pois que:**

*Não li o romance, **porque faltou energia**.*
*Nair viaja muito, **visto que trabalha em uma agência de viagens**.*

➤**Subordinada adverbial comparativa** – dá ideia de comparação quanto à oração principal. Algumas conjunções subordinativas comparativas: **que (acompanhado de mais ou menos), como, do que, tão ... como, tanto como, tal qual:**

*Luciano é **tão astuto como uma raposa**.*
*Lídia dorme **como um anjo**.*

➤ **Subordinada adverbial consecutiva** – dá ideia do resultado (ou consequência) do que está declarado na oração principal. Algumas conjunções subordinativas consecutivas: **que (após tão, tal, tanto, etc.), de forma que, de modo que, de sorte que:**

*Amália estava tão cansada **que mal conseguia falar**.*
*Discursou tão bem **que eletrizou o auditório**.*

➤ **Subordinada adverbial concessiva** – dá ideia de concessão quanto a um fato expresso na oração principal. Algumas conjunções subordinativas concessivas: **embora, ainda que, se bem que, mesmo que, apesar de, por mais que:**

*Não quer aceitar o emprego, **mesmo que seja bem remunerado**.*
***Embora estivesse chovendo**, saiu.*

➤ **Subordinada adverbial condicional** – exprime uma condição ou hipótese para que o fato declarado na oração principal possa ser realizado. Algumas conjunções subordinativas condicionais: **se, a não ser que, contanto que, a menos que:**

*Somente viajará, **se tiver dinheiro disponível**.*
*Aceitaria a oferta de trabalho, **desde que fosse na própria cidade**.*

▶ **Subordinada adverbial conformativa** – exprime a concordância de uma ideia com outra presente na oração principal. Algumas conjunções subordinativas conformativas: **como, conforme, segundo, consoante:**

> *Segundo dizem, aquele escritor não é dos melhores.*
> *O repórter fez a entrevista **conforme havia pensado**.*

▶ **Subordinada adverbial final** – dá a ideia de finalidade, objetivo do que está declarado na oração principal. Algumas conjunções subordinativas finais: **para que, a fim de que, que, porque (= para que):**

> *Desligou a televisão, **a fim de que a criança pudesse dormir**.*
> *Faltam apenas alguns meses **para que Luís termine a faculdade**.*

▶ **Subordinada adverbial proporcional** - dá a ideia de simultaneidade em relação ao que está expresso na oração principal. Algumas conjunções subordinativas proporcionais: **à medida que, ao passo que, à proporção que, quanto mais, quanto menos, quanto menor, quanto maior:**

> *Foi juntando os selos, **à medida que recebia as cartas**.*
> *As flores, **à proporção que chega a primavera**, vão desabrochando.*

▶ **Subordinada adverbial temporal** – dá ideia de tempo com referência ao que está expresso na oração principal. Algumas conjunções subordinativas temporais: **quando, sempre que, logo que, assim que, depois que, enquanto:**

> *Foi ao quintal, **enquanto o filho ouvia música**.*
> *O médico voltará ao consultório, **assim que terminar a cirurgia**.*

ORAÇÕES SUBORDINADAS REDUZIDAS

São assim chamadas as orações introduzidas por uma das formas nominais do verbo: infinitivo, gerúndio e particípio.

Reduzida de Infinitivo

A oração subordinada tem o verbo no infinitivo. Em geral é adverbial ou substantiva:

<u>Ao embarcar</u>, guarde bem o canhoto do bilhete.
(Oração subordinada adverbial temporal, reduzida de infinitivo).

(= quando embarcar ...)

É importante <u>participarmos da reunião</u>.
(Oração subordinada substantiva subjetiva, reduzida de infinitivo).

(= que participemos (sujeito)

Reduzida de Gerúndio

A oração subordinada tem o verbo no gerúndio. Em geral é adverbial, sendo raramente adjetiva ou substantiva:

<u>Entrando na escola</u>, entoaram o Hino Nacional.
(Oração subordinada adverbial temporal)

(= quando entraram ...)

<u>Precisando de mais produtos</u>, avise-me.
(Oração subordinada adverbial condicional, reduzida de gerúndio)

(= se precisar ...)

Nota: Uma oração coordenada também pode se apresentar na forma reduzida:
Largou o embrulho, fugindo em disparada.
(= Largou o embrulho e fugiu em disparada ➡ Oração coordenada sindética aditiva).

Reduzida de Particípio

A oração subordinada tem o verbo no particípio. Em geral é adverbial ou adjetiva:

<u>Terminado o assunto</u>, encerrou-se a discussão.
(Oração subordinada adverbial temporal, reduzida de particípio)

(= quando o assunto terminou ...)

<u>Cansado de assaltos</u>, mudou-se para o interior.
(Oração subordinada adverbial causal, reduzida de particípio).

Atenção

• **Observações importantes:** as orações não poderão ser consideradas orações reduzidas nos seguintes casos:

➤ **quando o infinitivo, gerúndio ou particípio formarem locução verbal ou tempo composto:**

Quero encontrar um novo emprego.
Ele está discursando no auditório.
O armazém foi fechado pelo proprietário.

➤ **quando o infinitivo expressar ação vaga:**

Trabalhar é lutar.
Amar é sofrer.

➤ **quando o infinitivo estiver ligado a um substantivo:**

máquina de lavar; sala de estar, etc.

➤ **quando o infinitivo estiver ligado a um adjetivo, caso em que a oração é considerada complemento nominal:**

filme difícil de entender, símbolo difícil de decifrar, etc.

➤ **quando a preposição de e o infinitivo tiverem valor de adjetivo, caso em que ocorre predicativo, e não oração reduzida:**

É de espantar a atitude do menino.
(= é espantosa)

É de lamentar que haja tanta violência na cidade.
(= é lamentável)

QUADRO ESQUEMÁTICO
DOS ELEMENTOS DA ORAÇÃO

A) Termos Essenciais

♦ Sujeito
- simples
- composto
- indeterminado

♦ oração sem sujeito

♦ Predicado verbal
- nominal
- verbo-nominal

♦ Predicativo
- do sujeito
- do objeto

♦ Predicação verbal
- verbo de ligação
- verbo transitivo
  - direto
  - indireto
  - direto e indireto
- verbo intransitivo

B) Termos Integrantes

- complemento nominal
- complemento verbal
  - objeto direto
  - objeto indireto
- agente da passiva

C) Termos Acessórios

- adjunto adnominal
- adjunto adverbial
- aposto

D) Vocativo

QUADRO ESQUEMÁTICO
DOS ELEMENTOS DO PERÍODO

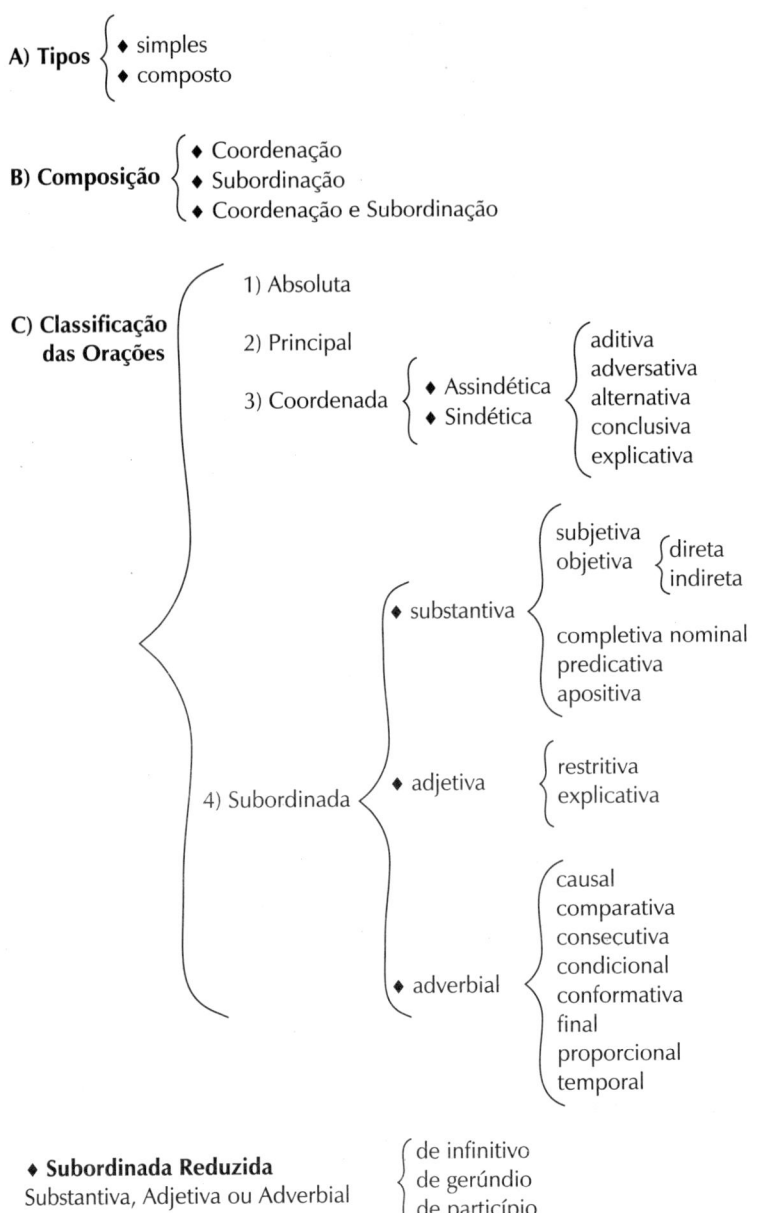

A) Tipos
- ◆ simples
- ◆ composto

B) Composição
- ◆ Coordenação
- ◆ Subordinação
- ◆ Coordenação e Subordinação

C) Classificação das Orações

1) Absoluta

2) Principal

3) Coordenada
- ◆ Assindética
- ◆ Sindética
  - aditiva
  - adversativa
  - alternativa
  - conclusiva
  - explicativa

4) Subordinada
- ◆ substantiva
  - subjetiva
  - objetiva
    - direta
    - indireta
  - completiva nominal
  - predicativa
  - apositiva
- ◆ adjetiva
  - restritiva
  - explicativa
- ◆ adverbial
  - causal
  - comparativa
  - consecutiva
  - condicional
  - conformativa
  - final
  - proporcional
  - temporal

◆ Subordinada Reduzida
Substantiva, Adjetiva ou Adverbial
- de infinitivo
- de gerúndio
- de particípio

CONCORDÂNCIA VERBAL

É a concordância (em número e pessoa) do verbo com o sujeito:

Lúcia <u>conquistou</u> o primeiro lugar no concurso.
Lúcia ➡ 3ª pessoa do singular
conquistou ➡ 3ª pessoa do singular

Tu não <u>praticas</u> esporte?
Tu ➡ 2ª pessoa do singular
praticas ➡ 2ª pessoa do singular

As alunas já <u>entraram</u> no colégio.
As alunas ➡ 3ª pessoa do plural
entraram ➡ 3ª pessoa do plural

Casos especiais de concordância verbal com sujeito simples ou sujeito composto

➤ Sujeito simples indicando quantidade aproximada (**perto de, mais de, menos de, cerca de,** etc.) – o verbo concorda com o substantivo:

Cerca de <u>trezentas</u> pessoas <u>estavam</u> no auditório.
Mais de um pneu <u>furou</u> no caminho.

➤ Sujeito composto, anteposto ao verbo – o verbo vai para o plural:

Eu, você e Nair <u>viajaremos</u> amanhã cedo.
Gatos e cachorros <u>devem</u> ser tratados com carinho.

➤ Sujeito composto, anteposto ao verbo e formado por pessoas gramaticais diferentes – o verbo vai para o plural, na pessoa que tiver predominância (a 1ª sobre as demais; a 2ª sobre a 3ª pessoa):

Eu, tu e ele <u>viajaremos</u> amanhã. (1ª pessoa do plural = nós)
Tu e ele <u>viajareis</u> amanhã. (2ª pessoa do plural = vós)

Nota: Se houver reciprocidade de ação, o verbo deve, <u>obrigatoriamente</u>, ir para o plural:
<u>Abraçaram</u>-se alunos e professores.
<u>Saudaram</u>-se pais e mestres.

➤ Sujeito coletivo partitivo, seguido de nome no singular (**grande parte, a maioria, metade de**, etc.) – verbo no singular, concordando com o coletivo, ou no plural, concordando com o nome posposto ao coletivo:

A maioria das pessoas <u>entrou</u> (ou <u>entraram</u>) na sala de audiências.
Metade dos funcionários <u>ficou</u> (ou <u>ficaram</u>) sem férias.

▶ Sujeito composto e posposto ao verbo – este vai para o plural ou concorda com o termo mais próximo:

<u>Venceram</u> a fé e a persistência.
<u>Venceu</u> a fé e a persistência.

▶ Sujeito composto, ligado pelas conjunções alternativas **ou ... ou, nem ... nem** – verbo no plural ou no singular:

<u>Nem</u> o pai, <u>nem</u> a mãe o <u>convenceram</u> a ficar em casa.
<u>Nem</u> o pai, <u>nem</u> a mãe o <u>convenceu</u> a ficar em casa.

> **Obs.:** Se houver ideia de **exclusão** (ou um/a) ou outro/a), o verbo deve ficar no singular, obrigatoriamente:
> <u>Ou</u> Laís <u>ou</u> Matilde será a porta-bandeira da escola.

▶ Sujeito composto terminado por **tudo, nada, nenhum, ninguém, cada um** – verbo no singular:

Sucesso, fama, vaidade, tudo <u>passa</u>.
Carinho, compreensão, amizade, nada a <u>sensibilizou</u>.

▶ Nome coletivo no singular - verbo no singular (mesmo quando seguido de nome no plural):

Uma série de capítulos ainda não <u>foi gravada</u>.
O pessoal <u>comentou</u> o fato com surpresa.

▶ Sujeito pronome relativo **que** – o verbo concorda com o termo antecedente:

Aqueles são <u>os artistas</u> que se <u>apresentaram</u> ontem à noite.
Este é o <u>livro</u> que <u>conquistou</u> o prêmio maior.

▶ Sujeito formado por títulos de obras literárias – verbo no singular:

Urupês <u>é</u> uma bela obra literária de Monteiro Lobato.
Os Sertões <u>continua</u> em destaque no cenário editorial brasileiro.

▶ Sujeito composto, ligado por **como, assim como, tanto como, bem como** – o verbo concorda com o primeiro elemento:

A matemática, tanto como a física, <u>consegue</u> amedrontar alguns alunos.
Míriam e Manuela, assim como Luísa, <u>são</u> ótimas pessoas.

▶ Sujeito composto de palavras sinônimas, em gradação ou

enumeração – o verbo vai para o plural ou concorda com o mais próximo:

A angústia, a humilhação, o desespero <u>apertaram</u> seu frágil coração.
A angústia, a humilhação, o desespero <u>apertou</u> seu frágil coração.

➤ Sujeito ligado pela preposição **com** – verbo no plural:

Sofia com o marido <u>partiram</u> para a Itália.
O orgulho com o egoísmo <u>formam</u> uma dupla indesejável.

➤ Nomes próprios: sem artigo – verbo no singular. Com artigo – verbo no plural:

Santos <u>é</u> uma antiga cidade do litoral paulista.
Os Estados Unidos <u>influem</u> na cultura de vários países.

➤ Na presença de dois pronomes – o verbo concorda com o segundo pronome, quando ambos estiverem no plural; com o primeiro pronome, quando houver números diferentes:

<u>Quantos</u> de nós <u>estaremos</u> isentos do pagamento?
<u>Qual</u> de nós <u>vencerá</u> o concurso de dança?

➤ Na presença de pronomes interrogativos ou indefinidos no singular (**quanto, algum, muito, qualquer, pouco**, etc.) seguidos de **de nós** ou **de vós, de vocês** – verbo na 3ª pessoa do singular:

<u>Qual de nós</u> <u>fará</u> o trabalho?
<u>Qual de vós</u> <u>fará</u> o trabalho?
<u>Qual de vocês</u> <u>escreveu</u> o poema?

Obs.: Se o indefinido estiver no plural, o verbo concordará com os pronomes pessoais **nós, vós, vocês**, ou com o **indefinido**:
<u>Quais</u> de <u>nós</u> <u>são</u> (ou <u>somos</u>) aptos a desempenhar essa tarefa?
<u>Quais</u> de <u>vós</u> <u>sereis</u> escalados para o treino?
<u>Quantos</u> de <u>vocês</u> <u>foram</u> escalados para o treino?

➤ Sujeito pronome relativo **quem** – o verbo deve ser usado na 3ª pessoa do singular:

Sou eu quem <u>escreve</u> melhor na lousa.
Não fui eu quem <u>gritou</u>.

Obs.: A construção usada no cotidiano "Sou eu quem escrevo melhor na lousa" deve ser evitada.

➤ Com a expressão **um dos que** – verbo obrigatoriamente no plural:
Itamar foi <u>um dos</u> que mais <u>prejudicaram</u> a reunião.
Aquela menina é <u>uma das</u> que mais se <u>destacam</u> no torneio de tênis.

► Sujeito formado por expressão indicando porcentagem seguida de substantivo – o verbo concorda com o substantivo:

32% dos <u>participantes</u> não <u>preencheram</u> o questionário.
10% dos <u>presentes</u> não <u>aprovaram</u> a apresentação.
1% do <u>corpo docente</u> <u>tem</u> mestrado.
1% das <u>receitas</u> <u>falharam</u>.

> **Obs.:** Com percentual não seguido de substantivo, o verbo concorda com o número:
> 51% <u>votaram</u> no candidato da situação.
> 1% <u>ignorou</u> o resultado.

Concordância do Verbo Ser

► Se o sujeito for nome de pessoa ou pronome pessoal – o verbo ser com ele concorda, obrigatoriamente:

Carlos <u>era</u> só nervos.
Ela é competente, mas não <u>é</u> duas.

► Nas expressões indicando tempo – o verbo ser concorda com a expressão numérica mais próxima:

<u>É</u> meio-dia.
<u>São</u> seis horas.
<u>São</u> quinze e quinze.
Já <u>é</u> meia-noite.

Importante: Nas referências a datas, o verbo ser concorda com a palavra **dia**, implícita; por isso, permanece no singular:
Hoje <u>é</u> trinta de setembro.

O verbo ser concorda com o predicativo quando:

► o sujeito é um dos pronomes **o, isso, isto, tudo, aquilo**:

O que me surpreendeu <u>foram</u> as suas atitudes.
Aquilo não <u>seriam</u> coisas de gente maluca?

► o sujeito é nome de coisa, no singular, e o predicativo é um substantivo plural:

Vida de artista não <u>são</u> flores somente.
Sua preocupação <u>eram</u> as plantas.

► o sujeito é constituído de expressão de sentido coletivo:

A maioria dos concorrentes <u>eram</u> estrangeiros.
Grande número de candidatos <u>eram</u> inexperientes.

▶ o sujeito é um substantivo e o predicado é um pronome pessoal:

O beneficiário do seguro <u>és</u> tu.
O proprietário do imóvel <u>sou</u> eu.

▶ o predicativo é constituído pelo pronome demonstrativo **o**:

Brinquedos <u>é</u> o que não lhe falta.
Brinquedos <u>era</u> o que menos precisava.

▶ com sujeitos expressando quantidade (medida, valor, peso, preço) e predicativo constituído das palavras **pouco, muito** (e similares):

Quatro metros de tecido <u>é</u> suficiente.
Duzentos reais <u>é</u> muito pouco.
Trezentos dólares <u>é</u> pouco.
Noventa quilos <u>é</u> demais para um adolescente.

Quando o sujeito é plural e o predicativo singular, o verbo ser permanece, preferencialmente, no singular:

Resmungos <u>é</u> recurso de pouca eficácia.
Apupos e aplausos <u>é</u> coisa comum em comícios.

▶ Com a expressão de realce **é que** o verbo ser permanece invariável:

Eu <u>é</u> que não quero saber de nada.
Eles <u>é</u> que gostariam de saber.

▶ Em frases iniciadas com o pronome interrogativo **que** e **quem**, o verbo ser concorda com o sujeito:

Que <u>são</u> plumas e paetês?
Quem <u>são</u> esses manifestantes?

Concordância do Verbo Haver

▶ Quando tem o significado de existir, acontecer, ocorrer, realizar-se, decorrer, o verbo haver é impessoal, permanecendo sempre na terceira pessoa do singular, mesmo quando estiver na forma de locução verbal:

Há inúmeros peixes coloridos no aquário.
Havia vários grupos de pessoas reunidas no salão.
Deve haver formas eficazes de combate à violência.
Deve ter havido muitas discussões no plenário.
Havia meses que não nos falávamos.

▶ O verbo haver é regularmente flexionado quando usado como auxiliar de um verbo pessoal, com o significado de ter, julgar, como pronominal (agir, portar-se), e com a ideia de haver por bem (decidir, resolver):

As meninas **haviam** (tinham) viajado no dia anterior.
O cofre **havia** (tinha) sido arrombado.
Muitos **haviam**-no tido como fugitivo.
As candidatas se **houveram** com elegância.
Os advogados **houveram** por bem adiar a reunião.

Concordância do Verbo Fazer

Este verbo será sempre impessoal quando houver ideia de tempo decorrido ou fenômenos da natureza, inclusive quando se apresentar com verbo auxiliar:

Faz dez anos que a empresa foi inaugurada.
Na Europa **fez** dias de intenso frio no inverno passado.
Vai fazer dois anos que Marisa se formou em Direito.
Deve fazer muito calor no próximo verão.

Obs.: Quando há sujeito determinado, o verbo fazer com ele concorda: "Mário e Maria <u>fizeram</u> 25 anos de casados."

A Expressão Haja Vista

É sempre invariável:
Haja vista os problemas apresentados.
Haja vista a necessidade de estudar com afinco.

CONCORDÂNCIA NOMINAL

É a concordância do artigo, do numeral, do adjetivo e do pronome adjetivo, em gênero (masculino ou feminino) e número (singular ou plural), com o substantivo:

As quatro telhas estavam quebradas.
O pedreiro fez um bom serviço.

Casos Especiais de Concordância

Adjetivo com substantivo

O adjetivo concorda com o substantivo em gênero e número:

Moça bonita.
Meninos brilhantes.

Adjetivo antes do substantivo

➤ Geralmente o adjetivo concorda com o substantivo mais próximo:

Notamos que estavam fechadas as lojas e os cinemas da pequena cidade.
Notamos que estava fechada a loja e o cinema da pequena cidade.
Notamos que estava fechado o cinema e a loja da pequena cidade.

➤ quando o substantivo é nome de pessoa ou indica parentesco, o adjetivo vai para o plural:

É sempre importante trazer à lembrança os consagrados Monteiro Lobato e Graciliano Ramos.
Chegaram cedo os simpáticos pai e mãe de Alfredo.

Adjetivo depois do substantivo

➤ Com substantivos do mesmo gênero, no singular, o adjetivo concorda com eles, ficando em geral no singular:

Colocamos no vaso um cravo e um lírio branco.
Usava uma camisa e uma gravata clara.

► Com substantivos de gêneros diferentes, no singular, o adjetivo em geral concorda com o mais próximo:

Vestiu uma blusa e um casaco <u>escuro</u>.
Terno e gravata <u>azul</u>.

► Com substantivos do mesmo gênero, porém diferentes no número, o adjetivo concorda com eles em gênero, ficando em geral no plural:

Fez estudos e treinamento <u>ótimos</u>.
Recomendou-lhe caminhadas e ginástica <u>saudáveis</u>.

► Com substantivos de gêneros diferentes, no plural, o adjetivo geralmente concorda com o gênero do substantivo mais próximo, indo para o plural:

Ela gosta de blusas e vestidos <u>claros</u>.
Na fazenda encontram-se móveis e baixelas <u>antigas</u>.

► Com substantivos diferentes em gênero e número, o adjetivo geralmente vai para o masculino plural:

Procure a blusa e os sapatos <u>velhos</u>.
Procure os sapatos e a blusa <u>velhos</u>.

Nota: Quando o último substantivo está no plural, o adjetivo geralmente concorda com ele:

Procure os sapatos e as blusas <u>velhas</u>.

OUTROS CASOS ESPECIAIS DE CONCORDÂNCIA NOMINAL

A palavra meio

► Com valor de adjetivo, concorda com o substantivo a que se refere:

José despejou <u>meia</u> xícara de café em <u>meio</u> copo de leite.
(meio = metade)

► Empregada como advérbio, permanece invariável:

A instrutora de basquete ficou <u>meio cansada</u>.
(meio = um pouco, ligeiramente)

A palavra bastante

► Como adjetivo, concorda com o substantivo a que se refere:

A universidade possui recursos <u>bastantes</u> para a nova obra.
(bastantes = suficientes, que bastam)

► Como advérbio, permanece invariável:

Os críticos ficaram <u>bastante</u> satisfeitos com a apresentação teatral.
(bastante = muito)

As palavras é bom, é necessário, é proibido

► Com substantivo não antecedido de artigo ou pronome, o adjetivo vai para o masculino singular:

Ginástica <u>é bom</u> para a saúde.
<u>É necessário</u> paciência para tolerar sua indisciplina.
<u>É proibido</u> entrada de pessoas sem crachá de identificação.

► Com substantivo antecedido de artigo ou pronome, o adjetivo com ele concorda:

<u>Aquela</u> ginástica <u>é boa</u> para a saúde.
<u>A indulgência</u> <u>é necessária</u> para um convívio fraterno.
<u>É proibida</u> <u>a entrada</u> de pessoas sem crachá de identificação.

As palavras anexo, incluso, próprio, mesmo

Com valor de adjetivo, concordam com os substantivos a que se referem em gênero e número:

<u>Anexa</u> ao balancete, encontra-se <u>a ata</u> da assembleia geral.
<u>Os documentos</u> solicitados estão <u>anexos</u>.
<u>O envelope</u> com as amostras de linha está <u>incluso</u>.
<u>Elas próprias</u> confeccionaram os vestidos de noiva.
<u>Eles mesmos</u> lideraram o movimento estudantil.

A palavra obrigado

Concorda com o gênero da pessoa que estiver agradecendo:

Muito obrig<u>ada</u>, disse a <u>moça</u> ao balconista.
Muito obrig<u>ado</u>, disse o <u>rapaz </u>ao balconista.

As palavras caro e barato

➤ Com valor de adjetivo, concordam com os substantivos a que se referem:

A loja tem para vender <u>dois automóveis</u> <u>caros</u> e uma <u>lancha</u> <u>barata</u>.

➤ Com valor de advérbio, as palavras caro e barato ficam invariáveis:

Aqueles ternos foram vendidos caro.
As prateleiras do escritório custaram barato.

REGÊNCIA

É a relação de dependência que se estabelece entre um termo principal – chamado <u>termo regente</u> (que possui outro em subordinação) e o seu complemento – chamado <u>termo regido</u> (que se subordina, que completa o sentido da frase). A regência pode ser <u>nominal</u>, quando o termo regente é um nome (substantivo, adjetivo ou advérbio) ou <u>verbal</u>, quando o termo regente é um verbo.

Regência Nominal

Trata da ligação entre um nome (substantivo, adjetivo ou advérbio) e seu termo regido. É feita por meio de uma preposição (com, de, a, em, por, etc.):

Ele sempre teve aversão a gatos .
           ↓   ↓

termo   termo
regente regido
(nome)

Alguns nomes e sua regência	
abaixo-assinado (contra, por, a favor de)	inofensivo (a, para)
aborrecido (com)	junto (a, de)
aceitação (a, de)	localizado (em)
acostumado (a, com)	longe (de)
admiração (a, por)	morador (em)
acusação (a, contra)	paralelo (a)
admissível (a, em)	próximo (a, de)
aguardo (de, por)	residente (em, na)
alertado (de, sobre, contra)	semelhante (a)
alheio (a)	sensível (a)
alienação (a)	simpatia (a, por)
bacharel (em)	situado (em, na)
capacidade (de, para)	tendência (a, de, para)
amparado (a, em, contra)	união (de)
ciente (de)	vazio (de)
contente (com, por, de)	veto (a)
diferente (de)	vinculado (a, com, entre)
desprezo (por, a)	vocação (a, para, de)
imune (a, de)	zelo (a, de, com)

Regência verbal

Trata da relação que se estabelece entre os verbos e seus complementos (objetos diretos ou indiretos; adjuntos adverbiais):

Eles assistiram **a** um acalorado debate político.

↓ ↓

termo regente   termo regido
(verbo)

Obs.: Verbo intransitivo não tem palavra regida. Outros verbos (transitivos diretos ou indiretos), que precisam de um complemento (objeto direto ou indireto) para expressar a ideia, exigem complemento. Nesse caso, os objetos direto ou indireto são palavras regidas, e o verbo, regente.

Alguns verbos e sua regência			
Verbo	**Com o sentido de**	**Regência**	**Exemplos**
Agradar	1. fazer carinho	VTD	A menina gosta de agradar a irmã.
	2. satisfazer, ser agradável	VTI	O presente agradou ao jovem.
Aspirar	1. respirar	VTD	Na floresta, aspiramos ar puro.
	2. pretender	VTI	Todos aspiram ao sucesso na vida.
Assistir	1. ver, presenciar	VTI	Muitos assistiram à apresentação.
	2. ajudar, socorrer	VTD	O médico assistiu o paciente.
	3. caber, pertencer	VTI	O direito de reclamar assiste a todo cidadão.
Atender		VTD ou VTI (quando o complemento é pessoa)	O diretor não atendeu o/ao gerente.
		VTI (quando o complemento é coisa, sugestão, etc.)	O gerente atendeu aos pedidos dos clientes.
Desfrutar/ Usufruir	aproveitar, deleitar-se	VTD	Não conseguiu desfrutar a estada na Europa. Vou usufruir o direito de descansar amanhã.
Implicar	1. acarretar, provocar	VTD	Greve implica confusão.
	2. ter implicância	VTI	Sua irmã implica muito com seu cabelo?
	3. envolver-se	VTD e I	A presença do jovem implicou em grande satisfação.
Obedecer	acatar, atender	VTI	Todos os cidadãos devem obedecer às leis de seu país.
Preferir	escolher entre diversos	VTD e I	Prefiro o campo à praia.

Alguns verbos e sua regência			
Verbo	**Com o sentido de**	**Regência**	**Exemplos**
Proceder	1. dar início	VTI	O delegado procedeu ao inquérito.
	2. ter fundamento	VI	Suas acusações não procedem.
Visar	1. mirar	VTD	O assaltante visou a vítima.
	2. vistar/assinar	VTD	O presidente não quis visar o cheque.
	3. pretender	VTI	A secretária visa ao cargo de gerente.

Emprego do Infinitivo (Flexionado e Não Flexionado)

Não existem regras rígidas para disciplinar este assunto. A principal regra para o emprego do infinitivo de forma flexionada ou não prende-se à clareza da expressão, à harmonia da frase.

√ Usa-se o infinitivo pessoal flexionado:

1) Quando o infinitivo tiver sujeito próprio, diferente do sujeito da oração principal:

A chuva parou sem *termos* percebido.

2) Quando, regido de preposição, estiver antes do verbo regente:

Ao *sairem* do teatro, os atores jantaram juntos.

3) Para deixar claro o sujeito da oração:

É necessário *aprendermos* a nos unir na solidariedade.

4) Quando o infinitivo for verbo passivo, pronominal ou reflexivo:

Trabalho para não me *julgarem* comodista.
Queixaram-se aos pais.
Insultaram-se com vigor.

√ Usa-se o infinitivo impessoal:

1) Quando o infinitivo tiver sujeito igual ao do verbo regente:

Acreditam certas pessoas ser as donas da verdade.

2) Quando o infinitivo depender dos verbos causativos **mandar, deixar, fazer** e dos sensitivos **ouvir, sentir e ver**:

Mande *entrar* os candidatos.
Deixe *sair* os cachorros.
Eu fiz *apagar* as luzes.
Ouvi *bater* os sinos da igreja.
Senti *cair* os pingos da chuva.
Vi *soltar* as pipas.

3) Quando estiver precedido da preposição **a** e formar locução verbal com valor de gerúndio:
Continuaram a *criticar* a iniciativa da diretora da escola. (= criticando)

4) Quando o infinitivo estiver regido da preposição **de** e tiver valor de um adjetivo:

Aquelas flores são de *encantar*. (= encantadoras)

5) Quando o infinitivo depender de expressões como **fácil de, difícil de, bom de, impossível de**, etc., que deem sentido passivo:

São tarefas fáceis de fazer. (= de serem feitas)

√ **Infinitivo precedido do** verbo **parecer**

Neste caso, o infinitivo poderá, indiferentemente, ter a forma flexionada ou não flexionada:

À noite, aquelas flores ***pareciam desabrochar*** mais depressa.
À noite, aquelas flores ***parecia desabrocharem*** mais depressa.

COLOCAÇÃO DOS PRONOMES NA FRASE

Na língua culta, há algumas regras para a colocação dos pronomes pessoais oblíquos átonos na frase.

Recordemos, neste quadro, os pronomes pessoais:

Retos	Oblíquos átonos	Oblíquos tônicos
eu	me	mim, comigo
tu	te	ti, contigo
ele, ela	se, lhe, o, a	si, consigo
nós	nos	conosco
vós	vos	convosco
eles, elas	se, lhes, os, as	si, consigo

Em relação ao verbo, o pronome oblíquo átono pode estar:

I – Antes (**próclise**):

Sempre **o** admirei.

II – No meio (**mesóclise**):

Visitá-**la**-ei no próximo domingo.

III – Depois (**ênclise**)

Chegou e cumprimentou-**nos**.

Uso da Próclise

O pronome átono deve ser colocado antes do verbo, quando antes dele houver uma palavra que pertença a um destes grupos:

➤ palavras de sentido negativo: *não, nada, nunca, jamais, nem, nenhum, ninguém*:

O diretor <u>não lhes</u> falou sobre o resultado da reunião?
Nada <u>o</u> fará desistir do concurso.

➤ pronomes relativos: *que, quem, o qual, quanto, cujo, como, onde, quando*:

Tudo depende de como se apresenta a questão.
A pessoa que nos atendeu é professor na escola local.

➤ pronomes interrogativos: *quem, qual, quanto(a), quanta(s), como, onde, quando, (o) que*:

Quem *nos* aconselhou a reclamar?
Quanto *se* paga para assistir à apresentação de dança?

➤ conjunções subordinativas: *quando, que, se, como, porque, enquanto, logo que, embora,* etc.:

Quero que *me* acorde bem cedo.
Ainda que *o* reconheça, não direi nada.

➤ advérbio: *ontem, hoje, nunca, agora, sempre,* etc.

Aqui *se* vende de tudo.
Ontem *a* vi novamente no ponto de ônibus.

Nota: Se houver pausa, o pronome virá depois:
Aqui, vende-se de tudo.

➤ gerúndio precedido da preposição *em*:

Em *se* arregimentando os esforços, venceremos.
Em *se* tratando de emergência, o atendimento será feito.

➤ orações optativas, que exprimem desejo:

Deus *te* ajude, irmão.
Bons olhos *a* vejam!

Uso da Mesóclise

A mesóclise é usada quando o verbo está:

➤ no futuro simples do presente:

Dir-*lhe*-ei umas boas verdades.

➤ no futuro simples do pretérito do indicativo:

Ser-*nos*-ia de muito auxílio contar com a sua presença no seminário.

Uso da Ênclise

A ênclise é usada quando o verbo está:

➤ no infinitivo:

Ela irá visitá-*lo* no hospital amanhã.

➤ no imperativo afirmativo:

Eis o caminho a seguir: siga-o.

➤ no gerúndio:

Afastando-*se* da discussão, pôde refletir melhor.

➤ iniciando a oração:

Solicitaram-*lhe* ser breve em seu discurso.

OBSERVAÇÕES

1) Nas locuções verbais, com o verbo principal no infinitivo ou no gerúndio, pode ocorrer:

➤ a ênclise ao infinitivo ou ao gerúndio:

A chuva veio atrapalhar-*me*.
A chuva chegou atrapalhando-*me*.

➤ com o verbo principal no particípio, poderá ocorrer próclise ou ênclise ao verbo auxiliar, obedecendo às normas adequadas aos verbos na forma simples:

Os meninos *se* haviam desempenhado bem.
Os meninos haviam-*se* desempenhado bem.

2) Não ocorre a ênclise quando o verbo está no futuro do presente, no futuro do pretérito ou no particípio passado.

3) No caso de infinitivos precedidos de preposição ou locução prepositiva, o uso da próclise ou da ênclise é facultativo:

Nada dissemos para não o *magoar*.
Nada dissemos para não *magoá-lo*.

MÓDULO III - ATIVIDADES

Frase, Oração e Período

Exercitando...

1. Assinale apenas as alternativas que representem frases:

a) (   ) Chove muito.

b) (   ) Que calor!

c) (   ) O prefeito de nossa cidade conseguiu reformar várias construções antigas.

d) (   ) Silêncio!

e) (   ) Leia O Grande Lobo Mau.

f) (   ) Que azar o meu!

g) (   ) Que horas são?

h) (   ) Não esqueça de questionar.

i) (   ) Preciso lhe falar.

j) (   ) Quanta ingenuidade!

2. Identifique e classifique o sentido das frases abaixo em: declarativa, interrogativa, optativa, exclamativa ou imperativa.

a) Será que conseguiremos chegar a tempo? ....

b) Você veio!...

c) Foi um grande espetáculo. ....

d) Venha logo, pois estamos atrasados! ....

e) Mariana não acorda cedo. ....

f) Seja feliz! ....

g) São lindos! ....

h) Qual é o horário da reunião? ....

i) Paulo é um excelente atleta..

j) João não comeu a sobremesa..

3. Pinte os verbos e escreva o número de orações nos quadradinhos ao final de cada enunciado.

a) Fiquei muito surpreso e pude ver uma leve mudança no rosto do jovem juiz.

b) Meu desenho é, certamente, muito menos encantador do que o modelo.

c) Segundo as crianças, elas têm sorte.

d) Quando eu era pequenina, morava em uma casa antiga, e dizia a lenda que lá havia um tesouro enterrado.

e) O pequeno menino adormeceu nos braços da mãe.

4. Leia com atenção os enunciados e coloque (**S**) para período simples e (**C**) para período composto.

a) Saiu da casa furioso, porém, ao abrir o portão do jardim, sorriu. (   )

b) A festa terminou mais cedo. (   )

c) João correu para os braços da mãe. (   )

d) Naquela tarde de outono, crianças brincavam, outras corriam e o pobre velhinho, sentado próximo ao lago, contemplava tudo com um sorriso largo no rosto. (   )

e) Sentiam muita dificuldade para enrolar a massa dos bolinhos de chuva. (   )

5. Extraia do texto a seguir:

a) uma frase exclamativa: . . . .

. . . .

b) um período composto: . . . .

. . . .

c) uma oração: . . . .

. . . .

d) um período simples: . . . .

. . . .

Gostoso é viver!
Você come para viver ou vive para comer?

Essa pergunta é uma pegadinha para as pessoas gulosas demais ou para as que estão sempre de "mal com a balança". O nosso corpo é uma perfeição da natureza, nos mínimos detalhes. E, às vezes, não sabemos usá-lo do jeito certo. A fome e o paladar são sensações que existem justamente para a pessoa nunca deixar de se alimentar. Só que, de vez em quando, confundimos as coisas e damos valor demais para o prazer de comer muito ou de querer apenas aquilo que achamos gostoso. É a gula que nos faz mal!

(Heine, Evelyn. *Alimentação saudável para crianças. Caderno: na medida certa.*
Blumenau-SC: Editora Brasileitura, 2006)

Sujeito

Exercitando...

1. Nas frases a seguir, sublinhe com um traço o sujeito e com dois traços o predicado.

a) As frutas estão fresquinhas.

b) A pequena Amanda sonhava com sua casa de bonecas.

c) À noite, todos irão ao clube festejar.

d) Aquela carta foi escrita com muito carinho.

e) A vida é feita de sonhos.

2. Do exercício anterior, copie os núcleos dos sujeitos.

a) ....

b) ....

c) ....

d) ....

e) ....

3. Sublinhe o sujeito, circule o núcleo e classifique-o em simples, composto ou oculto.

a) Madalena e eu já havíamos lido aquele livro........................

b) Adoro visitar museus. ....

c) Alguém esqueceu o celular. ....

d) Aquele dia foi muito especial. ....

e) À tarde, os alunos e a professora irão à biblioteca municipal.

....

f) Riki e Gabi são personagens muito conhecidos na literatura infantil.

....

g) Escrevemos belíssimos poemas nesta tarde.

....

h) O notável arquiteto projetou uma varanda com vista para o lago.

....

i) Meu pai adora inventar coisas. ....

j) Abri a porta com esperança...

4. Relacione as colunas abaixo de acordo com os códigos (**SI**) Sujeito Indeterminado; (**OS**) Oração sem Sujeito.

a) (   ) Choveu muito nesta última semana.

b) (   ) Precisa-se de frentistas.

c) (   ) Faz anos que não visito minha terra natal.

d) (   ) Assaltaram o supermercado.

e) (   ) Nevou muito em São Joaquim.

f) (   ) Roubaram meu coração.

g) (   ) Prenderam os contrabandistas.

h) (   ) Emprega-se muito nas indústrias têxteis.

5. Transcreva as orações que não têm sujeito.

a) Geou esta noite.

....

b) Vive-se bem no interior.

....

c) Papai e mamãe foram ao cinema.

....

d) Comprei muitas frutas para a sobremesa.

....

e) Faz muito calor no Rio de Janeiro.

....

f) Há vários livros para doação.

....

6. Leia o texto:

"Em cada povo, uma receita!

No mundo, os alimentos e as receitas são diferentes, dependendo do lugar em que se vive. A carne de um animal pode ser muito apreciada em um país e proibida de ser consumida em outro, por ser esse animal considerado sagrado. Essas variações acontecem por alguns motivos: a geografia da região, os costumes, se faz muito frio ou muito calor, só para citar alguns. A alimentação é uma parte importante da cultura de um povo. Ela mostra como essas pessoas vivem e como preparam suas refeições. Receitas doces e salgadas, como o pé-de-moleque, a feijoada e o acarajé, fazem parte da tradicional culinária brasileira."

(Heine, Evelyn. *Alimentação saudável para crianças. Caderno: um mundo de sabores*. Blumenau-SC: Editora Brasileitura, 2006)

a) Na oração "No mundo, os alimentos e as receitas **são** diferentes, dependendo do lugar em que se vive"; identifique e classifique o sujeito do verbo em destaque.

....

b) Na expressão "Essas variações acontecem por alguns motivos...", destaque o núcleo do sujeito e classifique-o morfologicamente.

....

Predicado

Exercitando...

1. Destaque o predicado das seguintes orações:

a) Maria estava cansada.

b) Os clássicos da literatura são campeões de venda.

c) As crianças montam o quebra-cabeça atentas.

d) O menino abriu a porta assustado.

e) Todos fizeram os exercícios de matemática.

f) O cachorrinho corre no jardim.

g) Minha avó cozinha todos os domingos para a sua grande família.

h) Fiz várias tranças no cabelo da Nicki.

2. Classifique os predicados da questão 1.

a) ....

b) ....

c) ....

d) ....

e) ....

f) ....

g) ....

h) ....

3. Classifique os verbos das orações abaixo em:

(**VL**) verbo de ligação / (**VT**) verbo transitivo / (**VI**) verbo intransitivo

a) (   ) Comprei uma caixa de chocolate.

b) (   ) A aula terminou mais cedo.

c) (   ) Gabi ficou feliz com o presente.

d) (   ) O vaso virou uma porção de cacos.

e) (   ) As crianças acordaram.

f) (   ) Anselmo entregou o bilhete ao manobrista.

g) (   ) Vendi vários objetos de decoração.

h) (   ) Meus tios chegaram.

4. Leia o texto:

É sua vez? Conte até três!
Todo mundo na cantina
Quer pedir lanche gostoso:
pão, hambúrguer, gelatina.
- Eu primeiro! - grita o teimoso.

- Não! Eu cheguei aqui na frente!
Diz ao outro, querendo briga.
Todo mundo fica valente
Quando quer encher a barriga.

(HEYNE, EVELYN. Poesia para Crianças. Blumenau-SC: Editora Todolivro, 2011.)

a) Retire do texto dois verbos intransitivos.

....

b) Na oração: "Todo mundo **fica** valente", classifique o verbo em destaque.

....

Complemento Verbal e Nominal /
Agente da Passiva

Exercitando...

1. Destaque os complementos verbais e classifique-os.

a) Acredito em você. . . . .

b) Carla acertou tudo. . . . .

c) Entreguei-lhe a carta. . . . .

d) Pediram-me os livros. . . . .

e) Doamos brinquedos para as crianças do abrigo.

. . . .

f) O empresário fez uma grande doação de agasalhos.

. . . .

g) Todos nós gostamos de música popular brasileira.

. . . .

h) Tivemos um ótimo dia de trabalho.

. . . .

i) As normas da gincana sofreram algumas adaptações.

. . . .

j) Trouxe tudo que você pediu.

. . . .

2. Dadas as orações, sublinhe os complementos nominais.

a) Todos nós sentimos amor pelos pais.

b) Temos necessidade de falar.

c) Maria tinha esperança de um país melhor.

d) Meus pais têm muita confiança nele.

e) Estou ansiosa pela viagem.

f) Comprei muitos discos de madeira.

3. Nos períodos abaixo, classifique os complementos em destaque em **O.I.** (Objeto Indireto) ou **C.N.** (Complemento Nominal).

a) (   ) Necessitamos de muitas doações.

b) (   ) Recebi de meus pais muitos elogios.

c) (   ) Tudo na vida é importante para nós.

d) (   ) A mãe agiu favoravelmente ao filho.

e) (   ) Sinto muito amor pelos meus cachorrinhos.

f) (   ) Artur jamais seria capaz de abandonar aqueles gatinhos.

4. Leia com atenção:

"Comida com 'sustança'. Essa expressão é usada para caracterizar 'algo forte', que sustenta o corpo. Seria o mesmo que dizer 'substância' ou 'substância que alimenta'".

a) Nesse fragmento há um complemento nominal; indique-o e escreva qual o nome que ele completa.

. . . .

b) Transcreva do texto o objeto direto.

. . . .

5. Classifique as orações utilizando o seguinte código:

(A) voz ativa, (P) voz passiva ou (R) voz reflexiva.

a) (   ) A menina machucou-se.

b) (   ) O vaso foi quebrado pela vovó.

c) (   ) O aluno escreveu a carta.

d) (   ) Aquela carta foi escrita pelo rei Pelé.

e) (   ) Marina ajoelhou-se diante da procissão.

6. Passe as orações abaixo para a voz passiva, e sublinhe o agente da passiva.

a) Seu Zé construiu várias casas típicas.

....

b) A professora cancelou a apresentação dos alunos.

....

c) Os vizinhos chamaram os bombeiros imediatamente.

....

d) A Letícia comprou uma bela árvore de Natal.

....

e) O delegado investigou toda a ação dos bandidos.

....

Adjunto Adverbial / Adjunto Adnominal

Exercitando...

1. Sublinhe os adjuntos adnominais das frases a seguir.

a) Meus amigos são muito divertidos.

b) As chuvas excessivas assustaram a população do Sul.

c) A pequena Doralice dormia tranquila.

d) O grandioso espetáculo retornará à nossa cidade no próximo mês.

e) Débora é a segunda filha do casal.

2. Sublinhe os adjuntos adverbiais.

a) Ao anoitecer, o sol dorme esperançoso.

b) Meu pai anda muito aflito.

c) Certamente amanhã não haverá aula.

d) O atleta treina muitas horas por dia.

e) Na cozinha, o gato mia.

3. Reescreva as frases abaixo, acrescentando adjuntos adnominais e adverbiais.

a) Mamãe chegou..

b) Menina caiu...

4. Leia atentamente o texto:

"(...). Depois de mais uma semana chovendo, o dia amanheceu claro e límpido. (...)"

a) Quais os adjuntos adverbiais presentes no texto?...................

....

b) Que tipo de circunstâncias eles indicam?...........................

....

Aposto e Vocativo

Exercitando...

1. Dados os períodos, identifique os apostos e os vocativos.

a) "Mamãe, mamãe, onde você está?"

b) Cauê, meu melhor amigo, gosta de brincar no jardim.

c) "Preste atenção, menina!"

d) Tudo o que sou, agradeço a eles: meus pais.

e) Sossegue, gatinho, já darei o seu petisco.

2. Reescreva as frases, acrescentando um aposto ao termo destacado.

a) **Santos Dumont** aparecia de vez em quando na oficina.

. . . .

b) **Meu avô** sempre gostou de cavalos.

. . . .

c) Sempre sonhei em conhecer **Paris**.

. . . .

3. Dado o texto:

"(...). Muitos príncipes do Lácio e da Ausônia já haviam pedido a mão da princesa; entre eles, Turno, homem de extrema beleza, poderoso pelos seus antepassados e por seus antecedentes. (...)"

(Klein, Cristina. *Eneida*/Virgílio [obra adaptada]. Blumenau-SC: Todolivro Editora, 2012.)

Qual a função sintática de "homem de extrema beleza"?

. . . .

. . . .

Período Composto
Orações Coordenadas

Exercitando...

1. Escreva (**S**) para período simples e (**C**) para período composto.

a) (   ) A caixa de brinquedos foi consertada.

b) (   ) As crianças estavam no parque quando a jovem recreadora chegou.

c) (   ) O rapaz contou sua história e a senhora se comoveu.

d) (   ) Janete comprou muitas hortaliças.

e) (   ) Fomos ao parque logo cedo.

2. Leia com atenção o texto.

"(...). A esperança voltou em mim. Na feira, um menino, percebendo a minha idade, convenceu o meu avô, que era fazendeiro, a me comprar. Quem sabe, disse ele ao avô, com um bom tratamento, eu poderia voltar a ficar jovem...(...)"

(Duarte, Madalena Parisi. *Beleza Negra*/Ana Sewell. Blumenau-SC: Todolivro Editora, 2012.)

Escreva quantas orações com período simples e composto há no texto acima.

. . . .

3. Relacione a coluna da direita à coluna da esquerda, ligando as conjunções em destaque às ideias que expressam.

(**1**) soma | (**2**) contraste | (**3**) alternância | (**4**) explicação |(**5**) conclusão

(   ) Não assisti ao filme; por isso, não tenho como comentá-lo.

(   ) Vá depressa, porque já está garoando.

(   ) Ele se preparou para a prova, mas não conseguiu.

(   ) Foi embora da festa e nem se despediu.

(   ) Você voltará, quer queira, quer não queira.

4. Transforme os períodos simples em períodos compostos por coordenação, expressando a ideia indicada entre parênteses.

a) Penso. Existo. (conclusão)

....

b) A moça fechou a porta, triste. Saiu. (soma)

....

c) As ruas ficaram inundadas. Choveu muito esta tarde. (explicação)

....

d) Sara não quis nos falar nada. Não insisti. (conclusão)

....

e) Saiu depressa. Não conseguiu avistar o carteiro. (oposição)

....

f) Você assobia. Você chupa cana. (alternativa)

....

5. "(...) feliz por vê-la usando a joia, o rei se aproximou e quis entregar-lhe as duas agulhas que, acreditava, estivessem faltando. Mas, com ar de surpresa, Ana D'Áustria explicou que a joia estava perfeita, com suas doze peças. (...)"

(Duarte, Madalena Parisi. *Os três mosqueteiros*/Alexandre Dumas. Blumenau-SC: Todolivro Editora, 2011.)

a) Leia com atenção o texto, e identifique a conjunção coordenada aditiva.

....

b) No período "**mas**, com ar de surpresa", identifique a ideia expressa pela conjunção em destaque.

....

Período Composto
Orações Subordinadas

Orações Subordinadas Substantivas

Exercitando...

1. Escreva nos parênteses (**SS**) para oração subordinada substantiva subjetiva e (**OD**) para oração subordinada objetiva direta:

a) (   ) É necessário que se respeite a vida.

b) (   ) Convém que saibas a verdade.

c) (   ) Dizem que está tudo bem na França.

d) (   ) É preciso que recolhas a tua mercadoria.

e) (   ) Os jornais informam que não haverá aumento nos combustíveis.

2. Transforme os períodos simples em orações subordinadas substantivas, conforme orientação dada entre parênteses.

a) É necessária a sua orientação. (OSS Subjetiva)

....

b) Ele comunicou a sua viagem. (OSS Objetiva Direta)

....

c) Precisamos de apoio. (OSS Objetiva Indireta)

....

d) Tenho certeza de sua vitória. (OSS Completiva Nominal)

....

e) Meu desejo é a tua felicidade. (OSS Predicativa)

....

f) Só tenho um desejo: a tua felicidade. (OSS Apositiva)

....

3. Relacione as colunas de acordo com o tipo de oração subordinada substantiva destacada.

(1) Subjetiva | (2) Objetiva direta | (3) Objetiva indireta

(4) Completiva nominal | (5) Predicativa | (6) Apositiva

a) (   ) É provável que o meu time seja campeão.

b) (   ) Peço-lhes um favor: que entreguem o cartão-resposta no final da prova.

c) (   ) Disse que lia muito.

d) (   ) Lembre-se que ninguém é perfeito.

e) (   ) Há suspeita de que tenha fraturado o braço.

f) (   ) Minha maior alegria é que você se cure.

g) (   ) Seja agradecido a quem lhe oferece ajuda.

4. "(...). Bernardo, acompanhado de sua sombra duplicada, começava a ficar irritado com aquela cópia escura. Ela não era só uma sombra; era algo que precisava carregar e que o acompanhava a todos os lugares. (...)"

(Belli, Roberto. *Maguinho e a sombra do mundo futuro*. Blumenau-SC: Todolivro Editora, 2012.)

a) No período "era algo que precisava carregar (...)", classifique a oração subordinada substantiva.

. . . .

Orações Subordinadas Adjetivas

Exercitando...

1. Coloque **(R)** para as orações subordinadas adjetivas restritivas e **(E)** para as explicativas.

a) (   ) Os convidados que chegarem atrasados serão recebidos no outro salão.

b) (   ) Nossa vida, que é curta, deve ser bem aproveitada.

c) (   ) Quero somente os doces que são mais caramelizados.

d) (   ) Aquela menina, que brinca no parque, é minha sobrinha.

e) (   ) A bicicleta que reformei era de meu avô.

f) (   ) Seu Pedro, que é um homem íntegro, fez parte da nossa equipe por anos.

2. Reescreva as frases, transformando os adjetivos em destaque em orações subordinadas adjetivas.

a) O homem **lutador** vence na vida.

....

b) Era um comportamento **irreprimível.**

....

c) Fatos **imprevisíveis** podem acontecer a qualquer momento.

....

d) Os médicos procuram ter uma letra **legível.**

....

e) Os jovens **estudiosos** chegam lá.

....

3. Identifique e classifique a oração subordinada adjetiva.

"(...). Nervoso, o rei ordenou ao cardeal que obtivesse essa carta de qualquer forma. Astuto, o cardeal incumbiu o chanceler Séguier, guarda dos selos, de realizar a tarefa. Em seus aposentos a rainha estava pensativa e infeliz. Ela e seus fiéis servidores eram vigiados e perseguidos pelo cardeal, que a odiava por ter sido rejeitado. (...)"

(Duarte, Madalena Parisi. Os três mosqueteiros/Alexandre Dumas.
Blumenau-SC: Todolivro Editora, 2011.)

....

Orações Subordinadas Adverbiais

Exercitando...

1. Destaque as orações subordinadas adverbiais e classifique-as.

a) Foi ao quintal, enquanto o filho ouvia música............................

b) O bebê dorme como um anjo. ....

c) Desligou a televisão, a fim de que pudesse dormir.................

d) Foi juntando os selos, à medida que recebia as cartas.

....

e) Não li o romance, porque faltou energia............................

f) Estava tão cansada que mal conseguia falar.........................

g) Somente viajarei se tiver dinheiro disponível.......................

h) Félix redigiu a carta conforme solicitação do advogado.

....

i) Embora estivesse apaixonado, deixou-a. ....

2. Relacione as colunas, levando em consideração a ideia de oração subordinada adverbial.

(1) simultaneidade | (2) hipótese | (3) concessão | (4) resultado | (5) objetivo

a) (   ) Chegou para que o problema fosse resolvido.

b) (   ) Por mais que gritasse, ninguém a notou.

c) (   ) À medida que avançava no caminho, a vegetação ia ficando mais densa.

d) (   ) Caso faça sol, iremos ao parque.

e) (   ) Discursou tão bem que emocionou a plateia.

3. Reescreva as orações abaixo, reunindo os períodos simples num só período composto e empregando a conjunção sugerida.

a) Consecutiva
Estudou. Passou no concurso.

....

b) Temporal
Uns liam livros. Outros assistiam a filmes.

....

c) Causal
Vivia tenso. Não tinha confiança nos colegas.

....

4. Dado o texto:

"(...). A luz estava a poucos metros de distância, e a fragata movimentava-se para fugir à roda do objeto. Inicialmente, parecia que ia conseguir, mas a coisa também fez a volta, deixando-nos todos impotentes diante da aproximação. Nem havia percebido que, ao meu lado, estava Ned Land com um arpão apontado para baixo. Quando a luz estava quase em cima de nós, eu esperava um rombo no navio. No entanto, a luz passou sem que sentíssemos qualquer choque. (...)"

(Belli, Roberto. *Vinte mil léguas submarinas*/Júlio Verne. Blumenau-SC: Todolivro Editora, 2012.)

a) Quantos períodos há no texto? ....

b) Quantas orações há em cada período? ....

c) Classifique estas orações transcritas do texto:

1) Quando a luz estava quase em cima de nós...

....

2) No entanto, a luz passou sem que sentíssemos qualquer choque.

....

Orações Subordinadas Reduzidas

Exercitando...

1. Reescreva as orações destacadas para reduzidas de particípio.

a) **Quando se iniciou a discussão**, aglomerou-se muita gente.

....

b) **Depois que concluíram o trabalho**, dirigiram-se à cantina.

....

c) **Logo que a chuva cessou**, saímos para brincar.

....

2. Reescreva as orações destacadas para reduzidas de gerúndio.

a) **Como fazia muito frio**, não pudemos sair.

....

b) **Porque estava com fome**, dirigiu-se rapidamente à geladeira.

....

c) Avistei um garoto **que ajudava uma senhora**.

....

3. Transforme as orações desenvolvidas em reduzidas de infinitivo.

a) Quando percebeu o perigo, ficou apavorado.

....

b) Faltou à escola porque estava doente.

....

c) Quando se despediram, trocaram palavras gentis.

....

Concordância Verbal

Exercitando...

1. Leia com atenção as frases. Obedecendo à concordância correta, passe o sujeito para o plural.

a) Começa muito tarde o debate político.

....

b) Acontece muito acidente nesta avenida.

....

c) Só nos resta esta alternativa.

....

d) Critica-se o novo plano econômico.

....

e) Vai haver pouco feriado neste semestre.

....

2. Passe para o plural a expressão em destaque e efetue a concordância verbal cabível.

a) **Precisa-se** de zelador.

....

b) **Falou-se** de um possível assalto.

....

c) **Caso haja** mais encomendas, me avise.

....

d) **Existe** casa à venda?

....

e) **Houve** faltas neste mês.

....

f) **Se não houvesse confusão**, o trabalho se concluiria.

....

g) **Faz** um ano que trabalho aqui.

....

3. Complete as frases usando uma das alternativas entre parênteses e efetuando a concordância verbal adequada.

a) Já_____ meia-noite. (é, são)

b) 36% _____ no candidato da situação. (votou, votaram)

c) Sua preocupação _____ plantas. (é, são)

d) Regina com a filha _____ para a Itália. (partiu, partiram)

e) A matemática, tanto como a física, _____ amedrontar os alunos. (consegue, conseguem)

f) Hoje_____ trinta de setembro. (é, são)

g) _____ poucas vagas de estacionamento. (havia, haviam)

h) Duzentos reais_____ pouco. (é, são)

i) Quatro metros de tecido_____ suficiente. (é, são)

j) Fui eu que _____ o cartão. (enviou, enviei)

4. "(...). Uma das minhas primeiras surpresas foi um inusitado convite que o capitão Nemo nos fez. Queria que o acompanhássemos em uma caçada na floresta marinha, situada ao sopé da ilha de Crespo, no Oceano Pacífico setentrional. Recomendaram-nos que almoçássemos muito bem, pois a jornada seria longa, e assim o fizemos, acostumados como já estávamos aos estranhos manjares que nos serviam e que provinham todos do fundo do mar.

(Belli, Roberto. Vinte mil léguas submarinas/Júlio Verne. Blumenau-SC: Todolivro Editora, 2012.)

No período "Uma das minhas primeiras surpresas **foi** um inusitado convite que o capitão Nemo nos fez", a concordância do verbo *ser* está correta? Justifique sua resposta.

....

....

....

Concordância Nominal

Exercitando...

1. Complete as frases, efetuando a concordância nominal adequada.

a) Tanto as meninas como os meninos ficaram _____. (entusiasmado)

b) A jogadora de vôlei ficou _____ cansada. (meio)

c) João despejou _____ lata de tinta em _____ litro de água. (meio)

d) A empresa possui _____ colaboradores. (bastante = muitos)

e) Eles _____ chegaram depois do jantar. (só)

f) Elas _____ compraram a livraria. (mesma)

g) Bernardo apresentou apenas a primeira e a segunda _____ da sua obra (parte)

h) A garota disse: muito _____! (obrigado)

i) Os documentos solicitados estão _____. (anexo)

j) Eles _____ confeccionaram os robôs. (mesmo)

2. Usando as palavras entre parênteses e efetuando a concordância nominal, complete os espaços.

a) Meu casaco custou muito _____. (caro)

b) Os bombeiros ficaram _____. (alerta)

c) Joana estava _____ preocupada com sua mãe. (meio)

d) Os meninos falavam _____ demais. (alto)

e) São as _____ peças que escolhi. (mesmo)

f) Exercício é _____ para a saúde. (bom)

g) _____ paciência para tolerar alunos indisciplinados. (é necessário)

h) _____ entrada de animais nesta loja. (É proibido)

i) O envelope com as amostras de linha está _____. (incluso)

j) _____ a entrada de animais nesta loja. (É proibido)

3. "(...). Por um segundo, mamãe não conseguiu entender o que estava acontecendo.
– Ah, meus filhos, muito obrigada! – Ela disse.
Ela abraçou nós três. Papai ficou parado perto da porta, sorrindo. (...)"

(Hora da Leitura: Obrigado, mamãe! Texto: Tapasi De. Tradução: Ruth Marshalelek, Ed. Todolivro, 2016.)

Justifique a concordância da palavra *obrigado*.

. . . .

Regência Nominal

Exercitando...

1. Complete as frases, acrescentando ao nome o complemento exigido.

a) É preciso imunizar . . . .

b) Ela tem amor . . . .

c) Fique atenta . . . .

d) Os jovens têm muito acesso . . . .

e) Somos todos fiéis . . . .

f) Sou vizinha . . . .

g) A sua presença é essencial . . . .

h) Você já sabe a minha opinião . . . .

2. Leia o texto:

"(...). A tia Polly levou Pollyanna para conhecer o quarto em que ela ficaria. Ao chegar, Pollyanna observou que ele era quente e abafado, mas não disse nada. Nancy ajudou a menina a desfazer as malas. Mais tarde, quando ficou sozinha, Pollyanna sentiu muita saudade de seus pais e começou a chorar. (...)"

(Belli, Roberto. *Pollyanna*/Eleanor H. Porter [adaptação]. Blumenau-SC: Todolivro Editora, 2012.)

a) Na oração: "Pollyanna sentiu muita saudade de seus pais...", sublinhe a regência da palavra saudade.

b) Reescreva o período da questão anterior, substituindo o complemento do nome por outro.

. . . .

Regência Verbal

Exercitando...

Leia com atenção o texto e responda às questões 1 e 2.

"(...). Ao final daquele dia, só haviam percorrido mais cinquenta quilômetros. Tinham de encontrar um lugar para repor as reservas de água, urgentemente. No horizonte, somente se via areia e mais areia. Samuel Fergusson constatou que restavam apenas quinze litros do precioso líquido e decidiu racionar a água, guardando só o necessário para beber durante três dias. O resto alimentaria o maçarico que fabricava o gás indispensável para obter altura suficiente, única forma de encontrar correntes de ar que lhes permitissem avançar. Ainda tinham cinquenta e quatro horas com água. O doutor havia calculado tudo. O tempo passava e seguiam nos limites da sede. (...)"

(Klein, Cristina. *Cinco semanas em um balão*/Júlio Verne. Blumenau-SC: Todolivro Editora, 2012.)

1) No período "No horizonte, somente se via areia e mais areia", qual a regência do verbo "ver"?

....

2) Dado o período "O tempo passava e seguiam nos limites da sede", responda:

a) Qual o sujeito do verbo "seguir"?

....

b) Qual a regência do verbo "passar"?

....

c) Dê a função sintática de "nos limites da sede".

....

3. Reescreva as frases, substituindo a expressão destacada pelo verbo entre parênteses e fazendo as alterações necessárias, sem alterar o sentido da frase.

a) Só desejava um bom emprego. (aspirar)

....

b) Na floresta, respiramos ar puro. (aspirar)

....

c) O médico socorreu o paciente. (assistir)

....

d) Muitos presenciaram o debate político. (assistir)

....

e) O presente satisfez o jovem. (agradar)

....

f) Estimo minha família. (querer)

....

g) Ainda não <u>remunerei</u> as gráficas. (pagar)

....

h) O presidente não quis <u>assinar</u> o cheque. (visar)

....

4. Complete as frases, acrescentando ao verbo o complemento adequado.

a) O delegado procedeu..

b) O assaltante visou..

c) A secretária visa ....

d) Todos os cidadãos devem obedecer ....

e) Essas medidas visam..

Colocação dos Pronomes nas Frases

Exercitando...

1. Leia o texto:

"Fiquei em dúvida se começava pelo meu nascimento ou pela minha morte. Como todo mundo começa a contar sua vida pelo nascimento, duas coisas me levaram a fazer o contrário: a primeira é que não sou um autor defunto, mas um defunto autor; e a segunda é que o livro ficaria mais chique, diferente. (...)"

"Mas antes de morrer, ela me apareceu pálida, vestida de preto, sem querer entrar. Olhei para ela e lembrei-me de como fora no passado, afinal, menos mal é recordar. Mas logo voltei à realidade e Virgília - este era seu nome - veio até meu leito. De dois grandes namorados que fomos, nada mais havia ali. (...)"

(Rutzen, Selma. *Memórias Póstumas de Brás Cubas*/Machado de Assis.
Blumenau-SC: Todolivro Editora, 2012.)

1. Transcreva do texto as frases em que o pronome "me" foi usado como próclise e ênclise.

....

....

2. Classifique as frases a seguir, utilizando os seguintes códigos:
(P) Próclise, (M) Mesóclise e (E) Ênclise.

a) (   ) A chuva veio atrapalhar-me.

b) (   ) Deus te ajude, irmão!

c) (   ) Nada dissemos para não o magoar.

d) (   ) Visitá-la-ei no próximo domingo.

e) (   ) Ainda que o reconheça, não direi nada.

f) (   ) Ela irá visitá-lo amanhã.

g) (   ) Dir-lhe-ei umas boas verdades.

h) (   ) Dir-se-ia que estavam no Chile.

i) (   ) Vendem-se móveis usados.

j) (   ) Envergonharam-me com tanta gritaria.

3. Reescreva as frases, corrigindo a colocação pronominal.

a) Me emprestas o celular?

....

b) Alguém trouxe-lhe aquele envelope.

....

c) Sempre admirei-o.

....

d) Quando telefonaram-me, estava ocupada.

....

e) Não pergunte-me nada.

....

4. Nas frases a seguir, justifique a colocação do pronome átono.

a) Bons olhos a vejam!

. . . .

b) Aqui se vende de tudo.

. . . .

c) Faltavam-me poucos dias para o término das férias.

. . . .

5. No texto"(...). O doutor guardava segredo sobre certos detalhes da viagem, de modo que, por mais que a imprensa e os membros de grupos científicos perguntassem se tinha descoberto novas maneiras e equipamentos para realizar sua proeza, além dos comumente conhecidos, sempre dava uma resposta evasiva. (...)"

(Klein, Cristina. *Cinco semanas em um balão*/Júlio Verne. Blumenau-SC: Todolivro Editora, 2012.)

Dê a função sintática da palavra "se" nesse contexto.

. . . .

. . . .

. . . .

MÓDULO IV

PONTUAÇÃO

Pontuação

Conjunto de sinais gráficos usados para identificar as pausas e as trocas de entonação. Os mais importantes são:

a) o ponto (.)
b) a vírgula (,)
c) o ponto e vírgula (;)
d) os dois-pontos (:)
e) o ponto de interrogação (?)
f) o ponto de exclamação (!)
g) as reticências (...)
h) as aspas (" ")
i) os parênteses (( ))
j) o travessão (–)

O ponto

Usado para indicar o final de uma frase ou de um conjunto de orações:

Jesus deixou mensagens de amor.

Também é usado nas abreviaturas (com exceção das que fazem parte do sistema métrico decimal e das siglas):

Dr., Sr./ ICMS, min, kg, etc.

Nota: Quando a abreviatura estiver no fim do período, deve-se pôr apenas um ponto (e não o ponto da abreviatura mais o ponto final):
O nome da empresa é Estrela da Manhã Ltda.

A vírgula

Serve para indicar pequena pausa na leitura. Usa-se a vírgula:

► **Para separar o vocativo:**

Ó meninos, parem de brigar.

► **Para isolar o aposto:**

Paulo de Tarso, o Apóstolo dos Gentios, deixou-nos grandes exemplos.

►**Para indicar a omissão do verbo ou de um grupo de palavras:**

Maria prefere cinema e João, esporte.

► **Para separar palavras e locuções explicativas**, interpositivas (*por exemplo, ou então, isto é, ou seja, além disso, por assim dizer, aliás, a propósito, então, com efeito, vale dizer, ao contrário, a saber, data vênia, a meu ver, etc.*):

A saída de Inácio, a meu ver, é irrevogável.

► **Para separar, nas datas, o nome do lugar:**

Estrela do Sul, 2 de setembro de 2000.

► Exceto no caso das conjunções **e**, **ou** e **nem**, antes de todas as conjunções coordenativas (**mas, porém, todavia, contudo, não obstante, no entanto, ou ... ou, ora ... ora, quer ... quer, seja ... seja, logo, pois, portanto, assim, por conseguinte, por isso, de modo que, então, por que, porquanto,** etc.):

A candidata concordou em fazer o teste, mas pediu prazo para estudar.

Observações

√ A vírgula deve ser usada antes e depois dessas conjunções, sempre que estiverem intercaladas no período:
A secretária chegou cedo; nenhuma auxiliar, entretanto, havia chegado para ajudá-la.
√ Quando iniciarem frase, **porém, contudo, todavia, no entanto** e **entretanto** poderão ou não ser seguidas de vírgula:
Os quadros são caros; contudo, vou comprar alguns.
Os quadros são caros; contudo vou comprar alguns.
√ Com a conjunção adversativa **mas** iniciando a oração, não se usa a vírgula:
Irei à festa, mas não ficarei muito tempo.

▶ Com as conjunções **e**, **ou** e **nem** usa-se a vírgula nos seguintes casos:

√ quando o **e** liga orações de sujeitos diferentes, subentendendo-se uma pausa na leitura:

O aluno foi ao clube novamente, e os pais resolveram acompanhá-lo.

√ quando o **e** e o **nem** estiverem repetidos na frase, por ênfase ou enumeração:

Ela trouxe flores, e doces, e salgados, tudo para agradar.
Não escreveu o romance, nem o conto, nem a crônica.

√ o **e**, **ou** e **nem** podem ser precedidos de vírgula quando se quiser dar ênfase a uma afirmação ou introduzir uma pausa na frase:

Não aceitou o convite, nem para ser agradável ao colega.
Você quer comprar um automóvel, ou uma condução?

▶ **Para separar os elementos paralelos dos provérbios:**

Quem com ferro fere, com ferro será ferido.

▶ Advérbios e adjuntos adverbiais podem ou não ser separados por vírgula, principalmente se forem curtos ou formados de uma só palavra:

Aqui se estuda. Aqui, estuda-se.

▶ **Para separar os objetos pleonásticos:**

Sonhos, quem não os tem?

Obs.: Quando não se desejar dar ênfase ao objeto ou se este for um pronome oblíquo, não será necessário usar a vírgula:
A mim me parece justo o seu pedido.

▶ **Para separar palavras repetidas, de função superlativa:**

O gato estava gordinho, gordinho.

▶ **Para separar adjetivos que exercem função predicativa:**

Nunca pensei que ele, bonito e inteligente, fosse agir tão mal.

▶ **Para separar orações reduzidas de gerúndio, particípio e infinitivo:**

Encerrando a palestra, o ministro deixou o local. **Obtido** o desconto, pagou e saiu. Ao **usar** argumentos irrefutáveis, o advogado venceu a causa.

▶ **Para separar as orações subordinadas adverbiais**, principalmente quando colocadas antes de oração principal ou mesmo depois:

Embora o teatro estivesse lotado, tudo transcorreu bem.

▶ **Para separar orações ou locuções intercaladas que interrompam a fluência da oração principal:**

Informamos que, a partir de hoje, não aceitaremos mais reclamações.

Obs.: Não haverá vírgula se a oração não funcionar como oração intercalada: A mãe que gosta dos filhos faz tudo por eles.

▶ Com **sim** e **não**:

Sim, amiga, é a isso que eu chamo de amizade.

▶ **Para dar maior clareza à frase, nos casos de inversão violenta dos seus complementos:**

Da vida, a maior riqueza é a caridade que se faz.

▶ Em textos jornalísticos, deve-se adotar a vírgula em vez do travessão, para isolar os verbos intercalados nas declarações ou opiniões:

A inflação, declarou o ministro, é elemento do passado.

Obs.: Quando houver parênteses ou travessões na frase, a vírgula virá depois do segundo deles: Procurou as pessoas mais importantes da empresa – presidente e diretores –, mas nada conseguiu.

Nunca separar por vírgula:
- O sujeito do verbo: *A gata, comeu a sardinha.*
- O verbo do complemento: *Ele quer, ir ao cinema.*
- O nome de seu adjunto: *A mala, do executivo extraviou-se.*

Ponto e vírgula

É um sinal intermediário entre o ponto e a vírgula. É usado:

▶ **Para separar orações independentes e longas, e quando pelo menos uma delas já tenha partes divididas por vírgula:**

E a morna correnteza que ventava, passava silenciosa como um sopro de morte; na terra desolada não havia sequer uma folha seca; e as árvores negras e agressivas eram como arestas de pedra, enristadas contra o céu.

(Rachel de Queiroz)

► **Para separar os diversos itens de enunciados enumerativos (em leis, decretos, portarias, regulamentos, etc.)**

O prazo de duração da prestação voluntária poderá ser inferior ao estabelecido no art. 1º, nos seguintes casos:

√ *em virtude de solicitação do interessado;*
√ *quando o voluntário apresentar conduta incompatível com os serviços prestados; ou*
√ *em razão da natureza do serviço prestado.*

► **Para separar os considerandos (com exceção do último):**

Considerando que a empresa XYZ está em processo de reestruturação;
Considerando que tem bom prestígio no mercado;
Considerando, finalmente, que está em dia com o pagamento dos impostos federais;
A diretoria deste Banco aprova a concessão do empréstimo por ela solicitado.

Dois-pontos

Servem para marcar, na escrita, uma forte suspensão da voz em uma frase não concluída. Empregam-se:

► **Numa citação:**

Dizia Monteiro Lobato:

Uma nação se faz com homens e livros.

► **Numa enumeração explicativa:**

Ensino, pesquisa e extensão: eis os elementos essenciais para a concretização de um ensino superior de qualidade.

► **Num esclarecimento, síntese ou consequência do que foi enunciado:**

Incorpora-se voluntariamente às tropas do Marechal Floriano Peixoto por ocasião da Revolta da Armada, mas tem nova ilusão: o marechal não é o chefe que idealizara.

(Lima Barreto)

Ponto de interrogação

É usado no final de qualquer interrogação direta:

Você já foi ao teatro esta semana**?**

Nos casos em que a pergunta envolve dúvida, costuma ser seguido de reticências:

Mas ... o que houve, afinal**?**

Nas perguntas que denotam surpresa, pode-se usar, combinados, o ponto de interrogação e o ponto de exclamação:

Como confiar em políticos tão corruptos**?!?**

Obs.: O ponto de interrogação nunca é usado nas interrogações indiretas: Avise-me quem deixou a sala.

Ponto de exclamação

Usado para dar maior ênfase a uma declaração ou enunciado, expressando surpresa, alegria, etc. É mais empregado na linguagem literária:

> *Astros! noite! tempestades!*
> *Rolai das imensidades!*
> *Varrei os mares, tufão!*
>
> (Castro Alves)

Às ordens**!** – exclamou a jovem.
Pobre animal**!** Feriu-se seriamente.

Reticências

Sinal de pontuação que indica uma interrupção do pensamento, porém deixando subentendido o que se quer dizer. As reticências servem para indicar sentimentos de surpresa, hesitação. Têm muito uso na linguagem literária:

> *Perdoa-me, visão dos meus amores,*
> *Se a ti ergui meus olhos suspirando!...*
>
> (Álvares de Azevedo)

Quem com ferro fere ...

Aspas

Empregam-se:

> **Na reprodução literal de um texto:**

Foi Sêneca quem disse: "O amor reside na alegria."

> **Para dar destaque a uma palavra ou expressão ou para indicar o seu uso fora do contexto habitual:**

Quem teria sido o "esperto" que deixou o portão aberto?

> **Para dar destaque a nomes de obras artísticas, científicas ou apelidos:**

Guilherme de Almeida, o "Príncipe dos Poetas", escreveu poemas de rara beleza.

Faleceu o "Bandido da Luz Vermelha."

> **Na transcrição de íntegras, documentos, discursos, etc. (apenas no início e no fim do texto transcrito):**

O jornal O Estado de S. Paulo noticiou, em sua edição de hoje:

"A Secretaria da Receita Federal está investigando sonegação de imposto de renda praticada por entidades futebolísticas, empresas patrocinadoras e também por clubes e jogadores."

Obs.: Para marcar, na frase, expressão ou palavra de um texto que já estiver entre aspas, usam-se aspas simples ('):
O relatório adverte: "A certeza do 'já ganhou' pode levar o candidato ao ridículo".

> **Para indicar estrangeirismos, arcaísmos, neologismos, etc.**

O uso de expressões como "personal banking", "coffee-break", "delivery" , etc., na comunicação oral e escrita, além de desnecessário, representa um desrespeito ao idioma nacional.

Parênteses

Empregam-se os parênteses para:

> **Intercalar, num texto, alguma palavra, expressão ou oração acessória, trazendo uma explicação, uma circunstância, uma reflexão, um comentário ou uma observação:**

O início do Simbolismo foi marcado pela publicação, em 1893, de dois livros de Cruz e Souza: Missal (poemas em prosa) e Broquéis (versos).

▶ **Transcrever siglas de nomes de órgãos ou entidades:**

O projeto ainda terá que passar pela CCJ (Comissão de Constituição e Justiça) e pelo plenário da Câmara Federal.

▶ **Indicar datas, referências bibliográficas, etc.:**

A fundação daquela cidade (1850) coincidiu com a chegada da primavera.

Grande Sertão: veredas (1956).

> **Obs.:** O sinal de pontuação (no caso, o ponto final) deve ficar fora do parêntese quando a expressão que ele encerra é apenas parte da oração; e fica dentro, quando toda a oração estiver englobada por ele:
> Todos aplaudiram o orador. (Ninguém seria louco de não o fazer.)

Travessão

É empregado, principalmente, em dois casos:

▶ **Para indicar, nos diálogos, a mudança de interlocutor:**

– Vamos para dentro, murmurou Sofia.

– Não há dez minutos, disse o Rubião. Que são dez minutos?

(Machado de Assis)

▶ **Para indicar trajeto ou percurso:**

linha aérea Brasil–Itália
rodovia Belém–Brasília
ponte Rio–Niterói

Outros Sinais

▶ **Asterisco**

É um sinal em forma de estrela, usado entre parênteses ou não, para indicar nota de rodapé ou para substituir nomes, com o objetivo de evitar repetições desnecessárias.

O projeto* estabelece normas gerais para a prestação de serviços voluntários ...

(*) Sob análise da Comissão Diretora.

➤ Colchetes

São parênteses de linhas retas, usados para intercalar observações em textos, isolando, de outras, uma construção já separada por parênteses, e também para incluir, na referência bibliográfica, uma indicação que não conste da obra citada:

> HOUAISS, Antônio. Elementos de bibliologia. São Paulo: Hucitec, [Brasília] INL, Fundação Nacional Pró-Memória, 1983. 2.v.

➤ Barra

É um sinal distintivo usado, principalmente, na abreviação das datas; na separação de siglas; na representação do ano fiscal:

4/2/2000 – ONU/OEA – 1998/99

MÓDULO IV - ATIVIDADES

Pontuação

Exercitando...

Dado o texto, responda às questões abaixo:

"... Eu não tenho sorte.
Tudo o que eu quero dá errado.
Foi sempre assim.
Eu já nasci azarado,
Mas, o que eu posso fazer para mudar esta história?
Será que tem que ser assim mesmo?
Nem sorte nem azar. Pé de laranja, laranja dá."

(Lopes, Cida. *Aprendendo Valores*. Blumenau-SC: Todolivro Editora, 2004.)

1. Enumere os sinais de pontuação presentes no texto acima.

....

....

2. Na frase "... Eu não tenho sorte", caso se substitua o ponto final por ponto de exclamação, mudará o seu sentido?

....

....

Atividades

3. Copie as frases, empregando o ponto onde for necessário.

a) Acordamos muito felizes

....

b) Vivemos numa cidade maravilhosa

....

c) A família é o maior tesouro do homem

....

d) Entregamos todas as correspondências ao vovô

....

4. Coloque vírgula onde for necessário.

a) Sofia mora na Alameda Castelo Branco 2017.

b) A comemoração do campeonato meus amigos foi excepcional.

c) Rute que é muito estudiosa teve uma ótima classificação no concurso.

d) Todos pai mãe filho e filha foram à missa.

e) Segunda-feira mais ou menos neste horário serão entregues donativos aos necessitados.

f) De grão em grão a galinha enche o papo.

5. No trecho a seguir, coloque os sinais de pontuação adequados.

"(...). Da alegria inicial passou ao nervosismo pela demora de Edward Pouco depois quando alguns escudeiros e camareiros entraram e se inclinaram diante dele alarmou-se Receava o que poderia lhe acontecer por estar usando as roupas de Sua Alteza. (...)"

(Duarte, Madalena Parisi. *O príncipe e o mendigo*/Mark Twain. Blumenau-SC: Todolivro Editora, 2012.)

54

6. Nas expressões a seguir, empregue a vírgula e o ponto e vírgula.

a) "Não levar a sério brincadeiras de amigos é muito importante evita brigas mas você também não deve ficar magoado(a) se o que estiver fazendo for correto."

(Durier, Frank. Construindo o caráter. Blumenau-SC: Todolivro Editora, 2010.)

b) "Compreender é como escalar uma montanha é preciso esforço para subir mas a maravilha é que quando se chega ao alto a vista alcança mais longe."

(Durier, Frank. Construindo o caráter. Blumenau-SC: Todolivro Editora, 2010.)

7. Reescreva o texto, colocando os dois-pontos e o travessão.

"(...). Sobre isso, José quis saber
Um furo de balão poderia nos derrubar?
Não na mesma hora do impacto, mas, certamente, causaria um rasgão e nosso gás escaparia através dele respondeu Fergusson. (...)"

(Klein, Cristina. Cinco semanas em um balão/Júlio Verne. Blumenau-SC: Todolivro Editora, 2012.)

8. Coloque o ponto de interrogação ou o ponto de exclamação nos seguintes períodos:

a) – Ah___ Então você ama a Grauben, não é___ – disse o mestre, já recomeçando suas especulações a respeito dos escritores científicos.

(Klein, Cristina. Viagem ao centro da terra/Júlio Verne. Blumenau-SC: Todolivro Editora, 2012.)

b) "(...). Em seguida, tentaram carregar Clara. Mas não estavam conseguindo. Então, incentivaram-na a ficar de pé e a pôr um pé na frente, depois o outro e... maravilha____ Clara começou a andar____

(Duarte, Madalena Parisi. Heide/Johanna Louise H. Spyri. Blumenau-SC: Todolivro Editora, 2012.)

9. No texto a seguir, foram retirados os sinais de pontuação; reescreva-o e pontue-o adequadamente.

____Mary ficou curiosa____ Na Índia____ uma criada nunca trataria a patroa como se fosse uma igual____ E ficou em dúvida____

____ Você é minha criada____

____ Eu trabalho para a senhora Medlock que trabalha para o senhor Craven____

____ E quem vai me vestir____ ____ perguntou Mary.

____ Ocê ainda não sabe se vestir____ ____ perguntou Marta___ deixando escapar o seu sotaque do interior___

(Belli, Roberto. *O jardim secreto*/Frances Hodgson Burnett. Blumenau-SC: Todolivro Editora, 2011.)

MÓDULO V

GENERALIDADES

Emprego do Hífen

O hífen (traço de união) é usado para ligar os elementos de palavras compostas; locuções e encadeamentos vocabulares; nas formações por prefixação, recomposição e sufixação; na ênclise e na mesóclise. Casos de emprego do hífen:

▶ Na **translineação** (separação das palavras no final das linhas). Quando a divisão silábica coincidir com elementos que já possuem hífen, este deve ser repetido na linha inferior:

Os deputados aprovaram o decreto-
-lei salarial esta manhã.

▶ Em palavras compostas que não contenham formas de ligação e cujos elementos mantenham seu significado e acento próprio. Incluem-se as palavras reduzidas: *decreto-lei; couve-flor; água-marinha; afro-brasileiro; luso-italiano.*

▶ Em composições com palavras repetidas: *lenga-lenga; ganha--ganha; blá-blá-blá; zás-trás; zigue-zague.*

Obs.: Algumas palavras em que se perdeu a ideia de composição são aglutinadas: *paraquedas; paraquedista; mandachuva; madressilva; girassol; pontapé.* **Mas atenção:** *para-brisa; para-choque; para-raios* (sem acento e com hífen).

▶ Em palavras compostas designando espécies botânicas e zoológicas, ligadas ou não por preposição ou outro elemento: *erva-doce; mamão-papaia; ervilha-de-cheiro; andorinha-do-mar; bem-te-vi.*

▶ Com os advérbios **bem** e **mal**, quando antecederem qualquer palavra que tenha vida própria e comece por **vogal, h** ou **l**: *mal-estar; bem-humorada; mal-lavado.*

Obs.: O advérbio **mal** pode se aglutinar com palavras começadas por consoantes: *malvisto, malfalante*. Às vezes, o advérbio **bem** aparece aglutinado com o segundo elemento, mesmo que este não tenha vida própria: *benfazejo; benfeitor; benquerente, etc.* Nesses casos, a letra **m** é substituída pela letra **n**.

➤ Para ligar duas ou mais palavras que, ocasionalmente, se combinem formando encadeamentos vocabulares, e nas combinações histórias ou ocasionais de topônimos: *Trabalho-Solidariedade-Tolerância; a ligação Paris-Nova Iorque; acordo Brasil-França; Império Austro-Húngaro.*

➤ Nas locuções adjetivas, pronominais, adverbiais, prepositivas ou conjuncionais, exceto as seguintes, já consagradas pelo uso: *água--de-colônia; arco-da-velha; cor-de-rosa; mais-que-perfeito; pé-de-meia; ao deus-dará; à queima-roupa.*

➤ Em compostos com nomes próprios de lugares (topônimos) ou acidentes geográficos iniciados pelos adjetivos **grã**, **grão**, em forma verbal, ou cujos elementos estejam ligados por artigo: *Grã-Bretanha; Grão-Ducado; Passa-Quatro; Baía-de-Todos-os-Santos.*

➤ Nos compostos com os elementos **além**, **aquém**, **recém** e **sem**: *além-Atlântico; aquém-mar; recém-nascido; sem-teto.*

➤ Quando o segundo elemento de um prefixo ou pseudo-prefixo comece por **h**: *sub-hepático; extra-humano; pré-histórico; semi-hospitalar; pan-helênico.*

➤ Quando o primeiro elemento termina por consoante igual à que inicia o segundo elemento: *ad-digital; sub-base.*

➤ Com os prefixos **ab-**, **ob-**, **sob-**, **sub-** e **ad-**, quando o segundo elemento começa por b- e r-: *ab-rupto; ob-rogar; sob-base; sub-bélico; ad-referendum.*

Obs.: adrenalina, adrenalite e palavras afins não levam hífen (consagradas pelo uso).

➤ Em formações com os prefixos **circum-** e **pan-**, quando o segundo elemento começa por **vogal**, **m** ou **n** (**além de h**): *circum-murado; circum-navegável; pan-negritude; pan-africano.*

➤ Em formações nas quais o prefixo ou pseudoprefixo termina na mesma vogal com que se inicia o segundo elemento: *supra-auricular; arqui-inimigo; micro-ondas; auto-obsessão.*

Obs.: Em formações com o prefixo **co-**, em geral ocorre sua aglutinação com o segundo elemento, ainda que esteja iniciado pela vogal o: *cooptado; coocupante; cooperação.*

► Nas formações com sufixos de origem tupi-guarani, como **açu**, **guaçu** e **mirim**, quando o primeiro elemento termina em vogal acentuada graficamente ou quando a pronúncia exige a distinção gráfica dos elementos: *Capim-Açu; Mogi-Guaçu; Mogi-Mirim.*

► Nas formações com os prefixos **ex-** (denotando estado anterior ou cessamento), **sota-**, **soto-**, **vice-** e **vizo-**: *ex-namorado; ex-diretora; sota-capitão; soto-ministro; vice-governador, vizo-rei, etc.*

► Em formações com os prefixos tônicos **pós-**, **pré-** e **pró-**, quando o segundo elemento tem vida própria: *pós-dorsal; pré-anestésico; pró-labore.*

► Nas formações com os prefixos **hiper-**, **inter-** e **super-**, quando combinados com palavras iniciadas pela letra **r**: *hiper-renomado; inter--relacionamento; super-reputação.*

> **Obs.:** Com o prefixo **sub**, em palavras iniciadas pela letra **r**: *sub-regional; sub-reptícia; sub-rogar.*

O hífen também é empregado:

► Na composição de palavras que indiquem encadeamento, extensão, relação:

hora-aula, custo-benefício, tonelada-ano, etc.

► Nos nomes dos dias da semana:

segunda-feira, terça-feira, etc.

► Na indicação de períodos de tempo:

janeiro-março, ano 2000-2001, séculos XVIII-XX, etc.

► Na indicação de páginas:

págs. 125-140

► Nos ordinais que indicam postos e graduações hierárquicas militares ou da diplomacia, e também em suas abreviaturas:

Tenente-coronel (Ten.-Cel.), capitão-tenente (Cap.-Ten.), primeiro-ministro, segundo-secretário, etc.

► Na reunião de vocábulos para a formação de um novo sentido:

salário-família, abaixo-assinado, etc.

➤ Na ênclise e na mesóclise:

enviá-lo; enviá-lo-ei; escrever-lhe; escrever-lhe-emos.

➤ Para unir pronomes átonos a verbos:

disseram-lhe; entregaram-me

➤ Nas ligações de formas pronominais enclíticas ao advérbio **eis**:

ei-la; eis-me

➤ Nas combinações de formas pronominais:

no-la, vo-las.

Atenção: não se emprega o hífen nos seguintes casos:

➤ Nas formações em que o prefixo termina em vogal e o segundo elemento começa por **r** ou **s**, devendo estas consoantes duplicar-se: contrarregra; microrradiografia; cosseno; ultrassom; minissaia; eletrossiderurgia.

Mas atenção: para-raios (sem acento e com hífen).

➤ Nas formações em que o prefixo ou pseudoprefixo termina em vogal e o segundo elemento começa por vogal diferente: extraespacial; antiaéreo; agroindústria; hidroelétrica; coeducação.

➤ Nas ligações da preposição **de** às formas monossilábicas do presente do indicativo do verbo haver: hei de, hás de, hão de, etc.

➤ Nas formações com os prefixos **co-**, **pre-**, **pro-** e **re-**, as palavras se aglutinam, mesmo quando o segundo elemento comece por **o** ou **e**: coedição; coerdeiro; preeleito; proótico; reeleição; reeditar.

➤ Nas locuções como **à toa** (adjetivo ou advérbio); **dia a dia** (substantivo e advérbio); **arco e flecha; calcanhar de aquiles; comum de dois; general de divisão; tão somente; ponto e vírgula, etc.**

AS PALAVRAS *QUE, COMO* E *SE*

➤ **QUE**
Esta palavra pode pertencer a diversas categorias gramaticais e exerce várias funções sintáticas.

√ Substantivo (= alguma coisa, qualquer coisa). É precedido de artigo, pronome adjetivo ou numeral e sempre <u>acentuado</u>:

Laís tem um quê de nostalgia.

√ Pronome substantivo indefinido interrogativo. Acompanha verbo. (= que coisa):

Que houve no baile? O artesanato era de quê? De que se trata?

√ Pronome adjetivo indefinido. Exercendo a função de adjunto adnominal, acompanha um substantivo:

Que lindo dia! (exclamativo); *Não sabia por que calçada caminhar.* (qual); *Que horas são?* (interrogativo: quantas?)

Obs.: Pode ser seguido da preposição **de** (= quantos): *Que de encantos ela encerra.*

√ Pronome relativo (= qual, o qual, a qual, os quais, as quais). Tem antecedente (substantivo ou pronome, e geralmente introduz uma oração subordinada adjetiva):

Às professoras que mais admirava, agradeceu sorrindo.

√ Advérbio de intensidade (= quão, quanto, como):

Que maravilha! Que depressa ela saiu!

√ Interjeição. Como exclamativa, a palavra **que** torna-se tônica, devendo ser acentuada:

Quê! Repetiu o ano novamente?!?

√ Palavra de realce ou ênfase. Pode ser retirada da oração, sem prejuízo do sentido:

Qual que é a causa da briga? Que que é isso, menina!

√ Preposição. Equivale à preposição **de** ou **para** (com o verbo ter):

Teve que sair correndo.

Obs.: Gramaticalmente, neste caso o **que** é <u>pronome relativo</u>. Entretanto, foi consagrado pelo uso como substituto da preposição **de**.

√ **Conjunção Coordenativa**

• aditiva (= e). Com verbos que se repetem:
O bebê chora que chora.

• adversativa: (= mas):
Outra, que não a mãe, precisaria ensiná-la.

• explicativa: (= pois):
Perdoemos, que o tempo tudo apaga.

√ Conjunção Subordinativa

- causal: (= porque, pois que):

Não grite comigo que eu não gosto.

- comparativa (= como, do que):

A raposa é mais astuta que a lebre.

- concessiva (= embora, ainda que):

Belas que sejam, terão que trabalhar.

- consecutiva (= tal ... que, tanto ... que):

O espanto foi tanto que emudeceu.

- final (= para que, a fim de que):

A plateia pediu-lhe que repetisse o canto.

- temporal (= quando, desde que):

Foi então que o problema surgiu.

√ Locução conjuntiva:

desde que, já que, pois que, etc.

√ Nome da letra **q**:

*Escreve o **quê** de maneira errada.*

➤ COMO

√ Advérbio de modo:

Não entendi como você venceu.

√ Interjeição:

Como você não sabe!

√ Preposição (= por):

Receberam como paga o desprezo.

√ Advérbio interrogativo direto ou indireto (= modo):

O aluno não sabe como responder à questão.

Como dizer a ela?

√ Pronome relativo (= modo):

Aquela é a maneira como ela gasta o dinheiro.

√ Conjunção Subordinada

- causal (= porque). Usado no início da frase.

Como faltou à prova, ficou sem nota.

• comparativa (= quanto). É precedido de tão, tanto ...:
O teste é tal como me informaram.

• conformativa (= conforme):
O livro foi traduzido como a editora solicitou.

➤ **SE**

√ Pronome apassivador ou partícula apassivadora. Com verbo transitivo direto e sujeito paciente:

Alugam-se casas.

√ Índice de indeterminação do sujeito. Com verbo intransitivo ou transitivo indireto:

Ama-se muito naquele parque.

√ Substantivo (determinado por artigo ou por pronome adjetivo):

O estudo do **se** é considerado um tanto complexo. Qualquer **se** que apareça na frase é motivo de reflexão.

√ Palavra de realce. Pode ser retirada da oração sem alteração do sentido:

Ela se ria da situação.

√ Sujeito de um infinitivo. É reflexivo e funciona com verbo sensitivo ou causativo (ver, ouvir, sentir); (deixar, fazer, mandar):

Deixou-se cair pesadamente no sofá.

• Objeto direto. É reflexivo e acompanha verbo transitivo direto:
A enfermeira feriu-se com o bisturi.

• Objeto indireto. É reflexivo e complementa verbo transitivo indireto ou verbo transitivo direto e indireto:
O diretor dá-se ao trabalho de abrir a porta.

• Pronome integrante do verbo. Ocorre, geralmente, em duas situações:
a) com verbos pronominais e, portanto, que são sempre conjugados com o pronome. Geralmente expressam sentimentos, estados psicológicos – esquecer-se, indignar-se, lembrar-se, queixar-se, magoar-se, etc.:

O presidente se queixou da desorganização do ambiente.

b) quando a ação verbal indica espontaneidade, ou seja, decorre sem a interferência do sujeito:

O enorme navio se partiu em dois. A lua se esconde atrás da montanha.

O Emprego do Pronome Onde

• <u>Como pronome relativo</u> = **em que, no qual, na qual, nos quais, nas quais.** Deve ser usado somente quando se refere a "lugar":

Foram a uma cidade bucólica, onde todos foram bem acolhidos.

• <u>Como adjunto adverbial de lugar:</u>

A casa onde nasce um grande escritor muitas vezes é transformada em museu.

Emprego dos "Porquês"

• POR QUE (em duas palavras) = pelo qual (ou variações) (Sempre há um substantivo anteposto, claro ou subentendido):
Essa é a razão **por que** não fui mais ao cinema.
Vários são os motivos **por que** não tenho ido às reuniões.

• POR QUE (em duas palavras) = por que motivo ou por que razão:
*Não sei **por que** o pedreiro reclamou tanto.*
***Por que** o gerente discutiu com a secretária?*

• POR QUE (em duas palavras e com acento) – em final de frase ou antes de pausa forte. O **que** torna-se tônico e, por isso, recebe acento circunflexo:
*Você reclamou das notas **por quê**?*
*Ele me fez isso **por quê**, se sou tão seu amigo?*

• POR QUÊ (em duas palavras, com acento) – quando se omite o verbo usado na oração antecedente.
*Ele gosta de chegar sempre atrasado. Explicar **por quê** é difícil.*

• POR QUE (em duas palavras) = por qual:
*Você sabe **por que** companhia aérea eles viajaram?*
*O piso foi substituído **por que** tipo de cerâmica?*

• PORQUE (em uma só palavra)
Usado como conjunção ou palavra denotativa de realce:
*Não fez a lição **porque** não quis.* (Conjunção)
***Porque** não duvide: cedo ou tarde, tudo se esclarecerá.*

• PORQUÊ (em uma só palavra, com acento)
Quando a conjunção aparece substantivada ou como sinônimo de <u>motivo</u>, <u>razão</u>:
*Não conseguiram descobrir o **porquê** de sua saída.*

MÓDULO V - ATIVIDADES

Emprego do Hífen

Exercitando...

1. Empregue ou não o hífen nas palavras a seguir, segundo as normas gramaticais:

a) erva+doce ....

b) semi+hospitalar...

c) bem+humorada ....

d) mal+lavado..

e) hiper+sensível ....

f) super+produção ....

g) manda+chuva ....

h) além+mar ....

i) míni+saia...

j) auto+escola ....

2. Complete as frases com as palavras entre parênteses; se necessário, use o hífen.

a) A _____ agradeceu à comunidade pela parceria.
(ex diretora)

b) Os pais se emocionaram com o sorriso do _____.
(recém nascido)

c) O pai repreendeu a criança _____. (mal criada)

d) A professora reclamou que não gosta de trabalho _____.
(mal feito)

e) Os jovens _____ estavam muito emocionados.
(recém casados)

3. Dada a poesia "Sorte Grande":

> Amor à primeira vista
> Não acontece todo dia
> Até moça bem bonita
> Fica mesmo pra titia.
>
> Mas isso não faz mal
> Nem tem nada de errado
> Bem melhor estar sozinho
> do que mal-acompanhado.

(Finzetto, Ângela. *Poesias para crianças*. Blumenau-SC: Todolivro Editora, 2008.)

a) Justifique o uso do hífen na palavra "mal-acompanhado".

. . . .

. . . .

b) Crie três palavras com o prefixo antônimo de "mal".

. . . .

. . . .

. . . .

Atividades

4. Dadas as frases, assinale a alternativa em que a palavra completa o período, e está correta quanto ao uso do hífen:

a) A modelagem da _____ está cada vez mais moderna.

(   ) míni saia   (   ) minissaia   (   ) míni-saia

b) As novas tecnologias têm aprimorado os aparelhos de _____.

(   ) ultrassom   (   ) ultra-som   (   ) ultra som

c) Nos próximos dias, sairá o calendário da _____.

(   ) agro indústria   (   ) agro-indústria   (   ) agroindústria

d) Alguns prefeitos foram _____ na última eleição.

(   ) re-eleitos   (   ) reeleitos   (   ) re eleitos

As Palavras *Que*, *Como* e *Se*

Exercitando...

1. Identifique as funções sintáticas da palavra "que" nas frases a seguir, utilizando o seguinte código:

(**1**) Palavra de realce
(**2**) Substantivo
(**3**) Pronome interrogativo
(**4**) Interjeição
(**5**) Conjunção coordenada explicativa

a) (   ) Perdoemos, que o tempo tudo apaga.

b) (   ) Minha avó tinha um quê de nostalgia.

c) (   ) Que horas são?

d) (   ) Quê! Perdeu a hora novamente?!?

e) (   ) "Que que é isso, meu filho?"

2. Nas orações seguintes, classifique as funções da palavra "se" em: partícula apassivadora, índice de indeterminação do sujeito ou pronome reflexivo.

a) Vendem-se mudas de jasmim. . . . .

b) Janete arrumou-se para a festa. . . . .

c) Precisa-se de estudantes de Nutrição. . . . .

d) Carolina machucou-se ao descer a escada. . . . .

e) Alugam-se bicicletas. . . . .

Texto 1
"(...). O corre-corre das pessoas e o trânsito da cidade grande me assustavam. Puxados por cavalos, cruzavam-se carruagens elegantes, bondes, carroças e ônibus. A primeira semana foi estressante demais. (...)"

(Mais Famosos Contos Juvenis: Beleza negra. Duarte, Madalena Parisi, Ed.Todolivro, 2012.)

Texto 2
"(...). Assim, Eneias e seus homens, logo aos primeiros raios de sol do dia seguinte, iniciaram a exploração daquele país, e foram conhecer sua população e a situação das cidades. Viram as altas torres e edifícios dos latinos, meninos e jovens exercitando-se em cavalos, conduzindo arcos com maestria, fazendo desafios em corridas e em competições de tiro ao alvo. (...)"

(Klein, Cristina. *Eneida*/Virgílio. Blumenau-SC: Todolivro Editora, 2012.)

3. Estabeleça a função sintática da palavra "se" no texto 1 e no texto 2.

. . . .

. . . .

. . . .

. . . .

. . . .

4. Classifique as funções da palavra "como" nas frases a seguir:

a) <u>Como</u> você está? ....

b) Fiquei triste de <u>como</u> ele recebeu a notícia. ....

c) Joana, <u>como</u> você faltou à prova, está sem nota.. ....

d) <u>Como</u> souberam do resultado? ....

e) A festa foi linda, tal <u>como</u> me falaram. ....

Onde, Aonde e Porquês

Exercitando...

1. Complete as frases com a palavra **onde** ou **aonde**.

a) _____ você pensa que vai com tanta pressa?

b) Na rua _____ Luana mora ainda resistem os velhos ipês.

c) Foram à capela conversar com a madre, _____ foram bem acolhidos.

d) _____ anda aquele simpático caixeiro viajante?

e) Na saleta com vista para o jardim é _____ faço minhas leituras.

2. Complete as frases com **porque, porquê, por que, por quê**:

a) Você chega atrasada _____?

b) _____ os cachorrinhos estão tão quietinhos no canil?

c) Ninguém sabia o _____ de tanta agitação.

d) Eles venceram o soletrando _____ se dedicaram muito.

e) _____ apagaram as luzes durante o espetáculo?

f) A aula foi cancelada _____?

g) Não sabemos o _____ do seu nervosismo.

h) Atrasei-me _____ estava chovendo muito.

i) Venha, _____ estamos atrasados!

j) Não sabemos _____ João está chateado.

3. Identifique o uso da palavra *porque*, utilizando o código abaixo:

(1) como conjunção
(2) como substantivo
(3) como advérbio interrogativo
(4) no final de uma frase interrogativa
(5) com o mesmo sentido de "o motivo pelo qual"

a) (   ) Por que isso lhe soa familiar?

b) (   ) Queixa-se, porque a chuva adiaria nosso evento.

c) (   ) João ficou acanhado por quê?

d) (   ) Ninguém sabe o porquê de tanta demora.

e) (   ) Seu sorriso foi a razão por que me apaixonei.

4. Leia com atenção o texto e classifique a função da palavra em destaque.

"(...). Ana adora dançar. Ela faz balé desde pequenina e finalmente havia chegado o dia da sua estreia no auditório da escola. Estava ansiosa, **porque**, além dos coleguinhas da classe, esperava ver, na plateia, seus amigos da rua onde mora. (...)"

(Klein, Cristina. *Descobrindo valores*. Blumenau-SC: Todolivro Editora, 2014.)

....

....

....

MÓDULO VI

NOÇÕES DE ESTILÍSTICA

Estilística

É a parte da gramática que estuda os recursos que podem ser empregados para dar mais expressividade ao texto, ou seja, para aumentar-lhe a capacidade de emocionar ou sugestionar. Esses recursos são chamados de **figuras de linguagem**. Constituem uma espécie de "enfeite" do discurso.

Das figuras de linguagem fazem parte as figuras de sintaxe (ou figuras de construção); figuras de palavras; e figuras de pensamento.

Figuras de Sintaxe (ou Figuras de Construção)

As principais figuras de construção são: inversão (ou hipérbato), repetição (ou anáfora), elipse, zeugma, silepse, pleonasmo, polissíndeto, assíndeto, anacoluto e aliteração.

▶ **Inversão (ou hipérbato)**

Consiste na alteração da ordem direta dos termos constantes da oração:

Fumar no escritório o diretor não permite.

▶ **Repetição (ou anáfora)**

Consiste na colocação de uma palavra ou expressão no texto, mais de uma vez, para dar ênfase à ideia. Este recurso é bastante usado em poesia:

Louvado sejas, Senhor meu, por frei vento e por o ar
e a nuvem e o orvalho e qualquer tempo com
os quais às tuas criaturas dás sustento.
Louvado sejas, Senhor meu, por sóror nossa madre
terra a qual nos governa e conserva e produz frutos
diversos com coloridas flores e erva.

(Guilherme de Almeida)

▶ Elipse

Consiste em esconder um termo que pode ser percebido com facilidade:

No jardim, muitas flores. (havia)
Na rua, passos furtivos. (havia)
Tomara não haja repetição do desagradável fato. (que)

▶ Zeugma

É uma espécie de elipse. Consiste na supressão de um termo presente numa oração anterior:

Marcelo comprou duas camisas; Luís, uma.
(verbo omitido na segunda oração: *comprou*)

▶ Silepse

Consiste em se fazer a concordância de gênero, número ou pessoa com as ideias sugeridas pelos termos, e não com os termos presentes na oração. Pode haver silepse:

a) de gênero: Sua Altez**a** ficou surpres**o** com a beleza do teatro.

b) de número: **A** plateia estava ansiosa pelo início do espetáculo e com a demora, **começaram** a gritar.

c) de pessoa: Todos acreditamos em dias melhores. (**nós**)

▶ Pleonasmo

É a repetição, no falar ou no escrever (para dar ênfase), de palavras ou ideias com o mesmo significado.

A mim me parece estar havendo algum engano nas contas.

Viu com *seus próprios* olhos.

Nota: O pleonasmo deixa de ser figura de linguagem, tornando-se vicioso, quando empregado por falta de conhecimento do sentido das palavras:
"descer para baixo"; "subir para cima"; "elo de ligação", etc.

273

➤ Polissíndeto

Consiste no uso repetido de uma conjunção coordenativa:
É bom **e** sincero **e** amável **e** espirituoso.

➤ Assíndeto

É a omissão da conjunção, para dar mais rapidez e energia à oração:
É bom, amável, sincero, espirituoso.

➤ Anacoluto

Ocorre quando, na mesma frase, uma expressão não se liga a outra conforme as regras da sintaxe:
Aquele quadro, muitos já tentaram decifrá-lo sem êxito.

➤ Aliteração

Constitui-se na repetição das mesmas letras ou das mesmas sílabas, no início das palavras. Esta figura de construção é muito usada na poesia:

Voluntário valoroso,
vai, valente vingador!
Voa! Verga ventanias,
vara várzeas, varre vales!
Vinga! Volta vencedor!

(Guilherme de Almeida)

> **Nota**: Às vezes, a repetição procura reproduzir sons e ruídos do mundo natural. Este recurso é chamado **onomatopeia**:
> Café com pão, café com pão, café com pão,
> Lá vem o trenzinho alegre sobre os trilhos a correr ...

FIGURAS DE PALAVRAS

As figuras de palavras (ou tropos) referem-se à significação das palavras. As principais são: metáfora, metonímia, catacrese e antonomásia. Nesses casos, as palavras são empregadas em sentido diverso àquele que normalmente lhes corresponde.

➤ Metáfora

Consiste em substituir um termo por outro, por analogia:
Aquele rapaz é um verdadeiro adônis. (= belo como o Adônis da fábula)

Nota: Não confundir com a comparação, pela qual se diria:
Aquele rapaz é belo como Adônis.
Ele é tal qual Adônis.

► Metonímia

Consiste na alteração do sentido natural das palavras. Ocorre quando se emprega:

a) o efeito pela causa e vice-versa:
Nas cidades do Sul há muito verde. (verde / plantas)

b) o continente pelo conteúdo:
As crianças comeram duas travessas de macarrão.

c) o instrumento pela pessoa que o usa:
João sempre foi um bom garfo.

d) o lugar pelo produto:
Quem não aprecia um bom Bordeaux? (cidade em que esse tipo de vinho é produzido)

e) o abstrato pelo concreto e vice-versa:
A juventude é capaz de dar demonstrações de grande maturidade. (juventude / jovens)

f) o autor pela obra:
Ler Monteiro Lobato é voltar a uma infância encantada.

g) a parte pelo todo ou vice-versa
Na última enchente, muitas pessoas ficaram sem teto. (teto / casa)

h) o indivíduo pela classe:*
Antônio é sempre o cristo da família. (cristo / sacrificado, abnegado)

i) a matéria pelo objeto: *
Sobre a mesa, finos cristais e porcelanas. (cristais / copos; porcelanas / pratos)

j) o singular pelo plural *
O americano é prático e objetivo por natureza. (americano / americanos)

l) o gênero pela espécie e vice-versa *
O erro e o arrependimento fazem parte do mundo dos mortais. (mortais / homens)

* Estes casos também são conhecidos como **sinédoque.**

► Catacrese

Consiste em usar uma palavra ou expressão, atribuindo-lhe um sentido que é próprio de outra:

A feira era um grande *formigueiro humano*. (formigueiro = porção de formigas e não de pessoas)

► Antonomásia

Consiste na substituição de um nome próprio por um nome comum ou expressão que facilmente o identifique:

Verdadeiras lições de amor foram deixadas pelo Rabi da Galileia. (Rabi da Galileia = Jesus Cristo)

FIGURAS DE PENSAMENTO

São recursos usados para dar às palavras um significado mais expressivo.

► Antítese (ou contraste)

Consiste no uso de palavras ou expressões de sentidos opostos:
Por que *tão perto* andais, tão ao alcance
de quem anda *tão longe* de alcançar-vos?

(Guilherme de Almeida)

► Hipérbole

Consiste na apresentação de uma ideia de forma exagerada:

Morta de medo, parou na soleira da porta.
Repetiu a informação *um milhão de vezes*.

► Gradação

Consiste no encadeamento de sinônimos, de forma crescente ou decrescente, demonstrando progressividade de ideia:

A situação a bordo era desoladora. O vento ensurdecedor, o mar difícil, roupas encharcadas, muito frio e alguns estragos.

(Amyr Klink)

► Prosopopeia (ou personificação)

Consiste em atribuir qualidade ou sensibilidade humana a seres inanimados ou irracionais:

Os vales *choraram* a perda da mata luxuriante.

➤ Ironia

Consiste no emprego de uma palavra ou expressão com o sentido contrário ao que se quer, na verdade, dizer, geralmente com intenção sarcástica:

Parabéns! Você demonstrou *tanta competência* que perdeu o emprego.

➤ Eufemismo

Consiste no uso de palavras delicadas, suaves, para designar expressões que exprimem ideias desagradáveis ou grosseiras:

Aquela garota costuma *faltar* à verdade. (por "mentir")
Despedindo-se de todos, *deu o último suspiro*. (por "morreu")

VÍCIOS DE LINGUAGEM

São construções que se desviam das normas gramaticais. Os vícios de linguagem que costumam ocorrer com mais frequência são:

Ambiguidade (ou anfibologia)

Nome que se dá ao uso de uma frase que, por ser mal construída, acaba gerando duplo sentido:

Chegou o pai do aluno Romeu a quem procuravam. (Não se sabe qual dos dois está sendo procurado ...)

Barbarismo

Nome que se dá à escrita ou pronúncia incorreta de palavras. Pode-se identificar com este mesmo nome o uso desnecessário de expressões estrangeiras:

A Pátria necessita de todos os seus cidadões. (Em vez de **cidadãos**).
O *coffee-break* será às 10h. (Em vez de "O **café** será ....").

Cacofonia ou Cacófato

É o som desagradável ou sentido ridículo que uma sequência de palavras pode ter (**por cada**, e**la tinha**, u**ma ma**la, **fé de**mais, etc.):

A boca dela é muito expressiva.

Pleonasmo Vicioso

É o emprego de formas redundantes:

A água da cachoeira *caía para baixo* com estrondo.
O navio *entrou para dentro* do cais.

Solecismo

É o erro cometido contra a sintaxe. Pode ser de concordância, regência ou colocação:

▶ de concordância: A gente *gostamos* de esporte. (Em vez de "A gente **gosta** ...");

▶ de regência: Sônia não quis assistir *o* filme. (Em vez de "... assistir **ao** filme").

▶ de colocação: *Lhe* entregaram as entradas para a festa? (Em vez de "Entregaram-**lhe** as entradas ...")

Estrangeirismo

É o uso desnecessário de palavras estrangeiras, na linguagem escrita ou oral:

Os produtos daquela loja foram colocados *on sale*. (Em vez de **em liquidação**).
O *cocktail* terá início às 19 horas. (Em vez de "O **coquetel** ...").

> **Nota:** Devido ao contato cultural entre os povos, é natural que algumas palavras sejam incorporadas à língua, enriquecendo-a. São os *empréstimos linguísticos*. O exagero, porém, é condenável. Por isso, deve-se, sempre que possível, aportuguesar as palavras de origem estrangeira, ou seja, apresentá-las com a grafia de nosso idioma.

Preciosismo ou Perífrase

É o uso de expressões rebuscadas, no texto, em detrimento da simplicidade, da naturalidade ou da clareza:

Fomos convidados a participar da festa de comemoração à *data natalícia do progenitor* do maior *causídico* do bairro.

("Data natalícia" = aniversário; progenitor = pai; causídico = advogado).

MÓDULO VI - ATIVIDADES

Figuras de Sintaxe

Exercitando...

1. Nas frases abaixo, identifique as palavras ou expressões que foram omitidas por elipse ou zeugma.

a) No jardim, muitas flores.

b) João é um aluno dedicado; Matias, não.

c) Alguns pais a apoiam, outros não.

d) Quanta gente na palestra!

e) Na reunião, pessoas preocupadas.

2. Identifique as frases a seguir, utilizando os seguintes códigos:
(**P**) Polissíndeto, (**A**) Assíndeto e (**PL**) Pleonasmo.

a) (   ) Jaime é um menino bom e sincero e amável e educado.

b) (   ) Assim é a vida, colorida, divertida, inusitada.

c) (   ) Tudo é perfeito, esplêndido, admirável com você por perto.

d) (   ) Vi com meus próprios olhos.

e) (   ) A flauta que chora, que ri, que exalta.

3. Identifique nos períodos abaixo as silepses de gênero, de número ou de pessoa.

a) Vossa Santidade é bondoso.

....

b) Todos sofremos com tanta negligência.

....

c) Sua Majestade ficou assustado com o toque de alarme.

....

d) A plateia, ansiosa com a apresentação da cantora, gritavam eufóricas.

....

e) Todos acreditamos nos sonhos.

....

4. Na cantiga de roda "Escravos de Jó", reconheça a figura de sintaxe presente.

Escravos de Jó
Jogavam caxangá.
Tira, bota,
Deixa o Zambelê ficar.

Guerreiros com guerreiros
Fazem zigue, zigue, zá.
Guerreiros com guerreiros
Fazem zigue, zigue, zá.

....

....

....

....

Figuras de Palavras

Exercitando...

1. Analise as frases a seguir, escrevendo **(C)** quando há catacrese e **(P)** quando a palavra está em seu sentido próprio.

a) (   ) Meu braço está doendo depois da fisioterapia.

b) (   ) Preciso revestir o braço do sofá.

c) (   ) Tenho várias xícaras com a asa quebrada.

d) (   ) Ao sentar, quebrei o pé da cadeira.

e) (   ) Meu pé é pequeno e delicado.

f) (   ) Havia um fio de luz no fim do corredor.

g) (   ) Você fechou a boca do forno?

h) (   ) Minha cabeça dói só em pensar na confusão.

i) (   ) Na receita são usados vários dentes de alho.

j) (   ) Abri inúmeras vezes a boca de sono.

2. Observando os vários tipos de metonímia, relacione as colunas.

(**1**) continente pelo conteúdo
(**2**) autor pela obra
(**3**) instrumento pela pessoa que o usa
(**4**) parte pelo todo
(**5**) matéria pelo objeto
(**6**) lugar pelo produto

a) (   ) Comi dois pratos de feijão.

b) (   ) Vamos beber um Porto?

c) (   ) Após o vendaval, muitas pessoas ficaram sem teto.

d) (   ) Os finos cristais reluziam na vitrine.

e) (   ) Li Machado de Assis para o vestibular.

f) (   ) João sempre foi um bom garfo.

3. Dada a poesia "Gira-gira":

Lá no céu, olha que moda,
Fica o sol grande e brilhoso.
Em volta, brincam de roda
Nove amigos...que gostoso!

Cada amigo é um planeta,
Que é também corpo celeste.
Já o Sol é uma estrela,
Que de rei sempre se veste.

Um rei que não tem coroa,
Mas tem muita energia.
Se ele usasse coroa...
Num segundo derreteria!

a) Transcreva, do texto, o verso que contém uma metáfora.

....

....

b) Reescreva o mesmo verso, transformando-o em comparação.

....

....

Figuras de Pensamento

Exercitando...

1. Sabendo que a ironia consiste no emprego de uma palavra ou expressão com o sentido contrário ao que se quer, na verdade, dizer, crie frases irônicas dando a entender:

a) a piada é sem graça; ....

b) a competência de alguém...

2. Identifique nas frases a seguir, com os códigos abaixo, a ocorrência de:

(**H**) hipérbole (**P**) prosopopeia (**A**) antítese (**E**) eufemismo

a) (   ) Faltou com a verdade em seu depoimento.

b) (   ) Chorou um rio de lágrimas.

c) (   ) Morri de tanto rir com a história do seu André.

d) (   ) A flor chorou com o meu toque.

e) (   ) Frio ou calor iremos caminhar.

f) (   ) Mesmo hoje sinto seu coração perto de mim!

3. Na poesia "Corpo Sabido", identifique um verso em que ocorre antítese.

> Tudo o que a gente sente,
> gosto, som, cheiro, visão,
> se está frio ou se está quente,
> aqui vai a explicação.
>
> Cinco são nossos sentidos
> e começo pelo todo.
> Áspero, macio e liso,
> Nossa pele sabe a jato.

. . . .

. . . .

Vícios de Linguagem

Exercitando...

1. Relacione as colunas, observando os vícios de linguagem mais frequentes:

(**1**) Ambiguidade
(**2**) Barbarismo
(**3**) Cacofonia
(**4**) Pleonasmo vicioso
(**5**) Solecismo
(**6**) Estrangeirismo
(**7**) Perífrase

a) (   ) A gente somos do bem.

b) (   ) Ela entrou para dentro faz pouco tempo.

c) (   ) O show foi maravilhoso.

d) (   ) A menina ama o pai.

e) (   ) O progenitor chegará tarde para o jantar.

f) (   ) Ela tinha vários filhotes de gato.

g) (   ) Os artesões gostam de participar das feiras de artesanato da cidade.

RESUMO DAS ALTERAÇÕES EFETUADAS PELO ACORDO ORTOGRÁFICO DA LÍNGUA PORTUGUESA (1990)

1. Alfabeto: Passou a ter 26 letras, com a introdução de **k**, **w** e **y**.

2. Trema: Abolido. Uso mantido apenas em palavras estrangeiras e suas derivadas: Hübner, hübneriano.

3. Acentuação:

3.a) Não se acentuam os ditongos abertos **éi** e **ói** de palavras paroxítonas (que têm acento forte na penúltima sílaba): ideia, plateia, heroico, paranoico. **Exceção:** paroxítonas terminadas em **r**: destróier, Méier.

3.b) Não são acentuados o **i** e o **u** fortes de palavras paroxítonas, quando estiverem depois de um ditongo (encontro de vogais): feiura, cauila, cheiinha.

3.c) Não são acentuadas as formas verbais **creem**, **deem**, **leem**, **veem** e **derivadas** (descreem, desdeem, releem, reveem).

3.d) Não são acentuadas as palavras terminadas em **ôo**: perdoo, abençoo, voo.

3.e) Abolido o acento agudo na vogal **u**, forte, nas formas do pres. do ind. dos verbos arguir e redarguir: (ele) argui; (tu) arguis; (eles) arguem.

Nota: Verbos terminados em **guar**, **quar** e **quir** (enxaguar, obliquar, delinquir, etc.) admitem duas pronúncias em algumas formas. Pronunciados com **a** ou **i** fortes, recebem acento: (eu) enxáguo; (eles) oblíquam; (tu) delínquas. Do contrário, não levam acento: enxaguo; obliquam; delinquas. No Brasil, é mais comum a pronúncia com o **a** e o **i** fortes.

3.f) Abolido o acento diferencial: para (verbo)/para (preposição); polo (extremidade geográfica)/polo (jogo); pelo (cabelo, penugem)/pelo (preposição); pera (fruta)/pera (preposição arcaica).

Notas: 1. Permanecem os acentos em: **pôde** (do verbo poder), para diferenciar de pode (3ª pessoa sing. pres. indic. do mesmo verbo); **pôr** (verbo), para diferenciar de por (preposição); **vêm** (pl., verbo vir); **têm** (pl., verbo ter). **2.** É facultativo o uso de acento circunflexo em **fôrma** (substantivo) e forma (substantivo e verbo).

PRINCIPAIS ALTERAÇÕES QUANTO AO USO DO HÍFEN	
COM HÍFEN	
Palavras compostas (por extenso ou reduzidas) →	Decreto-lei; primeiro-ministro; tenente-coronel; joão-ninguém; luso-brasileiro; mãe-d'água; olho-d'água; para-brisa; para-choque. **Mas:** girassol, madressilva, pontapé, paraquedas, paraquedista e afins **sem hífen** (consagradas pelo uso).
Elementos repetidos →	Blá-blá-blá; zigue-zague; tico-tico; lenga-lenga, etc.
Com as formas além, aquém, recém, bem, sem →	Além-mar, aquém-mar, recém-eleito; bem-casado; bem-estar; bem-humorado; bem-ditoso. Em alguns compostos o advérbio bem se aglutina ao segundo elemento iniciado por consoante, quer esse elemento tenha ou não vida à parte: benfazejo; benfeitor; ben-querer, etc.
Com o advérbio mal seguido de vogal, h, l, ou quando se aplica a doença →	Mal-informado; mal-humorado; mal-lavado; mal-francês (ref. a sífilis), etc.
Com os adjetivos grã, grão, em forma verbal e ligados ou não por artigo →	Grã-Bretanha; Grão-Pará; Passa-Quatro, Trás-os-Montes, etc.
Somente estas locuções, de uso já consagrado →	Água-de-colônia; arco-da-velha; cor-de-rosa; mais-que-perfeito; pé-de-meia; ao deus-dará; à queima-roupa.
Em compostos que designem espécies botânicas, zoológicas e afins →	Erva-doce; bem-me-quer (mas malmequer); andorinha-do-mar; couve-flor, feijão-verde, etc.

PRINCIPAIS ALTERAÇÕES QUANTO AO USO DO HÍFEN	
COM HÍFEN	
Com prefixos ou pseudo-prefixos →	**1.** Terminados em vogal, diante de vogal igual: anti-inflamatório; pseudo-orador; micro-onda. **2.** Terminados em consoante, diante de consoante igual: ad-digital; sub-básico. **3.** Prefixos **pré-, pró-, pós-**, quando o segundo elemento tem vida à parte: pré-história; pró-ativo; pós-doutorado. **4.** Terminados por **m** ou **n** diante de **vogal, h, m, n**: pan-eslavismo; pan-harmônico; circum-navegação; pan-negritude; pan-negritude. **5.** Prefixos **ex-, sota-, soto-, vice-, vizo-**: ex-prefeito; sota-capitão; soto-general; vice-diretor; vizo-rei. **6.** Elementos terminados por **vogal, sob-** e **sub-**, diante de elementos iniciados por **h**: geo-história; anti-histórico; sub-hepático; sub-horizonte. **7.** Nas formações com os prefixos **hiper-, inter-** e **super-**, diante de elementos iniciados por **r**: hiper-requisitado; inter-regional; super-resistente. **8.** Terminados por **b-** (ab-, ob-, sob-, sub-), **d-** (ad) diante de elementos iniciados por **b** ou **r**: ab-rupto; sob-rogar; sub-base; ad-referendum. **Nota:** adrenalina, adrenalite e afins estão consagradas pelo uso sem hífen.
Com sufixos de origem tupi--guarani →	**Açu, guaçu** e **mirim**, diante de elementos que terminem por vogal acentuada graficamente ou por exigência de pronúncia: Itajaí-Açu; Mogi-Guaçu; anajá-mirim.
SEM HÍFEN	

1. Prefixos terminados em vogal, diante de vogal diferente: autoescola, antiaéreo, agroindustrial.
2. Prefixos terminados por consoante, diante de vogal: hiperativo; interescolar; superinteressante.
3. Prefixos **co-, pro-, pre-** e **re-**: coautor; coedição; procônsul; preeleito; reedição. **Atenção:** coerdeiro (sem "h", cf. Ac. Bras. de Letras).
4. Elementos terminados por **vogal** diante de elementos iniciados por **r** ou **s** (dobram-se as consoantes): corréu; cosseno; antirreacionário; multissecular, etc. **Atenção:** para-raios.
5. Locuções em geral: juiz de paz; burro de carga; cor de vinho; quem quer que seja; à vontade; dia a dia; visto que, etc.
6. Prefixos **des-** e **in-** quando o segundo elemento perde o **h**: desumano; desumanidade; inumano, inábil, etc.

IMPORTANTE: AS DEMAIS REGRAS DE ACENTUAÇÃO/USO
DO HÍFEN CONTINUAM EM VIGOR.

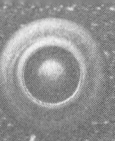

PROVA BRASIL

5° ANO

Brasil 2013, SIMULADOS PARA PROVA BRASIL – 5º ANO – LÍNGUA PORTUGUESA
https://jucienebertoldo.files.wordpress.com/2013/09/simulado-5c2ba-ano-lp-2.pdf

A costureira das fadas

Depois do jantar, o príncipe levou Narizinho à casa da melhor costureira do reino. Era uma aranha de Paris, que sabia fazer vestidos lindos, lindos até não poder mais! Ela mesma tecia a fazenda, ela mesma inventava as modas.

– Dona Aranha – disse o príncipe – quero que faça para esta ilustre dama o vestido mais bonito do mundo. Vou dar uma grande festa em sua honra e quero vê-la deslumbrar a corte.

Disse e retirou-se. Dona Aranha tomou da fita métrica e, ajudada por seis aranhinhas muito espertas, principiou a tomar as medidas. Depois teceu depressa, depressa, uma fazenda cor-de-rosa com estrelinhas douradas, a coisa mais linda que se possa imaginar. Teceu também peças de fita e peças de renda e de entremeio — até carretéis de linha de seda fabricou.

MONTEIRO LOBATO, José Bento. *Reinações de Narizinho*. São Paulo: Brasiliense, 1973.

1 - O príncipe quer dar um vestido para Narizinho porque

(A) ela deseja ter um vestido de baile

(B) o príncipe vai se casar com Narizinho

(C) ela deseja um vestido cor-de-rosa

(D) o príncipe fará uma festa para Narizinho

Brasil 2013, SIMULADOS PARA PROVA BRASIL – 5º ANO – LÍNGUA PORTUGUESA
https://jucienebertoldo.files.wordpress.com/2013/09/simulado-5c2ba-ano-lp-2.pdf

Poluição do solo

É na camada mais externa da superfície terrestre, chamada solo, que se desenvolvem os vegetais. Quando o solo é contaminado, tanto os cursos subterrâneos de água como as plantas podem ser envenenados.

Os principais poluentes do solo são os produtos químicos usados na agricultura. Eles servem para destruir pragas e ervas daninhas, mas também causam sérios estragos ambientais.

O lixo produzido pelas fábricas e residências também pode poluir o solo. Baterias e pilhas jogadas no lixo, por exemplo, liberam líquidos tóxicos e corrosivos. Nos aterros, onde o lixo das cidades é despejado, a decomposição da matéria orgânica gera um líquido escuro e de mau cheiro chamado chorume, que penetra no solo e contamina mesmo os cursos de água que passam bem abaixo da superfície. {...}

Almanaque Recreio. São Paulo: Abril. Almanaques CDD_056-9. 2003.

2 - No trecho "É na camada mais externa da superfície terrestre", a expressão entre aspas indica:

(A) causa

(B) finalidade

(C) lugar

(D) tempo

Brasil 2013, SIMULADOS PARA PROVA BRASIL – 5º ANO – LÍNGUA PORTUGUESA
https://jucienebertoldo.files.wordpress.com/2013/09/simulado-5c2ba-ano-lp-2.pdf

Continho

Era uma vez um menino triste, magro e barrigudinho. Na soalheira danada de meio-dia, ele estava sentado na poeira do caminho, imaginando bobagem, quando passou um vigário a cavalo.

– Você, aí, menino, para onde vai essa estrada?

– Ela não vai, não: nós é que vamos nela.

– Engraçadinho duma figa! Como você se chama?

– Eu não me chamo, não, os outros é que me chamam de Zé.

MENDES CAMPOS, Paulo. *Para gostar de ler - Crônicas*. São Paulo: Ática, 1996, v. 1 p. 76.

3 - Há traço de humor no trecho:

(A) "Era uma vez um menino triste, magro (...)".

(B) "(...), ele estava sentado na poeira do caminho".

(C) "(...) quando passou um vigário".

(D) "– Ela não vai, não: nós é que vamos nela".

Brasil 2013, SIMULADOS PARA PROVA BRASIL – 5º ANO – LÍNGUA PORTUGUESA
https://jucienebertoldo.files.wordpress.com/2013/09/simulado-5c2ba-ano-lp-2.pdf

O que disse o passarinho

Um passarinho me contou
que o elefante brigou
com a formiga só porque
enquanto dançavam (segundo ele)
ela pisou no pé dele!

Um passarinho me contou
que o jacaré se engasgou
e teve de cuspi-lo inteirinho
quando tentou engolir,
imaginem só, um porco-espinho!

Um passarinho me contou
que o namoro do tatu e a tartaruga
deu num casamento de fazer dó:
cada qual ficou morando em sua casca
em vez de morar numa casca só.

Um passarinho me contou
que a ostra é muito fechada,
que a cobra é muito enrolada
que a arara é uma cabeça oca,
e que o leão-marinho e a foca...

Xô xô, passarinho, chega de fofoca!

PAES, José Paulo. *O que disse o passarinho*. In: _____.Um passarinho me contou.
São Paulo: Editora Ática, 1996.

4 - A pontuação usada no final do verso "e que o leão-marinho e a foca..." (l. 20) sugere que o passarinho

(A) está cansado

(B) está confuso

(C) não tem mais fofocas para contar

(D) ainda tem fofocas para contar

Brasil 2013, SIMULADOS PARA PROVA BRASIL – 5º ANO – LÍNGUA PORTUGUESA
https://jucienebertoldo.files.wordpress.com/2013/09/simulado-5c2ba-ano-lp-2.pdf

Carta

Lorelai:

Era tão bom quando eu morava lá na roça. A casa tinha um quintal com milhões de coisas, tinha até um galinheiro. Eu conversava com tudo quanto era galinha, cachorro, gato, lagartixa, eu conversava com tanta gente que você nem imagina, Lorelai. Tinha árvore para subir, rio passando no fundo, tinha cada esconderijo tão bom que a gente podia ficar escondida a vida toda que ninguém achava. Meu pai e minha mãe viviam rindo, andavam de mão dada, era uma coisa muito legal de a gente ver. Agora, tá tudo diferente: eles vivem de cara fechada, brigam à toa, discutem por qualquer coisa. E depois, toca todo mundo a ficar emburrado. Outro dia eu perguntei: o que é que tá acontecendo que toda hora tem briga? Sabe o que é que eles falaram? Que não era assunto para criança. E o pior é que esse negócio de emburramento em casa me dá uma aflição danada. Eu queria tanto achar um jeito de não dar mais bola pra briga e pra cara amarrada. Será que você não acha um jeito pra mim?

Um beijo da Raquel. (...)

NUNES, Lygia Bojunga. *A Bolsa Amarela* – 31ª ed. Rio de Janeiro: Agir, 1998.

5 - Em "Agora, **tá** tudo diferente:" a palavra destacada é um exemplo de linguagem

(A) ensinada na escola

(B) estudada nas gramáticas

(C) encontrada nos livros técnicos

(D) empregada com colegas

Atividades

Brasil 2013, SIMULADOS PARA PROVA BRASIL – 5º ANO – LÍNGUA PORTUGUESA
https://jucienebertoldo.files.wordpress.com/2013/09/simulado-5c2ba-ano-lp-2.pdf

O hábito da leitura

"A criança é o pai do homem". A frase, do poeta inglês William Wordsworth, ensina que o adulto conserva e amplia qualidades e defeitos que adquiriu quando criança. Tudo que se torna um hábito dificilmente é deixado. Assim, a leitura poderia ser uma mania prazerosa, um passatempo.

Você, coleguinha, pode descobrir várias coisas, viajar por vários lugares, conhecer várias pessoas, e adquirir muitas experiências enquanto lê um livro, jornal, gibi, revista, cartazes de rua e até bula de remédio. Dia 25 de janeiro foi o dia do Carteiro. Ele leva ao mundo inteiro várias notícias, intimações, saudades, respostas, mas tudo isso só existe por causa do hábito da leitura. E aí, vamos participar de um projeto de leitura?

CORREIO BRAZILIENSE, Brasília, 31 de janeiro de 2004, p. 7.

6 - No trecho "<u>Ele</u> leva ao mundo inteiro" (l. 12), a palavra sublinhada refere-se ao:

(A) carteiro

(B) jornal

(C) livro

(D) poeta

Brasil 2013, SIMULADOS PARA PROVA BRASIL – 5º ANO – LÍNGUA PORTUGUESA
https://jucienebertoldo.files.wordpress.com/2013/09/simulado-5c2ba-ano-lp-2.pdf

Pepita, a piaba

Lá no fundo do rio, vivia Pepita: uma piaba miudinha.
Mas Pepita não gostava de ser assim.
Ela queria ser grande... bem grandona...
Tomou pílulas de vitamina... Fez ginástica de peixe...
Mas nada... Continuava miudinha.
– O que é isso? Uma rede?
Uma rede no rio! Os pescadores!
Ai, ai, ai... Foi um corre-corre... Foi um nada nada...
Mas... muitos peixes ficaram presos na rede.
E Pepita?
Pepita escapuliu... Ela nadou, nadou pra bem longe dali!

CONTIJO, Solange A. Fonseca. *Pepita, a piaba*. Belo Horizonte: Miguilim, s.d.

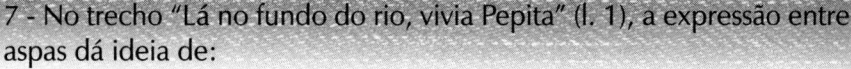

7 - No trecho "Lá no fundo do rio, vivia Pepita" (l. 1), a expressão entre aspas dá ideia de:

(A) causa

(B) explicação

(C) lugar

(D) tempo

Brasil 2013, SIMULADOS PARA PROVA BRASIL – 5º ANO – LÍNGUA PORTUGUESA
https://jucienebertoldo.files.wordpress.com/2013/09/simulado-5c2ba-ano-lp-2.pdf

Feias, sujas e imbatíveis (fragmento)

As baratas estão na Terra há mais de 200 milhões de anos, sobrevivem tanto no deserto como nos polos e podem ficar até 30 dias sem comer. Vai encarar?

Férias, sol e praia são alguns dos bons motivos para comemorar a chegada do verão e achar que essa é a melhor estação do ano. E realmente seria, se não fosse por um único detalhe: as baratas. Assim como nós, elas também ficam bem animadas com o calor. Aproveitam a aceleração de seus processos bioquímicos para se reproduzirem mais rápido e, claro, para passearem livremente por todos os cômodos de nossas casas.

Nessa época do ano, as chances de dar de cara com a visitante indesejada, ao acordar durante a noite para beber água ou ir ao banheiro, são três vezes maiores.

Revista Galileu. Rio de Janeiro: Globo, Nº 151, fev. 2004, p.26.

8 - A expressão "Vai encarar?", é marca de linguagem

(A) científica

(B) formal

(C) informal

(D) regional

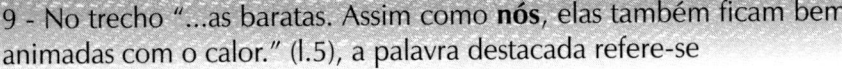

Atividades

9 - No trecho "...as baratas. Assim como **nós**, elas também ficam bem animadas com o calor." (l.5), a palavra destacada refere-se

(A) às baratas

(B) às pessoas

(C) a férias, sol e praia

(D) às casas

10 - No trecho "Vai encarar?", o ponto de interrogação tem o efeito de

(A) apresentar

(B) avisar

(C) desafiar

(D) questionar

Brasil 2013, SIMULADOS PARA PROVA BRASIL – 5º ANO – LÍNGUA PORTUGUESA
https://jucienebertoldo.files.wordpress.com/2013/09/simulado-5c2ba-ano-lp-2.pdf

Televisão

Televisão é uma caixa de imagens que fazem barulho.

Quando os adultos não querem ser incomodados, mandam as crianças ir assistir à televisão.

O que eu gosto mais na televisão são os desenhos animados de bichos.

Bicho imitando gente é muito mais engraçado do que gente imitando gente, como nas telenovelas.

Não gosto muito de programas infantis com gente fingindo de criança.

Em vez de ficar olhando essa gente brincar de mentira, prefiro ir brincar de verdade com meus amigos e amigas.

Também os doces que aparecem anunciados na televisão não têm gosto de coisa alguma, porque ninguém pode comer uma imagem.

Já os doces que minha mãe faz e que eu como todo dia, esses, sim, são gostosos.

Conclusão: a vida fora da televisão é melhor do que dentro dela.

PAES, J. P. *Televisão*. In: Vejam como eu sei escrever. 1a. ed. São Paulo, Ática, 2001, p. 26-27.

11 - O trecho em que se percebe que o narrador é uma criança é:

(A) "Bicho imitando gente é muito mais engraçado do que gente imitando gente, como nas telenovelas."

(B) "Em vez de ficar olhando essa gente brincar de mentira, prefiro ir brincar de verdade..."

(C) "Quando os adultos não querem ser incomodados, mandam as crianças ir assistir à televisão."

(D) "Também os doces que aparecem anunciados na televisão não têm gosto de coisa alguma..."

Brasil 2011, prova modelo -5ºano - modelo prova Brasil 2011 - https://9765c076-a-62cb3a1a-s-sites.googlegroups.com/site/provassaresp/prova-brasil-simulado-2011/provamodelo_5ano.pdf?atta chauth=ANoY7cpreCn2MtizzDhk2NNwaZC7IE3lsNtlRcHmtJV-qCNzgPEigVei-Ybl1nSSWRUxvknG EkcsjmpM697B6JLjaHCwrkU_wDsU9YJxHGC4HV2reTaw5ZsThlipk9zpMXq6gE8qM8v0dexb-9Ah gl9oe5qR0z7wgsyGCLxuvfZVMerT54Sx7DRERhnmmold4bzNrxt7FMazQyqNh5OyUa8r57FKCGV l0g1xGrXr9HB7P-cM7vBgwbusl8bxSzkm0au4o8BP7lPb&attredirects=0

A boneca Guilhermina

Esta é a minha boneca, a Guilhermina. Ela é uma boneca muito bonita, que faz xixi e cocô. Ela é muito boazinha também. Faz tudo o que eu mando. Na hora de dormir, reclama um pouco. Mas depois que pega no sono, dorme a noite inteira! Às vezes ela acorda no meio da noite e diz que está com sede. Daí eu dou água para ela. Daí ela faz xixi e eu troco a fralda dela. Então eu ponho a Guilhermina dentro do armário, de castigo. Mas quando ela chora, eu não aguento. Eu vou até lá e pego a minha boneca no colo. A Guilhermina é a boneca mais bonita da rua.

MUILAERT, A. *A boneca Guilhermina*. In: As reportagens de Penélope. São Paulo: Companhia das Letrinhas, 1997, p. 17. Coleção Castelo Rá-Tim-Bum – Vol. 8.

12 - O trecho "A Guilhermina é a boneca mais bonita da rua" expressa

(A) uma opinião da dona sobre a sua boneca

(B) um comentário das amigas da dona da boneca

(C) um desejo da dona de Guilhermina

(D) um fato acontecido com a boneca e a sua dona

13 - No trecho "Mas quando ela chora, *eu não aguento*", a expressão sublinhada significa, em relação à dona da boneca, sentimento de

(A) paciência

(B) pena

(C) raiva

(D) solidão

14 - Guilhermina é

(A) a autora do texto

(B) a boneca

(C) a babá da boneca

(D) a dona da boneca

Brasil 2011, prova modelo - 5º ano - modelo prova Brasil 2011 - https://9765c076-a-62cb3a1a-s-sites.googlegroups.com/site/provassaresp/prova-brasil-simulado-2011/provamodelo_5ano.pdf?atta chauth=ANoY7cpreCn2MtizzDhk2NNwaZC7IE3lsNtlRcHmtJV-qCNzgPEigVei-Ybl1nSSWRUxvknG EkcsjmpM697B6JLjaHCwrkU_wDsU9YJxHGC4HV2reTaw5ZsThlipk9zpMXq6gE8qM8v0dexb-9Ah gl9oe5qR0z7wgsyGCLxuvfZVMerT54Sx7DRERhnmmold4bzNrxt7FMazQyqNh5OyUa8r57FKCGV l0g1xGrXr9HB7P-cM7vBgwbusl8bxSzkm0au4o8BP7lPb&attredirects=0

Qualquer vida é muita dentro da floresta

Se a gente olha de cima, parece tudo parado.
Mas por dentro é diferente.
A floresta está sempre em movimento.
Há uma vida dentro dela que se transforma sem parar.
Vem o vento.
Vem a chuva.
Caem as folhas.
E nascem novas folhas.
Das flores saem os frutos.
E os frutos são alimento.
Os pássaros deixam cair as sementes.
Das sementes nascem novas árvores.
As luzes dos vaga-lumes são estrelas na terra.
E com o sol vem o dia.
Esquenta a mata.
Ilumina as folhas.
Tudo tem cor e movimento.

ÍNDIOS TICUNA. Qualquer vida é muita dentro da floresta. In: O livro das árvores. 2ª ed. Organização Geral dos Professores Ticuna Bilíngues, 1998. p. 48.

15 - A ideia central do texto é

(A) a chuva na floresta

(B) a importância do Sol

(C) a vida na floresta

(D) o movimento das águas

16 - No trecho "Esquenta a mata. Ilumina as folhas. Tudo tem cor e movimento.", o objetivo do texto é dizer que

(A) aparecem estrelas

(B) brotam flores

(C) chega o Sol

(D) vem o vento

17 - No trecho "Há uma vida dentro <u>dela</u> que se transforma sem parar.", a palavra sublinhada refere-se à

(A) floresta

(B) chuva

(C) terra

(D) cor

9° ANO

O sapo

Era uma vez um lindo príncipe por quem todas as moças se apai-xonavam. Por ele também se apaixonou a bruxa horrenda que o pediu em casamento. O príncipe nem ligou e a bruxa ficou muito brava. "Se não vai casar *comigo* não vai se casar com ninguém mais!" Olhou fundo nos olhos dele e disse: "Você vai virar um sapo!" Ao ouvir esta palavra o príncipe sentiu estremeção. Teve medo. Acreditou. E ele virou aquilo que a palavra feitiço tinha dito. Sapo. Virou um sapo.

(ALVES, Rubem. *A alegria de ensinar*. Ars Poética, 1994.)

18 - No trecho "O príncipe NEM LIGOU e a bruxa ficou muito brava.", a expressão destacada significa que ele

(A) não deu atenção ao pedido de casamento

(B) não entendeu o pedido de casamento

(C) não respondeu à bruxa

(D) não acreditou na bruxa

Vínculos, as equações da matemática da vida

Quando você forma um vínculo com alguém, forma uma aliança. Não é à toa que o uso de alianças é um dos símbolos mais antigos e universais do casamento. O círculo dá a noção de ligação, de fluxo, de continuidade. Quando se forma um vínculo, a energia flui. E o vínculo só se mantém vivo se essa energia continuar fluindo. Essa é a ideia de mutualidade, de troca.

Nessa caminhada da vida, ora andamos de mãos dadas, em sintonia, deixando a energia fluir, ora nos distanciamos. Desvios sempre existem. Podemos nos perder em um deles e nos reencontrar logo adiante. A busca é permanente. O que não se pode é ficar constantemente fora de sintonia.

Antigamente, dizia-se que as pessoas procuravam se completar através do outro, buscando sua metade no mundo. A equação era: $1/2 + 1/2 = 1$.

"Para eu ser feliz para sempre na vida, tenho que ser a metade do outro." Naquela loteria do casamento, tirar a sorte grande era achar a sua cara-metade.

Com o passar do tempo, as pessoas foram desenvolvendo um sentido de individualização maior e a equação mudou. Ficou: $1 + 1 = 1$.

"Eu tenho que ser eu, uma pessoa inteira, com todas as minhas qualidades, meus defeitos, minhas limitações. Vou formar uma unidade com meu companheiro, que também é um ser inteiro." Mas depois que esses dois seres inteiros se encontravam, era comum fundirem-se, ficarem grudados num casamento fechado, tradicional. Anulavam-se mutuamente.

Com a revolução sexual e os movimentos de libertação feminina, o processo de individuação que vinha acontecendo se radicalizou. E a equação mudou de novo: $1 + 1 = 1 + 1$.

Era o "cada um na sua". "Eu tenho que resolver os meus problemas, cuidar da minha própria vida. Você deve fazer o mesmo. Na minha independência total e autossuficiência absoluta, caso com você, que também é assim." Em nome dessa independência, no entanto, faltou sintonia, cumplicidade e compromisso afetivo. É a segunda crise do casamento que acompanhamos nas décadas de 70 e 80.

Atualmente, após todas essas experiências, eu sinto as pessoas procurando outro tipo de equação: $1 + 1 = 3$.

Para a aritmética ela pode não ter lógica, mas faz sentido do ponto de vista emocional e existencial. Existem você, eu e a nossa relação. O vínculo entre nós é algo diferente de uma simples somatória de nós dois. Nessa proposta de casamento, o que é meu é meu, o que é seu é seu e o que é nosso é nosso.

Talvez aí esteja a grande mágica que hoje buscamos, a de preservar a individualidade sem destruir o vínculo afetivo. Tenho que preservar o meu eu, meu processo de descoberta, realização e crescimento, sem destruir a relação. Por outro lado, tenho que preservar o vínculo sem destruir a individualidade, sem me anular.

Acho que assim talvez possamos chegar ao ano 2000 um pouco

menos divididos entre a sede de expressão individual e a fome de amor e de partilhar a vida. Um pouco mais inteiros e felizes.

Para isso, temos que compartilhar com nossos companheiros de uma verdadeira intimidade. Ser íntimo é ser próximo, é estar estreitamente ligado por laços de afeição e confiança.

(MATARAZZO, Maria Helena. *Amar é preciso*. 22ª. ed. São Paulo: Editora Gente, 1992. p. 19-21.)

19 - O texto trata, PRINCIPALMENTE,

(A) da exatidão da matemática da vida

(B) dos movimentos de libertação feminina

(C) da loteria do sucesso no casamento

(D) do casamento no passado e no presente

20 - No texto, no casamento, atualmente, defende-se a ideia de que

(A) a felicidade está na somatória do casal

(B) a unidade é igual à soma das partes

(C) o ideal é preservar o "eu" e o vínculo afetivo

(D) o melhor é cada um cuidar de sua própria vida

Brasil 2009, 8ª. série 9º ano - Simulado prova Brasil 2009 - https://9765c076-a-62cb3a1a-s-sites.googlegroups.com/site/provassaresp/provabrasil/8serie9ano-SimuladoprovaBrasil2009.pdf?attach auth=ANoY7coySFM13cx6PRVxxk8xaCRF5yKEuZNZHRnV8iHXm30h4DzPLOUBgVbc2HyG9Y KOe3SnIYVtn0EDDrLduOpcq3p-MncMJhUB64GM4MDAClToM91h0hvy2_10DrWNCGBnDJN srkMfB4FFESHaDVYcDAlu4jVXUtLduqzIjBxMYYiGiMmE6sPcAS7cv0oWCG7MO_MZz8d5mzH O_3ZvFuCGOWEJ8wByx75yoOvub92t5pceXpo0HPeah1-4osLvqu0rqobgH5Mk&attredirects=0

As amazônias

Esse tapete de florestas com rios azuis que os astronautas viram é a Amazônia. Ela cobre mais da metade do território brasileiro. Quem viaja pela região não cansa de admirar as belezas da maior floresta tropical do mundo. No início era assim: água e céu.

É mata que não tem mais fim. Mata contínua, com árvores muito altas, cortada pelo Amazonas, o maior rio do planeta. São mais de mil rios desaguando no Amazonas. É água que não acaba mais.

SALDANHA, P. *As Amazônias*. Rio de Janeiro: Ediouro, 1995.

21 - No texto, o uso da expressão "água que não acaba mais" revela

(A) admiração pelo tamanho do rio

(B) ambição pela riqueza da região

(C) medo da violência das águas

(D) surpresa pela localização do rio

22- O texto trata

(A) da importância econômica do rio Amazonas

(B) das características da região Amazônica

(C) de um roteiro turístico da região do Amazonas

(D) do levantamento da vegetação amazônica

23 - A frase que contém uma opinião é

(A) "... cobre mais da metade do território brasileiro".

(B) "... não cansa de admirar as belezas da maior floresta"

(C) "...maior floresta tropical do mundo"

(D) "Mata contínua [...] cortada pelo Amazonas"

Brasil 2009, 8ª. série 9º ano - Simulado prova Brasil 2009 - https://9765c076-a-62cb3a1a-s-sites.
googlegroups.com/site/provassaresp/provabrasil/8serie9ano-SimuladoprovaBrasil2009.pdf?attach
auth=ANoY7coySFM13cx6PRVxxk8xaCRF5yKEuZNZHRnV8iHXm30h4DzPLOUBgVbc2HyG9Y
KOe3SnIYVtn0EDDrLduOpcq3p-MncMJhUB64GM4MDAClToM91h0hvy2_10DrWNCGBnDJN
srkMfB4FFESHaDVYcDAlu4jVXUtLduqzIjBxMYYiGiMmE6sPcAS7cv0oWCG7MO_MZz8d5mzH
O_3ZvFuCGOWEJ8wByx75yoOvub92t5pceXpo0HPeah1-4osLvqu0rqobgH5Mk&attredirects=0

O boto e a Baía de Guanabara

Piraiaguara sentiu um grande orgulho de ser carioca. Se o Atobá Maroto tinha dado nome para as ilhas, ele e todos os outros botos eram muito mais importantes. Eles eram o símbolo daquele lugar privilegiado: a cidade do Rio de Janeiro.

– A "mui leal e heroica cidade de São Sebastião do Rio de Janeiro".

Piraiaguara fazia questão de lembrar do título, e também de toda a história da cidade e da Baía de Guanabara.

Os outros botos zombavam dele:

– Leal? Uma cidade que quase acabou conosco, que poluiu a baía?

Heroica? Uma cidade que expulsou as baleias, destruiu os mangues e quase não nos deixou sardinhas para comer? Olha aí para o fundo e vê quanto cano e lixo essa cidade jogou aqui dentro!

– Acorda do encantamento, Piraiaguara! O Rio de Janeiro e a Baía de Guanabara foram bonitos sim, mas isso foi há muito tempo. Não adianta ficar suspirando pela beleza do Morro do Castelo, ou pelas praias e pela mata que desapareceram. Olha que, se continuar sonhando acordado, você vai acabar sendo atropelado por um navio!

O medo e a tristeza passavam por ele como um arrepio de dor. Talvez nenhum outro boto sentisse tanto a violência da destruição da Guanabara. Mas, certamente, ninguém conseguia enxergar tão bem as belezas daquele lugar.

Num instante, o arrepio passava, e a alegria brotava de novo em seu coração.

HETZEL, B. *Piraiaguara*. São Paulo: Ática, 2000. p. 16 – 20.

24 - Os outros botos zombavam de Piraiaguara, porque ele

(A) conhecia muito bem a história do Rio de Janeiro

(B) enxergava apenas o lado bonito do Rio de Janeiro

(C) julgava os botos mais importantes que os outros animais

(D) sentia tristeza pela destruição da Baía da Guanabara

25 - O fato que provoca a discussão entre as personagens é

(A) a escolha de nomes de botos para as ilhas

(B) a história da cidade do Rio de Janeiro

(C) o orgulho do boto pela cidade do Rio de Janeiro

(D) os perigos do Rio de Janeiro para os botos

26 - Em "se continuar sonhando acordado, você vai acabar sendo atropelado por um navio!" (l. 25-26), o texto entre aspas estabelece, nesse trecho, relação de

(A) causa

(B) concessão

(C) condição

(D) tempo

Brasil 2009, 8ª. série 9º ano - Simulado prova Brasil 2009 - https://9765c076-a-62cb3a1a-s-sites.
googlegroups.com/site/provassaresp/provabrasil/8serie9ano-SimuladoprovaBrasil2009.pdf?attach
auth=ANoY7coySFM13cx6PRVxxk8xaCRF5yKEuZNZHRnV8iHXm30h4DzPLOUBgVbc2HyG9Y
KOe3SnIYVtn0EDDrLduOpcq3p-MncMJhUB64GM4MDAClToM91h0hvy2_10DrWNCGBnDJN
srkMfB4FFESHaDVYcDAlu4jVXUtLduqzIjBxMYYiGiMmE6sPcAS7cv0oWCG7MO_MZz8d5mzH
O_3ZvFuCGOWEJ8wByx75yoOvub92t5pceXpo0HPeah1-4osLvqu0rqobgH5Mk&attredirects=0

O encontro (fragmento)

Em redor, o vasto campo. Mergulhado em névoa branda, o verde era pálido e opaco. Contra o céu, erguiam-se os negros penhascos tão retos que pareciam recortados a faca. Espetado na ponta da pedra mais alta, o sol espiava atrás de uma nuvem.

"Onde, meu Deus?! – perguntava a mim mesma – Onde vi esta mesma paisagem, numa tarde assim igual?"

Era a primeira vez que eu pisava naquele lugar. Nas minhas andanças pelas redondezas, jamais fora além do vale. Mas nesse dia, sem nenhum cansaço, transpus a colina e cheguei ao campo. Que calma! E que desolação. Tudo aquilo – disso estava bem certa – era completamente inédito pra mim. Mas por que então o quadro se identificava, em todas as minúcias, a uma imagem semelhante lá nas profundezas da minha memória? Voltei-me para o bosque que se estendia à minha direita. Esse bosque eu também já conhecera com sua folhagem cor de brasa dentro de uma névoa dourada. "Já vi tudo isto, já vi... Mas onde? E quando?"

Fui andando em direção aos penhascos. Atravessei o campo. E cheguei à boca do abismo cavado entre as pedras. Um vapor denso subia como um hálito daquela garganta de cujo fundo insondável vinha um remotíssimo som de água corrente. Aquele som eu também conhecia. Fechei os olhos. "Mas se nunca estive aqui! Sonhei, foi isso? Percorri em sonho estes lugares e agora os encontro palpáveis, reais? Por uma dessas extraordinárias coincidências teria eu antecipado aquele passeio enquanto dormia?"

Sacudi a cabeça, não, a lembrança – tão antiga quanto viva – escapava da inconsciência de um simples sonho. [...]

TELLES, Lygia Fagundes. *Oito contos de amor*. São Paulo: Ática.

27 - Na frase "Já vi tudo isso, já vi... Mas onde?", o uso das reticências sugere

(A) impaciência

(B) impossibilidade

(C) incerteza

(D) irritação

Brasil 2009, 8ª. série 9º ano - Simulado prova Brasil 2009 - https://9765c076-a-62cb3a1a-s-sites. googlegroups.com/site/provassaresp/provabrasil/8serie9ano-SimuladoprovaBrasil2009.pdf?attach auth=ANoY7coySFM13cx6PRVxxk8xaCRF5yKEuZNZHRnV8iHXm30h4DzPLOUBgVbc2HyG9Y KOe3SnIYVtn0EDDrLduOpcq3p-MncMJhUB64GM4MDAClToM91h0hvy2_10DrWNCGBnDJN srkMfB4FFESHaDVYcDAlu4jVXUtLduqzIjBxMYYiGiMmE6sPcAS7cv0oWCG7MO_MZz8d5mzH O_3ZvFuCGOWEJ8wByx75yoOvub92t5pceXpo0HPeah1-4osLvqu0rqobgH5Mk&attredirects=0

Seja criativo: fuja das desculpas *manjadas*

Entrevista com *teens*, pais e psicólogos mostram que os adolescentes dizem sempre a mesma coisa quando voltam tarde de uma festa. Conheça seis desculpas entre as mais usadas. Uma sugestão: evite-as. Os pais não acreditam.

– Nós tivemos que ajudar uma senhora que estava passando muito mal. Até o socorro chegar... A gente não podia deixar a pobre velhinha sozinha, não é?

– O pai do amigo que ia me trazer bateu o carro. Mas não se preocupem, ninguém se machucou!

– Cheguei um minuto depois do ônibus ter partido. Aí tive de ficar horas esperando uma carona...

– Você acredita que o meu relógio parou e eu nem percebi?

– Mas vocês disseram que hoje eu podia chegar tarde, não se lembram?

–Eu tentei avisar que ia me atrasar, mas o telefone daqui só dava ocupado!

28 - De acordo com o texto, os pais não acreditam em

(A) adolescentes

(B) psicólogos

(C) pesquisas

(D) desculpas

Duas almas

Ó tu, que vens de longe, ó tu, que vens cansada, entra, e sob este teto encontrarás carinho: eu nunca fui amado, e vivo tão sozinho, vives sozinha sempre, e nunca foste amada... A neve anda a branquear, lividamente, a estrada, e a minha alcova tem a tepidez de um ninho. Entra, ao menos até que as curvas do caminho se banhem no esplendor nascente da alvorada. E amanhã, quando a luz do sol dourar, radiosa, essa estrada sem fim, deserta, imensa e nua, podes partir de novo, ó nômade formosa! Já não serei tão só, nem irás tão sozinha. Há de ficar comigo uma saudade tua... Hás de levar contigo uma saudade minha...

WAMOSY, Alceu. *Livro dos sonetos*. L&PM.

29 - No verso "e a minha alcova tem a tepidez de um ninho" (v. 6), o trecho entre aspas dá sentido de um lugar

(A) aconchegante

(B) belo

(C) brando

(D) elegante

Texto I

A criação segundo os índios Macuxis

No início era assim: água e céu.

Um dia, um Menino caiu na água. O sol quente soltou a pele do Menino. A pele escorregou e formou a terra. Então, a água dividiu o lugar com a terra.

E o Menino recebeu uma nova pele cor de fogo.

No dia seguinte, o Menino subiu numa árvore. Provou de todos os frutos. E jogou todas as sementes ao vento. Muitas sementes caíram no chão. E viraram bichos. Muitas sementes caíram na água. E viraram peixes. Muitas sementes continuaram boiando no vento. E viraram pássaros.

No outro dia, o Menino foi nadar. Mergulhou fundo. E encontrou um peixe ferido. O peixe explodiu. E da explosão surgiu uma Menina.

O Menino deu a mão para a Menina. E foram andando. E o Menino e a Menina foram conhecer os quatro cantos da Terra.

Texto II

A criação segundo os negros Nagôs

Olorum. Só existia Olorum. No início, só existia Olorum.
Tudo o mais surgiu depois.
Olorum é o Senhor de todos os seres.
Certa vez, conversando com Oxalá, Olorum pediu:
– Vá preparar o mundo!
E ele foi. Mas Oxalá vivia sozinho e resolveu casar com Odudua. Deste casamento, nasceram Aganju, a Terra Firme, e Iemanjá, Dona das Águas. De Iemanjá, muito tempo depois, nasceram os Orixás.
Os Orixás são os protetores do mundo.

BORGES, G. et al. *Criação*. Belo Horizonte: Terra, 1999.

30 - Comparando-se essas duas versões da criação do mundo, constata-se que

(A) a diferença entre elas consiste na relação entre o criador e a criação

(B) a origem do princípio religioso da criação do mundo é a mesma nas duas versões

(C) as divindades, em cada uma delas, têm diferentes graus de importância

(D) as diferenças são apenas de nomes, em decorrência da diversidade das línguas originárias

Texto I

Cinquenta camundongos, alguns dos quais clones de clones, derrubaram os obstáculos técnicos à clonagem. Eles foram produzidos por dois cientistas da Universidade do Havaí num estudo considerado revolucionário pela revista britânica "Nature", uma das mais importantes do mundo. [...]

A notícia de que cientistas da Universidade do Havaí desenvolveram uma técnica eficiente de clonagem fez muitos pesquisadores temerem o uso do método para clonar seres humanos.

O Globo. *Caderno Ciências e Vida*. 23 jul. 1998, p. 36.

Texto II

Cientistas dos EUA anunciaram a clonagem de 50 ratos a partir de células de animais adultos, inclusive de alguns já clonados. Seriam os primeiros clones de clones, segundo estudos publicados na edição de hoje da revista "Nature".

A técnica empregada na pesquisa teria um aproveitamento de embriões – da fertilização ao nascimento – três vezes maior que a técnica utilizada por pesquisadores britânicos para gerar a ovelha Dolly.

Folha de S. Paulo. *1º caderno – Mundo*. 03 jul. 1998, p.16.

31 - Os dois textos tratam de clonagem. Qual aspecto dessa questão é tratado apenas no texto I?

(A) A divulgação da clonagem de 50 ratos

(B) A referência à eficácia da nova técnica de clonagem

(C) O temor de que seres humanos sejam clonados

(D) A informação acerca dos pesquisadores envolvidos no experimento

Atividades

Magia das árvores

"– Eu já lhe disse que as árvores fazem frutos do nada e isso é a mais pura magia. Pense agora como as árvores são grandes e fortes, velhas e generosas e só pedem em troca um pouquinho de luz, água, ar e terra. É tanto por tão pouco! Quase toda a magia da árvore vem da raiz. Sob a terra, todas as árvores se unem. É como se estivessem de mãos dadas. Você pode aprender muito sobre paciência estudando as raízes. Elas vão penetrando no solo devagarinho, vencendo a resistência mesmo dos solos mais duros. Aos poucos vão crescendo até acharem água. Não erram nunca a direção. Pedi uma vez a um velho pinheiro que me explicasse por que as raízes nunca se enganam quando procuram água e ele me disse que as outras árvores que já acharam água ajudam as que ainda estão procurando.

– E se a árvore estiver plantada sozinha num prado?

– As árvores se comunicam entre si, não importa a distância. Na verdade, nenhuma árvore está sozinha. Ninguém está sozinho. Jamais. Lembre-se disso.

Magia das árvores. Máqui. São Paulo: FTD, 1992.

32 - No trecho "Ninguém está sozinho. Jamais. Lembre-se disso.", as frases curtas produzem o efeito de

(A) continuidade

(B) dúvida

(C) ênfase

(D) hesitação

A dor de crescer

Período de passagem, tempo de agitação e turbulências. Um fenômeno psicológico e social, que terá diferentes particularidades de acordo com o ambiente social e cultural. Do latim *ad*, que quer dizer para, e *olescer*, que significa crescer, mas também adoecer, enfermar. Todas essas definições, por mais verdadeiras que sejam, foram formuladas por adultos.

"Adolescer dói", dizem as psicanalistas [Margarete, Ana Maria e Yeda] – "porque é um período de grandes transformações. Há um sofrimento emocional com as mudanças biológicas e mentais que ocorrem nessa fase. É a morte da criança para o nascimento do adulto. Portanto, trata-se de uma passagem de perdas e ganhos e isso nem sempre é entendido pelos adultos."

Margarete, Ana Maria e Yeda decidiram criar o "Ponto de Referência" exatamente para isso. Para facilitar a vida tanto dos adolescentes quanto das pessoas que os rodeiam, como pais e professores. "Estamos tentando resgatar o sentido da palavra diálogo" – enfatiza Yeda – "quando os dois falam, os dois ouvem sempre concordando um com o outro, nem sempre acatando. Nosso objetivo maior talvez seja o resgate da interlocução, com direito, inclusive, a interrupções."

Frutos de uma educação autoritária, os pais de hoje se queixam de estar vivendo a tão alardeada ditadura dos filhos. Contrapondo o autoritarismo, muitos enveredaram pelo caminho da liberdade generalizada e essa tem sido a grande dúvida dos pais que procuram o "Ponto de Referência": proibir ou permitir? "O que propomos aqui", afirma Margarete,"é a consciência da liberdade. Nem o vale-tudo e nem a proibição total. Tivemos acesso a centros semelhantes ao nosso na Espanha e em Portugal, onde o setor público funciona bem e dá muito apoio a esse tipo de trabalho, porque já descobriram a importância de uma adolescência vivida com um mínimo de equilíbrio. Já que o processo de passagem é inevitável, que ele seja feito com menos dor para todos os envolvidos".

MIRTES, Helena. In: *Estado de Minas, 16 jun.1996.*

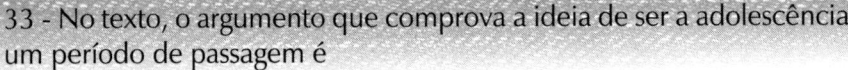

33 - No texto, o argumento que comprova a ideia de ser a adolescência um período de passagem é

(A) adolescentes sofrem mudanças biológicas e mentais

(B) filhos devem ter consciência do significado de liberdade

(C) pais reclamam da ditadura de seus filhos

(D) psicólogos tentam recuperar o valor do diálogo

Brasil 2009, 8ª. série 9º ano - Simulado prova Brasil 2009 - https://9765c076-a-62cb3a1a-s-sites. googlegroups.com/site/provassaresp/provabrasil/8serie9ano-SimuladoprovaBrasil2009.pdf?attach auth=ANoY7coySFM13cx6PRVxxk8xaCRF5yKEuZNZHRnV8iHXm30h4DzPLOUBgVbc2HyG9Y KOe3SnfYVtn0EDDrLduOpcq3p-MncMJhUB64GM4MDAClToM91h0hvy2_10DrWNCGBnDJN srkMfB4FFESHaDVYcDAlu4jVXUtLduqzIjBxMYYiGiMmE6sPcAS7cv0oWCG7MO_MZz8d5mzH O_3ZvFuCGOWEJ8wByx75yoOvub92t5pceXpo0HPeah1-4osLvqu0rqobgH5Mk&attredirects=0

Minha sombra

De manhã a minha sombra com meu papagaio e o meu macaco começam a me arremedar. E quando eu saio a minha sombra vai comigo fazendo o que eu faço seguindo os meus passos.

Depois é meio-dia. E a minha sombra fica do tamaninho de quando eu era menino. Depois é tardinha. E a minha sombra tão comprida brinca de pernas de pau.

Minha sombra, eu só queria ter o humor que você tem, ter a sua meninice, ser igualzinho a você.

E de noite, quando escrevo, fazer como você faz, como eu fazia em criança: minha sombra, você põe a sua mão por baixo da minha mão, vai cobrindo o rascunho dos meus poemas sem saber ler e escrever.

LIMA, Jorge de. *Minha Sombra*. In: Obra Completa. 19ª ed. Rio de Janeiro: José Aguillar Ltda., 1958.

34 - De acordo com o texto, a sombra imita o menino

(A) de manhã

(B) ao meio-dia

(C) à tardinha

(D) à noite

Brasil 2009, 8ª. série 9º ano - Simulado prova Brasil 2009 - https://9765c076-a-62cb3a1a-s-sites.
googlegroups.com/site/provassaresp/provabrasil/8serie9ano-SimuladoprovaBrasil2009.pdf?attach
auth=ANoY7coySFM13cx6PRVxxk8xaCRF5yKEuZNZHRnV8iHXm30h4DzPLOUBgVbc2HyG9Y
KOe3SnIYVtn0EDDrLduOpcq3p-MncMJhUB64GM4MDAClToM91h0hvy2_10DrWNCGBnDJN
srkMfB4FFESHaDVYcDAlu4jVXUtLduqzIjBxMYYiGiMmE6sPcAS7cv0oWCG7MO_MZz8d5mzH
O_3ZvFuCGOWEJ8wByx75yoOvub92t5pceXpo0HPeah1-4osLvqu0rqobgH5Mk&attredirects=0

Assaltos insólitos

Assalto não tem graça nenhuma, mas alguns, contados depois, até que são engraçados. É igual a certos incidentes de viagem, que, quando acontecem, deixam a gente aborrecidíssimo, mas depois, narrados aos amigos num jantar, passam a ter sabor de anedota.

Uma vez me contaram de um cidadão que foi assaltado em sua casa. Até aí, nada demais. Tem gente que é assaltada na rua, no ônibus, no escritório, até dentro de igrejas e hospitais, mas muitos o são na própria casa. O que não diminui o desconforto da situação.

Pois lá estava o dito-cujo em sua casa, mas vestido em roupa de trabalho, pois resolvera dar uma pintura na garagem e na cozinha. As crianças haviam saído com a mulher para fazer compras e o marido se entregava a essa terapêutica atividade, quando, da garagem, vê adentrar pelo jardim dois indivíduos suspeitos.

Mal teve tempo de tomar uma atitude e já ouvia:

– É um assalto, fica quieto senão leva chumbo.

Ele já se preparava para toda sorte de tragédias quando um dos ladrões pergunta:

– Cadê o patrão?

Num rasgo de criatividade, respondeu:

– Saiu, foi com a família ao mercado, mas já volta.

– Então vamos lá dentro, mostre tudo.

Fingindo-se, então, de empregado de si mesmo, e ao mesmo tempo para livrar sua cara, começou a dizer:

– Se quiserem levar, podem levar tudo, estou me lixando, não gosto desse patrão. Paga mal, é um pão-duro. Por que não levam aquele rádio ali? Olha, se eu fosse vocês, levava aquele som também. Na cozinha tem uma batedeira ótima da patroa. Não querem uns discos? Dinheiro não tem, pois ouvi dizerem que botam tudo no banco, mas ali dentro do armário tem uma porção de caixas de bombons, que o patrão é tarado por bombom.

Os ladrões recolheram tudo o que o falso empregado indicou e saíram apressados.

Daí a pouco chegavam a mulher e os filhos.

Sentado na sala, o marido ria, ria, tanto nervoso quanto aliviado do próprio assalto que ajudara a fazer contra si mesmo.

SANTANNA, Affonso Romano. *Porta de colégio e outras crônicas*. São Paulo: Ática, 1995.
(Coleção Para gostar de ler).

35 - O dono da casa livra-se de toda sorte de tragédias, principalmente, porque

(A) aconselha a levar o som

(B) conta os defeitos do patrão

(C) mente para os assaltantes

(D) mostra os objetos da casa

36 - No trecho "e o marido se entregava a essa terapêutica atividade." (l. 18-19), a expressão destacada substitui

(A) fazer compras

(B) ir ao mercado

(C) narrar anedotas

(D) pintar a casa

37 - É exemplo de linguagem formal, no texto,

(A) "dito-cujo"

(B) "adentrar"

(C) "pão-duro"

(D) "botam"

Prezado Senhor,

Somos alunos do Colégio Tomé de Souza e temos interesse em assuntos relacionados a aspectos históricos de nosso País, principalmente os relacionados ao cotidiano de nossa História, como era o dia a dia das pessoas, como eram as escolas, a relação entre pais e filhos etc. Vínhamos acompanhando regularmente os suplementos publicados por esse importante jornal. Mas agora não encontramos mais os artigos tão interessantes. Por isso, resolvemos escrever-lhe e solicitar mais matérias a respeito.

38 - O tema de interesse dos alunos é

(A) cotidiano

(B) escola

(C) História do Brasil

(D) relação entre pais e filhos

Há muitos séculos, o homem vem construindo aparelhos para medir o tempo e não lhe deixar perder a hora. Um dos mais antigos foi inventado pelos chineses e consistia em uma corda cheia de nós a intervalos regulares. Colocava-se fogo ao artefato e a duração de algum evento era medida pelo tempo que a corda levava para queimar entre um nó e outro. Não há registros, mas com certeza diziam-se coisas como: "Muito bonito, não? Você está atrasado há mais de três nós!"

Jornal O Estado de S. Paulo, 28/05/1992.

39 - A finalidade do texto é

(A) argumentar

(B) descrever

(C) informar

(D) narrar

Brasil 2009, 8ª. série 9º ano - Simulado prova Brasil 2009 - https://9765c076-a-62cb3a1a-s-sites. googlegroups.com/site/provassaresp/provabrasil/8serie9ano-SimuladoprovaBrasil2009.pdf?attach auth=ANoY7coySFM13cx6PRVxxk8xaCRF5yKEuZNZHRnV8iHXm30h4DzPLOUBgVbc2HyG9Y KOe3SnlYVtn0EDDrLduOpcq3p-MncMJhUB64GM4MDAClToM91h0hvy2_10DrWNCGBnDJN srkMfB4FFESHaDVYcDAlu4jVXUtLduqzljBxMYYiGiMmE6sPcAS7cv0oWCG7MO_MZz8d5mzH O_3ZvFuCGOWEJ8wByx75yoOvub92t5pceXpo0HPeah1-4osLvqu0rqobgH5Mk&attredirects=0

O drama das paixões platônicas na adolescência

Bruno foi aprovado por três dos sentidos de Camila: visão, olfato e audição. Por isso, ela precisa conquistá-lo de qualquer maneira. Matriculada na 8ª série, a garota está determinada a ganhar o "gato" do 3º ano do Ensino Médio e, para isso, conta com os conselhos de Tati, uma especialista na arte da azaração. A tarefa não é simples, pois o moço só tem olhos para Lúcia – justo a maior "crânio" da escola. E agora, o que fazer? Camila entra em dieta espartana e segue as leis da conquista elaboradas pela amiga.

Revista Escola, março 2004, p. 63.

40 - Pode-se deduzir do texto que Bruno

(A) chama a atenção das meninas

(B) é mestre na arte de conquistar

(C) pode ser conquistado facilmente

(D) tem muitos dotes intelectuais

Paraná, 2013, PRIMEIRO Simulado Prova BRASIL - 9º ano. Língua Portuguesa - http://www. educadores.diaadia.pr.gov.br/arquivos/File/pdf/prova_brasil_1simulado_portugues_2013.pdf

Leia o texto abaixo:

A função da arte

Diego não conhecia o mar. O pai, Santiago Kovadloff, levou-o para que descobrisse o mar.

Viajaram para o Sul.

Ele, o mar, estava do outro lado das dunas altas, esperando.

Quando o menino e o pai enfim alcançaram aquelas alturas de areia, depois de muito caminhar, o mar estava na frente de seus olhos. E foi tanta a imensidão do mar, e tanto fulgor, que o menino ficou mudo de beleza.

E quando finalmente conseguiu falar, tremendo, gaguejando, pediu ao pai:

– Me ajuda a olhar!

GALEANO, Eduardo. *O livro dos abraços*. Trad. Eric Nepomuceno 5ª ed. Porto Alegre: Editora L & PM, 1997.

41 - O menino ficou tremendo, gaguejando porque

(A) a viagem foi longa

(B) as dunas eram muito altas

(C) o mar era imenso e belo

(D) o pai não o ajudou a ver o mar

Atividades

Paraná, 2013, PRIMEIRO Simulado Prova BRASIL - 9º ano. Língua Portuguesa - http://www. educadores.diaadia.pr.gov.br/arquivos/File/pdf/prova_brasil_1simulado_portugues_2013.pdf

Leia

A beleza total

A beleza de Gertrudes fascinava todo mundo e a própria Gertrudes. Os espelhos pasmavam diante de seu rosto, recusando-se a refletir as pessoas da casa e muito menos as visitas. Não ousavam abranger o corpo inteiro de Gertrudes. Era impossível, de tão belo, e o espelho do banheiro, que se atreveu a isto, partiu-se em mil estilhaços.

A moça já não podia sair à rua, pois os veículos paravam à revelia dos condutores, e estes, por sua vez, perdiam toda capacidade de ação. Houve um engarrafamento monstro, que durou uma semana, embora Gertrudes houvesse voltado logo para casa.

O Senado aprovou lei de emergência, proibindo Gertrudes de chegar à janela. A moça vivia confinada num salão em que só penetrava sua mãe, pois o mordomo se suicidara com uma foto de Gertrudes sobre o peito.

Gertrudes não podia fazer nada. Nascera assim, este era o seu destino fatal: a extrema beleza. E era feliz, sabendo-se incomparável. Por falta de ar puro, acabou sem condições de vida, e um dia cerrou os olhos para sempre. Sua beleza saiu do corpo e ficou pairando, imortal. O corpo já então enfezado de Gertrudes foi recolhido ao jazigo, e a beleza de Gertrudes continuou cintilando no salão fechado a sete chaves.

ANDRADE, Carlos Drummond de. *Contos plausíveis*. Rio de Janeiro: José Olympio, 1985.

42 - O conflito central do enredo é desencadeado

(A) pela extrema beleza da personagem

(B) pelos espelhos que se espatifavam

(C) pelos motoristas que paravam o trânsito

(D) pelo suicídio do mordomo

Paraná, 2013, PRIMEIRO Simulado Prova BRASIL - 9º ano. Língua Portuguesa - http://www. educadores.diaadia.pr.gov.br/arquivos/File/pdf/prova_brasil_1simulado_portugues_2013.pdf

Leia o texto abaixo:

População mundial a caminho do empate

[...]. Muito em breve – provavelmente ainda nos próximos anos –, a metade da humanidade terá apenas filhos suficientes para repor o seu tamanho. Isto é, grande parte dos casais terá entre dois e três filhos, no máximo, o que permitirá apenas a reposição e não o crescimento da população do mundo daquele momento. Traduzindo em linguagem demográfica, a taxa de fertilidade da metade do mundo será de 2,1 ou menos. [...].

Segundo a ONU, 2,9 bilhões de pessoas, quase a metade do total mundial de 6,5 bilhões, vivem em países com 2,1 ou menos de taxa de fertilidade. Para o início da década de 2010, a população mundial está estimada em 7 bilhões e a quantidade de pessoas com esta taxa de fertilidade será de 3,4 bilhões.

A queda da taxa de fertilidade em nível de reposição significa uma das mais radicais mudanças na história da humanidade. Isso tem implicações na estrutura e na vida familiar, mudando o cotidiano das pessoas, mas também em relação às políticas públicas em níveis global e local, a serem implementadas pelos diferentes países ou sugeridas por instituições como a ONU.

FRANCESCONE, Léa; SANTOS, Regina Célia Bega dos. *Carta na escola: fevereiro de 2010*.
Fragmento.

43 - Qual é a ideia principal desse fragmento?

(A) "Muito em breve [...] a metade da humanidade terá apenas filhos suficientes para repor o seu tamanho".

(B) "...em linguagem demográfica, a taxa de fertilidade da metade do mundo será de 2,1 ou menos".

(C) "...2,9 bilhões de pessoas [...] vivem em países com 2,1 ou menos de taxa de fertilidade".

(D) "Para o início da década de 2010, a população mundial está estimada em 7 bilhões..."

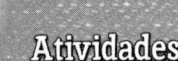

Atividades

Paraná, 2013, PRIMEIRO Simulado Prova BRASIL - 9º ano. Língua Portuguesa - http://www.educadores.diaadia.pr.gov.br/arquivos/File/pdf/prova_brasil_1simulado_portugues_2013.pdf

Leia o texto abaixo:

Os filhos podem dormir com os pais?
(Fragmento)

Maria Tereza – Se é eventual, tudo bem. Quando é sistemático, prejudica a intimidade do casal. De qualquer forma, é importante perceber as motivações subjacentes ao pedido e descobrir outras maneiras aceitáveis de atendê-las. Por vezes, a criança está com medo, insegura, ou sente que tem poucas oportunidades de contato com os pais. Podem ser criados recursos próprios para lidar com seus medos e inseguranças, fazendo ela se sentir mais competente.

Posternak – Este hábito é bem frequente. Tem a ver com comodismo – é mais rápido atender ao pedido dos filhos que aguentar birra no meio da madrugada; e com culpa – "coitadinho, eu saio quando ainda dorme e volto quando já está dormindo". O que falta são limites claros e concretos. A criança que "sacaneia" os pais para dormir também o faz para comer, escolher roupa ou aceitar as saídas familiares.

ISTOÉ, setembro de 2003 -1772.

44 - O argumento usado para mostrar que os pais agem por comodismo encontra-se na alternativa

(A) a birra na madrugada é pior

(B) a criança tem motivações subjacentes

(C) o fato é muitas vezes eventual

(D) os limites estão claros

Paraná, 2013, PRIMEIRO Simulado Prova BRASIL - 9º ano. Língua Portuguesa - http://www. educadores.diaadia.pr.gov.br/arquivos/File/pdf/prova_brasil_1simulado_portugues_2013.pdf

Leia o texto abaixo:

O que é ser adotado

Os alunos do primeiro ano, da professora Débora, discutiam a fotografia de uma família. Um menino na foto tinha os cabelos de cor diferente da dos outros membros da família.

Um aluno sugeriu que ele talvez fosse adotado e uma garotinha disse:

– Sei tudo de filhos adotados, porque sou adotada.

– O que é ser adotado? – outra criança perguntou.

– Quer dizer que você cresce no coração da mãe, em vez de crescer na barriga.

DOLAN, George. *Você Não Está Só*. Ediouro.

45 - O aluno sugeriu que a criança da foto tinha sido adotada porque

(A) os cabelos dela eram diferentes

(B) estava na foto da família

(C) pertencia a uma família

(D) cresceu na barriga da mãe

Atividades

Paraná, 2013, PRIMEIRO Simulado Prova BRASIL - 9º ano. Língua Portuguesa - http://www. educadores.diaadia.pr.gov.br/arquivos/File/pdf/prova_brasil_1simulado_portugues_2013.pdf

Leia o texto abaixo:

O mercúrio onipresente
(Fragmento)

Os venenos ambientais nunca seguem regras. Quando o mundo pensa ter descoberto tudo o que é preciso para controlá-los, eles voltam a atacar. Quando removemos o chumbo da gasolina, ele ressurge nos encanamentos envelhecidos. Quando toxinas e resíduos são enterrados em aterros sanitários, contaminam o lençol freático. Mas ao menos acreditávamos conhecer bem o mercúrio. Apesar de todo o seu poder tóxico, desde que evitássemos determinadas espécies de peixes nas quais o nível de contaminação é particularmente elevado, estaríamos bem. [...].

Mas o mercúrio é famoso pela capacidade de passar despercebido. Uma série de estudos recentes sugere que o metal potencialmente mortífero está em toda parte – e é mais perigoso do que a maioria das pessoas acredita.

Jeffrey Kluger. IstoÉ nº 1927, 27/06/2006, p.114-115.

46 - A tese defendida no texto está expressa no trecho

(A) as substâncias tóxicas, em aterros, contaminam o lençol freático

(B) o chumbo da gasolina ressurge com a ação do tempo

(C) o mercúrio apresenta alto teor de periculosidade para a Natureza

(D) o total controle dos venenos ambientais é impossível

Paraná, 2013, PRIMEIRO Simulado Prova BRASIL - 9º ano. Língua Portuguesa - http://www. educadores.diaadia.pr.gov.br/arquivos/File/pdf/prova_brasil_1simulado_portugues_2013.pdf

O homem que entrou pelo cano

Abriu a torneira e entrou pelo cano. A princípio incomodava-o a estreiteza do tubo. Depois se acostumou. E, com a água, foi seguindo. Andou quilômetros. Aqui e ali ouvia barulhos familiares. Vez ou outra um desvio, era uma seção que terminava em torneira.

Vários dias foi rodando, até que tudo se tornou monótono. O cano por dentro não era interessante.

No primeiro desvio, entrou. Vozes de mulher. Uma criança brincava. Então percebeu que as engrenagens giravam e caiu numa pia. À sua volta era um branco imenso, uma água límpida. E a cara da menina aparecia redonda e grande, a olhá-lo interessada. Ela gritou: "Mamãe, tem um homem dentro da pia".

Não obteve resposta. Esperou, tudo quieto. A menina se cansou, abriu o tampão e ele desceu pelo esgoto.

BRANDÃO, Ignácio de Loyola. *Cadeiras Proibidas*. São Paulo: Global, 1988, p. 89.

47 - O conto cria uma expectativa no leitor pela situação incomum criada pelo enredo. O desfecho não foi o esperado porque:

(A) a menina agiu como se fosse um fato normal

(B) o homem demonstrou pouco interesse em sair do cano

(C) as engrenagens da tubulação não funcionaram

(D) a mãe não manifestou nenhum interesse pelo fato

A assembleia dos ratos

Um gato de nome Faro-Fino deu de fazer tal destroço na rataria duma casa velha que os sobreviventes, sem ânimo de sair das tocas, estavam a ponto de morrer de fome.

Tornando-se muito sério o caso, resolveram reunir-se em assembleia para o estudo da questão. Aguardaram para isso certa noite em que Faro-Fino andava aos miados pelo telhado, fazendo sonetos à lua.

– Acho – disse um deles - que o meio de nos defendermos de Faro-Fino é lhe atarmos um guizo ao pescoço. Assim que ele se aproxime, o guizo o denuncia e pomo-nos ao fresco a tempo.

Palmas e bravos saudaram a luminosa ideia. O projeto foi aprovado com delírio. Só votou contra um rato casmurro, que pediu a palavra e disse:

– Está tudo muito direito. Mas quem vai amarrar o guizo no pescoço de Faro-Fino?

Silêncio geral. Um desculpou-se por não saber dar nó. Outro, porque não era tolo. Todos, porque não tinham coragem. E a assembleia dissolveu-se no meio de geral consternação.

Dizer é fácil - fazer é que são elas!

LOBATO, Monteiro. In Livro das Virtudes – William J. Bennett – Rio de Janeiro: Nova Fronteira, 1995. p. 308.

48 - Na assembleia dos ratos, o projeto para atar um guizo ao pescoço do gato foi

(A) aprovado com um voto contrário

(B) aprovado pela metade dos participantes

(C) negado por toda a assembleia

(D) negado pela maioria dos presentes

O pavão

E considerei a glória de um pavão ostentando o esplendor de suas cores; é um luxo imperial. Mas andei lendo livros, e descobri que aquelas cores todas não existem na pena do pavão. Não há pigmentos. O que há são minúsculas bolhas d'água em que a luz se fragmenta, como em um prisma. O pavão é um arco-íris de plumas.

Eu considerei que este é o luxo do grande artista, atingir o máximo de matizes com o mínimo de elementos. De água e luz ele faz seu esplendor; seu grande mistério é a simplicidade.

Considerei, por fim, que assim é o amor, oh! minha amada; de tudo que ele suscita e esplende e estremece e delira em mim existem apenas meus olhos recebendo a luz de teu olhar. Ele me cobre de glórias e me faz magnífico.

BRAGA, Rubem. Ai de ti, Copacabana. Rio de Janeiro: Record, 1996, p. 120.

49 - No 2º parágrafo do texto, a expressão ATINGIR O MÁXIMO DE MATIZES significa o artista

(A) fazer refletir, nas penas do pavão, as cores do arco-íris

(B) conseguir o maior número de tonalidades

(C) fazer com que o pavão ostente suas cores

(D) fragmentar a luz nas bolhas d'água

O império da vaidade

Você sabe por que a televisão, a publicidade, o cinema e os jornais defendem os músculos torneados, as vitaminas milagrosas, as modelos longilíneas e as academias de ginástica? Porque tudo isso dá dinheiro. Sabe por que ninguém fala do afeto e do respeito entre duas pessoas comuns, mesmo meio gordas, um pouco feias, que fazem piquenique na praia? Porque isso não dá dinheiro para os negociantes, mas dá prazer para os participantes.

O prazer é físico, independentemente do físico que se tenha: namorar, tomar milk-shake, sentir o sol na pele, carregar o filho no colo, andar descalço, ficar em casa sem fazer nada. Os melhores prazeres são de graça – a conversa com o amigo, o cheiro do jasmim, a rua vazia de madrugada –, e a humanidade sempre gostou de conviver com eles. Comer uma feijoada com os amigos, tomar uma caipirinha no sábado também é uma grande pedida. Ter um momento de prazer é compensar muitos momentos de desprazer. Relaxar, descansar, despreocupar-se, desligar-se da competição, da áspera luta pela vida – isso é prazer.

Mas vivemos num mundo onde relaxar e desligar-se se tornou um problema. O prazer gratuito, espontâneo, está cada vez mais difícil. O que importa, o que vale, é o prazer que se compra e se exibe, o que não deixa de ser um aspecto da competição. Estamos submetidos a uma cultura atroz, que quer fazer-nos infelizes, ansiosos, neuróticos. As filhas precisam ser Xuxas, as namoradas precisam ser modelos que desfilam em Paris, os homens não podem assumir sua idade.

Não vivemos a ditadura do corpo, mas seu contrário: um massacre da indústria e do comércio. Querem que sintamos culpa quando nossa silhueta fica um pouco mais gorda, não porque querem que sejamos mais saudáveis – mas porque, se não ficarmos angustiados, não faremos mais regimes, não compraremos mais produtos dietéticos, nem produtos de beleza, nem roupas e mais roupas. Precisam da nossa impotência, da nossa insegurança, da nossa angústia.

O único valor coerente que essa cultura apresenta é o narcisismo.

LEITE, Paulo Moreira. O império da vaidade. Veja, 23 ago. 1995. p. 79.

50 - O autor pretende influenciar os leitores para que eles

(A) evitem todos os prazeres cuja obtenção depende de dinheiro

(B) excluam de sua vida todas as atividades incentivadas pela mídia

(C) fiquem mais em casa e voltem a fazer os programas de antigamente

(D) sejam mais críticos em relação ao incentivo do consumo pela mídia

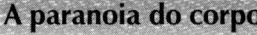

A paranoia do corpo

Em geral, a melhor maneira de resolver a insatisfação com o físico é cuidar da parte emocional.

Letícia de Castro

Não é fácil parecer com Katie Holmes, a musa do seriado preferido dos *teens*, Dawson's Creek ou com os galãs musculosos do seriado Malhação. Mas os jovens bem que tentam. Nunca se cuidou tanto do corpo nessa faixa etária como hoje. A Runner, uma grande rede de academias de ginástica, com 23.000 alunos espalhados em nove unidades na cidade de São Paulo, viu o público adolescente crescer mais que o adulto nos últimos cinco anos. "Acho que a academia é para os jovens de hoje o que foi a discoteca para a geração dos anos 70", acredita José Otávio Marfará, sócio de outra academia paulistana, a Reebok Sports Club. "É o lugar de confraternização, de diversão."

É saudável preocupar-se com o físico. Na adolescência, no entanto, essa preocupação costuma ser excessiva. É a chamada paranoia do corpo. Alguns exemplos. Nunca houve uma oferta tão grande de produtos de beleza destinados a adolescentes. Hoje em dia é possível resolver a maior parte dos problemas de estrias, celulite e espinhas com a ajuda da ciência. Por isso, a tentação de exagerar nos medicamentos é grande. "A garota tem a mania de recorrer aos remédios que os amigos estão usando, e muitas vezes eles não são indicados para seu tipo de pele", diz a dermatologista Iara Yoshinaga, de São Paulo, que atende adolescentes em seu consultório. São cada vez mais frequentes os casos de meninas que procuram um cirurgião plástico em busca da solução de problemas que poderiam ser resolvidos facilmente com ginástica, cremes ou mesmo com o crescimento normal. Nunca houve também tantos casos de anorexia e bulimia. "Há dez anos essas doenças eram consideradas raríssimas. Hoje constituem quase um caso de saúde pública", avalia o psiquiatra Táki Cordás, da Universidade de São Paulo.

É claro que existem variedades de calvície, obesidade ou doenças de pele que realmente precisam de tratamento continuado. Na maioria das vezes, no entanto, a paranoia do corpo é apenas isso: paranoia. Para curá-la, a melhor maneira é tratar da mente. Nesse processo, a autoestima é fundamental. "É preciso fazer uma análise objetiva e descobrir seus pontos fortes. Todo mundo tem uma parte do corpo que acha mais bonita", sugere a psicóloga paulista Ceres Alves de Araújo, especialista em crescimento. Um dia, o *teen* acorda e percebe que aqueles

325

problemas físicos que pareciam insolúveis desapareceram como num passe de mágica. Em geral, não foi o corpo que mudou. Foi a cabeça. Quando começa a se aceitar e resolve as questões emocionais básicas, o adolescente dá o primeiro passo para se tornar um adulto.

CASTRO, Letícia de. Veja Jovens. Setembro/2001, p. 56.

51 - A ideia CENTRAL do texto é

(A) a preocupação do jovem com o físico

(B) as doenças raras que atacam os jovens

(C) os diversos produtos de beleza para jovens

(D) o uso exagerado de remédios pelos jovens

No mundo dos sinais

Sob o sol de fogo, os mandacarus se erguem, cheios de espinhos. Mulungus e aroeiras expõem seus galhos queimados e retorcidos, sem folhas, sem flores, sem frutos.

Sinais de seca brava, terrível!

Clareia o dia. O boiadeiro toca o berrante, chamando os companheiros e o gado.

Toque de saída. Toque de entrada.

Lá vão eles, deixando no estradão as marcas de sua passagem.

TV Cultura, Jornal do Telecurso.

52 - A opinião do autor em relação ao fato comentado está em

(A) "os mandacarus se erguem"

(B) "aroeiras expõem seus galhos"

(C) "Sinais de seca brava, terrível!"

(D) "Toque de saída. Toque de entrada"

Mente quieta, corpo saudável

A meditação ajuda a controlar a ansiedade e a aliviar a dor? Ao que tudo indica, sim. Nessas duas áreas os cientistas encontraram as maiores evidências da ação terapêutica da meditação, medida em dezenas de pesquisas. Nos últimos 24 anos, só a clínica de redução do estresse da Universidade de Massachusetts monitorou 14 mil portadores de câncer, aids, dor crônica e complicações gástricas. Os técnicos descobriram que, submetidos a sessões de meditação que alteraram o foco da sua atenção, os pacientes reduziram o nível de ansiedade e diminuíram ou abandonaram o uso de analgésicos.

Revista Superinteressante, outubro de 2003.

53 - O texto tem por finalidade

(A) criticar

(B) conscientizar

(C) denunciar

(D) informar

Texto I

Sem proteção - Jovens enfrentam mal a acne, mostra pesquisa.

Transtorno presente na vida da maioria dos adolescentes e jovens, a acne ainda gera muita confusão entre eles, principalmente no que diz respeito ao melhor modo de se livrar dela. É o que mostra uma pesquisa realizada pelo projeto Companheiros Unidos contra a Acne (Cucas), uma parceria do laboratório Roche e da Sociedade Brasileira de Dermatologia (SBD): foram entrevistados 9.273 estudantes, entre 11 e 19 anos, em colégios particulares de São Paulo, Rio de Janeiro, Minas Gerais, Pernambuco, Paraíba, Pará, Paraná, Alagoas, Ceará e Sergipe, dentre os quais 7.623 (82%) disseram ter espinhas. O levantamento evidenciou que 64% desses entrevistados nunca foram ao médico em busca de tratamento para espinhas. "Apesar de não ser uma doença grave, a acne compromete a aparência e pode gerar muitas dificuldades ligadas à autoestima e à sociabilidade", diz o dermatologista Samuel Henrique Mandelbaum, presidente da SBD de São Paulo. Outros 43%

dos entrevistados disseram ter comprado produtos para a acne sem consultar o dermatologista - as pomadas, automedicação mais frequente, além de não resolverem o problema, podem agravá-lo, já que possuem componentes oleosos que entopem os poros. (...) Fernanda Colavitti

Texto II

Perda de Tempo - Os métodos mais usados por adolescentes e jovens brasileiros não resolvem os problemas mais sérios de acne. 23% lavam o rosto várias vezes ao dia; 21% usam pomadas e cremes convencionais; 5% fazem limpeza de pele; 3% usam hidratante; 2% evitam simplesmente tocar no local; 2% usam sabonete neutro.

(COLAVITTI, Fernanda – Revista Veja Outubro / 2001 – p. 138.)

54 - Comparando os dois textos, percebe-se que eles são

(A) semelhantes

(B) divergentes

(C) contrários

(D) complementares

Texto 1

Mapa da devastação

A organização não governamental SOS Mata Atlântica e o Instituto Nacional de Pesquisas Espaciais terminaram mais uma etapa do mapeamento da Mata Atlântica (www.sosmataatlantica.org.br). O estudo, iniciado em 1990, usa imagens de satélite para apontar o que restou da floresta que já ocupou 1,3 milhão de km2, ou 15% do território brasileiro. O Atlas mostra que o Rio de Janeiro continua o campeão da motosserra. Nos últimos 15 anos, sua média anual de desmatamento mais do que dobrou.

Revista IstoÉ – nº 1648 – 02-05-2001 São Paulo – Ed. Três.

Texto 2

Há qualquer coisa no ar do Rio, além de favelas - Nem só as favelas brotam nos morros cariocas. As encostas cada vez mais povoadas no Rio de Janeiro disfarçam o avanço do reflorestamento na crista das serras, que espalha cerca de 2 milhões de mudas nativas da Mata Atlântica em espaço equivalente a 1.800 gramados do Maracanã. O replantio começou há 13 anos, para conter vertentes ameaçadas de desmoronamento. Fez mais do que isso. Mudou a paisagem. Vista do alto, ângulo que não faz parte do cotidiano de seus habitantes, a cidade aninha-se agora em colinas coroadas por labirintos verdes, formando desenhos em curva de nível, como cafezais.

Revista Época – nº 83. 20-12-1999. Rio de Janeiro – Ed. Globo. p. 9.

55 - Uma declaração do segundo texto que CONTRADIZ o primeiro é

(A) a mata atlântica está sendo recuperada no Rio de Janeiro

(B) as encostas cariocas estão cada vez mais povoadas

(C) as favelas continuam surgindo nos morros cariocas

(D) o replantio segura encostas ameaçadas de desabamento

O ouro da biotecnologia

Até os bebês sabem que o patrimônio natural do Brasil é imenso. Regiões como a Amazônia, o Pantanal e a Mata Atlântica – ou o que restou dela – são invejadas no mundo todo por sua biodiversidade. Até mesmo ecossistemas como o do cerrado e o da caatinga têm mais riqueza de fauna e flora do que se costuma pensar. A quantidade de água doce, madeira, minérios e outros bens naturais é amplamente citada nas escolas, nos jornais e nas conversas. O problema é que tal exaltação ufanista ("Abençoado por Deus e bonito por natureza") é diretamente proporcional à desatenção e ao desconhecimento que ainda vigoram sobre essas riquezas. Estamos entrando numa era em que, muito mais do que nos tempos coloniais (quando pau-brasil, ouro, borracha etc. eram levados em estado bruto para a Europa), a exploração comercial da natureza deu um salto de intensidade e refinamento. Essa revolução tem um nome: biotecnologia. Com ela, a Amazônia, por exemplo, deixará em breve de ser uma enorme fonte "potencial" de alimentos, cosméticos, remédios e outros subprodutos: ela o será de fato – e de forma sustentável. Outro exemplo: os créditos de carbono, que terão de ser comprados do Brasil por países que poluem mais do que podem, poderão significar forte entrada de divisas. Com sua pesquisa científica carente, indefinição quanto à legislação e dificuldades nas questões de patenteamento, o Brasil não consegue transformar essa riqueza natural em riqueza financeira. Diversos produtos autóctones, como o cupuaçu, já foram registrados por estrangeiros – que nos obrigarão a pagar pelo uso de um bem original daqui, caso queiramos (e saibamos) produzir algo em escala com ele. Além disso, a biopirataria segue crescente. Até mesmo os índios deixam que plantas e animais sejam levados ilegalmente para o exterior, onde provavelmente serão vendidos a peso de ouro. Resumo da questão: ou o Brasil acorda para a nova realidade econômica global, ou continuará perdendo dinheiro como fruta no chão.

PIZA, Daniel. O Estado de S. Paulo.

56 - O texto defende a tese de que

(A) a Amazônia é fonte "potencial" de riquezas

(B) as plantas e os animais são levados ilegalmente

(C) o Brasil desconhece o valor de seus bens naturais

(D) os bens naturais são citados na escola

O namoro na adolescência

Um namoro, para acontecer de forma positiva, precisa de vários ingredientes: a começar pela família, que não seja muito rígida e atrasada nos seus valores, seja conversável, e, ao mesmo tempo, tenha limites muito claros de comportamento. O adolescente precisa disto, para se sentir seguro. O outro aspecto tem a ver com o próprio adolescente e suas condições internas, que determinarão suas necessidades e a própria escolha. São fatores inconscientes, que fazem com que a Mariazinha se encante com o jeito tímido do João e não dê pelota para o herói da turma, o Mário. Aspectos situacionais, como a relação harmoniosa ou não entre os pais do adolescente, também influenciarão o seu namoro. Um relacionamento em que um dos parceiros vem de um lar em crise, é, de saída, dose de leão para o outro, que passa a ser utilizado como anteparo de todas as dores e frustrações. Geralmente, esta carga é demais para o outro parceiro, que também enfrenta suas crises pelas próprias condições de adolescente. Entrar em contato com a outra pessoa, senti-la, ouvi-la, depender dela afetivamente e, ao mesmo tempo, não massacrá-la de exigências, e não ter medo de se entregar, é tarefa difícil em qualquer idade. Mas é assim que começa este aprendizado de relacionar-se afetivamente e que vai durar a vida toda.

SUPLICY, Marta. A condição da mulher. São Paulo: Brasiliense, 1984.

57 - Para um namoro acontecer de forma positiva, o adolescente precisa do apoio da família. O argumento que defende essa ideia é

(A) a família é o anteparo das frustrações

(B) a família tem uma relação harmoniosa

(C) o adolescente segue o exemplo da família

(D) o apoio da família dá segurança ao jovem

Animais no espaço

Vários animais viajaram pelo espaço como astronautas.

Os russos já usaram cachorros em suas experiências. Eles têm o sistema cardíaco parecido com o dos seres humanos. Estudando o que acontece com eles, os cientistas descobrem quais problemas podem acontecer com as pessoas.

A cadela Laika, tripulante da Sputnik-2, foi o primeiro ser vivo a ir ao espaço, em novembro de 1957, quatro anos antes do primeiro homem, o astronauta Gagarin.

Os norte-americanos gostam de fazer experiências científicas espaciais com macacos, pois o corpo deles se parece com o humano. O chimpanzé é o preferido, porque é inteligente e convive melhor com o homem do que as outras espécies de macacos. Ele aprende a comer alimentos sintéticos e não se incomoda com a roupa espacial.

Além disso, os macacos são treinados e podem fazer tarefas a bordo, como acionar os comandos das naves, quando as luzes coloridas acendem no painel, por exemplo.

Enos foi o mais famoso macaco a viajar para o espaço, em novembro de 1961, a bordo da nave Mercury/Atlas 5. A nave de Enos teve problemas, mas ele voltou são e salvo, depois de ter trabalhado direitinho. Seu único erro foi ter comido muito depressa as pastilhas de banana durante as refeições.

(Folha de São Paulo, 26 de janeiro de 1996).

58 - No texto "Animais no espaço", uma das informações principais é

(A) "A cadela Laika (...) foi o primeiro ser vivo a ir ao espaço"

(B) "Os russos já usavam cachorros em suas experiências"

(C) "Vários animais viajaram pelo espaço como astronautas"

(D) "Enos foi o mais famoso macaco a viajar para o espaço"

Urubus e sabiás

Tudo aconteceu numa terra distante, no tempo em que os bichos falavam... Os urubus, aves por natureza becadas, mas sem grandes dotes para o canto, decidiram que, mesmo contra a natureza eles haveriam de se tornar grandes cantores. E para isto fundaram escolas e importaram professores, gargarejaram do-ré-mi-fá, mandaram imprimir diplomas e fizeram competições entre si, para ver quais deles seriam os mais importantes e teriam a permissão para mandar nos outros. Foi assim que eles organizaram concursos e se deram nomes pomposos, e o sonho de cada urubuzinho, instrutor em início de carreira, era se tornar um respeitável urubu titular, a quem todos chamam por Vossa Excelência.

Tudo ia muito bem até que a doce tranquilidade da hierarquia dos urubus foi estremecida. A floresta foi invadida por bandos de pintassilgos, tagarelas, que brincavam com os canários e faziam serenatas com os sabiás... Os velhos urubus entortaram o bico, o rancor encrespou a testa, e eles convocaram pintassilgos, sabiás e canários para um inquérito.

"– Onde estão os documentos de seus concursos?" E as pobres aves se olharam perplexas, porque nunca haviam imaginado que tais coisas houvesse. Não haviam passado por escolas de canto, porque o canto nascera com elas. E nunca apresentaram um diploma para provar que sabiam cantar, mas cantavam, simplesmente...

– Não, assim não pode ser. Cantar sem a titulação devida é um desrespeito à ordem.

E os urubus, em uníssono, expulsaram da floresta os passarinhos que cantavam sem alvarás...

MORAL: EM TERRA DE URUBUS DIPLOMADOS NÃO SE OUVE CANTO DE SABIÁ.

ALVES, Rubem. Estórias de Quem gosta de Ensinar. São Paulo: Ars Poética, 1985, p.81-2.

59 - No contexto, o que gera o conflito é

(A) a competição para eleger o melhor urubu

(B) a escola para formar aves cantoras

(C) o concurso de canto para conferir diplomas

(D) o desejo dos urubus de aprender a cantar

REFERÊNCIAS BIBLIOGRÁFICAS

ACORDO ORTOGRÁFICO DA LÍNGUA PORTUGUESA (1990). **CPLP Comunidade dos Países de Língua Portuguesa**. Lisboa, s/d. In: http://www.cplp.org/

BELLARD, Hugo. **Guia Prático de Conjugação de Verbos**. 3ª ed. São Paulo: Cultrix, 1999.

CEGALLA, Domingos Paschoal. **Dicionário de Dificuldades da Língua Portuguesa**. 2ª ed. rev. e ampliada. Rio de Janeiro: Nova Fronteira, 1999.

CIPRO NETO, Pasquale; **INFANTE**, Ulisses. **Gramática da Língua Portuguesa**. 1ª ed. São Paulo: Scipione, 1999.

CUNHA, Celso; CINTRA, Lindley. **Nova Gramática do Português Contemporâneo**. 2ª ed. Rio de Janeiro: Nova Fronteira, 1985.

DICIONÁRIO ESCOLAR DA LÍNGUA PORTUGUESA/ACADEMIA BRASILEIRA DE LETRAS. 2ª ed. São Paulo: Companhia Editora Nacional, 2008.

MARTOS, Cloder Rivas; MESQUITA, Roberto Melo. **Fundamentos de Língua e Literatura**. 3ª ed. São Paulo: Saraiva, 1989.

MICHAELIS: MODERNO DICIONÁRIO DA LÍNGUA PORTUGUESA. São Paulo: Melhoramentos, 1998.

OLIVEIRA, Cândido. **Curso Objetivo de Português - Gramática Moderna**. São Paulo: Edições Florença Ltda. [s/d].

SACCONI, Luiz Antônio. **Nossa Gramática - Teoria e Prática**. 23ª ed. rev. e atualizada. São Paulo: Atual Editora, 1998.

TUFANO, Douglas. **Gramática e Literatura Brasileira**. São Paulo: Moderna, 1995.

VOCABULÁRIO ORTOGRÁFICO DA LÍNGUA PORTUGUESA/ACADEMIA BRASILEIRA DE LETRAS. 5ª ed. São Paulo: Global, 2009.

EXERCÍCIOS

BELLI, Roberto. *Ecologia: uma aventura de amor à natureza*. Blumenau-SC: Todolivro Editora, 2013.

_____. *Frankenstein*/Mary Shelley [Texto adaptado]. Blumenau-SC: Todolivro Editora, 2012.

_____. *Maguinho e o Portal Temporal*. Blumenau-SC: Todolivro Editora, 2012.

_____. *O jardim secreto*/Frances Hodgson Burnett. [Texto adaptado]. Blumenau-SC: Todolivro Editora, 2016.

DE, Tapasi. *Hora da Leitura: Obrigado, mamãe!* .Tradução: Ruth Marschalek, Ed.Todolivro, 2016.

DUARTE, Madalena Parisi. *Beleza Negra*/Anna Sewell [Texto adaptado]. *Blumenau-SC: Todolivro Editora,* 2012.

_____. *Heidi*/Johanna Louise H. Spyri [Texto adaptado]. Blumenau-SC: Todolivro Editora, 2012.

_____. *Ivanhoé*/Walter Scott [Texto adaptado]. Blumenau-SC: Todolivro Editora, 2012.

_____. *O príncipe e o mendigo*/Mark Twain [Texto adaptado]. Blumenau-SC: Todolivro Editora, 2012.

_____. *Os Três Mosqueteiros*/Alexandre Dumas [Texto adaptado]. Blumenau-SC: Todolivro Editora, 2012.

_____. *Robinson Crusoé*/Daniel Defoe [Texto adaptado]. Blumenau-SC: Todolivro Editora, 2012.

DURIER, Frank. *Construindo o caráter*. Blumenau-SC: Todolivro Editora, 2010.

FINZETTO, Ângela. *Poesias para Crianças*. Blumenau-SC: Todolivro Editora, 2011.

GIRARD-AUDET, Catherine. *Vida complicada de Léa Olivier: perdida* [ilustração Veronic Ly; tradução Anamaria Kovács]. Blumenau-SC: Todolivro Editora, 2014.

HEYNE, EVELYN. *Poesias para Crianças*. Blumenau-SC: Editora Todolivro, 2011.

HINKLER BOOKS. *Chocolate com Pimenta - Livro de Culinária para Meninas*. [tradução Ruth Marschalek]. Blumenau-SC: Todolivro Editora, 2014.

IGLOO BOOKS. *As melhores pegadinhas*. [tradução Ruth Marschalek]. Blumenau-SC: Todolivro Editora, 2015.

KLEIN, Cristina. *Cinco semanas em um balão*/Júlio Verne [Texto adaptado]. Blumenau-SC: Todolivro Editora, 2012.

_____. *Descobrindo valores*. Blumenau-SC: Todolivro Editora, 2014.

_____. *Eneida*/Virgílio [Texto adaptado]. Blumenau-SC: Todolivro Editora, 2012.

_____. *Odisseia*/Homero [Texto adaptado]. Blumenau-SC: Todolivro Editora, 2012.

_____. *O mercador de Veneza*/William Shakespeare [Texto adaptado]. Blumenau-SC: Todolivro Editora, 2012.

_____. *Sonho de uma noite de verão*/William Shakespeare [Texto adaptado]. Blumenau-SC: Todolivro Editora, 2012.

_____. *Viagem ao centro da Terra*/Júlio Verne [Texto adaptado]. Blumenau- SC: Todolivro Editora, 2012.

LOPES, Cida. *Aprendendo valores*. Blumenau-SC: Todolivro Editora, 2004.

PYATT, Claire. *Confissões de um vilão de contos de fada: o grande lobo mau*. [tradução Anamaria Kovács]. Blumenau-SC: Todolivro Editora, 2014.

RUTZEN, Selma. *Memórias Póstumas de Brás Cubas*/Machado de Assis [Texto adaptado]. Blumenau-SC: Todolivro Editora, 2012.)

SAINT-EXUPÉRY, Antoine de. *O Pequeno Príncipe* [Obra adaptada; tradução Ruth Marschalek]. Blumenau-SC: Todolivro Editora, 2016.

SANTOS, Suelen Katerine Andrade. *Pollyanna*/Eleanor H. Porter [Texto adaptado]. Blumenau-SC: Todolivro Editora, 2012.

SCOTTINI, Alfredo. *Dicionário escolar da língua portuguesa: 60.000 verbetes*. Blumenau-SC: Todolivro Editora, 2014.

Vamos Cantar! Blumenau-SC: Todolivro Editora, 2014.

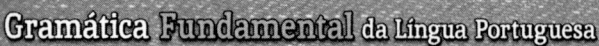